ZHENGXIAN CHUANGYOU JINWEI
JIAKUAI JIANSHE XIANDAIHUA BINHAI DADUSHI
2021 NINGBO FAZHAN YANJIU BAOGAO

争先创优进位
加快建设现代化滨海大都市

2021宁波发展研究报告

林崇建 ◎ 主编

图书在版编目（CIP）数据

争先创优进位加快建设现代化滨海大都市：2021 宁波发展研究报告 / 林崇建主编 . —北京：中国发展出版社，2022.10

ISBN 978-7-5177-1323-4

Ⅰ.①争… Ⅱ.①林… Ⅲ.①区域经济发展—研究报告—宁波—2021②社会发展—研究报告—宁波—2021 Ⅳ.①F127.553

中国版本图书馆 CIP 数据核字（2022）第 184187 号

书　　　名：	争先创优进位加快建设现代化滨海大都市：2021 宁波发展研究报告
主　　　编：	林崇建
责 任 编 辑：	杜　君　龚　雪
出 版 发 行：	北京经济技术开发区荣华中路 22 号亦城财富中心 1 号楼 8 层（100176）
标 准 书 号：	ISBN 978-7-5177-1323-4
经 销 者：	各地新华书店
印 刷 者：	北京市金木堂数码科技有限公司
开　　　本：	787mm×1092mm　1/16
印　　　张：	20
字　　　数：	337 千字
版　　　次：	2022 年 10 月第 1 版
印　　　次：	2022 年 10 月第 1 次印刷
定　　　价：	70.00 元

联 系 电 话：（010）68990642　82097226
购 书 热 线：（010）68990682　68990686
网 络 订 购：http://zgfzcbs.tmall.com
网 购 电 话：（010）88333349　68990639
本 社 网 址：http://www.develpress.com
电 子 邮 件：121410231@qq.com

版权所有·翻印必究

本社图书若有缺页、倒页，请向发行部调换

编委会

主　编 林崇建

副主编 周少华　黄建华　金　戈　张立央　费孟云　谢莉萍

编　委（以姓氏笔画为序）

王明荣　卢　跃　冯　路　农贵新

张　华　吴红艳　陈　浩　鲍盛基

城市战略篇

现代化滨海大都市的主要内涵和主导功能 …………………………………… 3
推进港产城高质量融合发展的对策研究 …………………………………… 11
宁波服务和融入新发展格局的目标定位和突破重点 ……………………… 19
统计视角下宁波加快实现 GDP 2 万亿元目标的建议 ……………………… 28
对标 GDP 超万亿元城市看宁波"十四五"发展 …………………………… 38
论港口是宁波最大的资源 …………………………………………………… 54
宁波区域发展战略演进历程及其启示 ……………………………………… 64
做精做优现代化滨海大都市"象山板块"的设想与建议 ………………… 74
向苏州学什么 ………………………………………………………………… 80

经济发展篇

碳达峰碳中和背景下宁波能源及产业发展研究 …………………………… 99
宁波适应城市发展新特征对策研究 ………………………………………… 112
宁波 GDP 与支撑性指标的宏观关联特征分析 …………………………… 121
宁波建设能源数据交易市场的设想与建议 ………………………………… 133
加快宁波人工智能产业发展的对策建议 …………………………………… 136
宁波发展空天信息产业的机遇和路径研究 ………………………………… 142
加快宁波生物降解塑料产业发展壮大的建议 ……………………………… 148
宁波发展甲醇汽车产业大有可为 …………………………………………… 155

企业创新篇

新发展格局下甬企更需提速创新发展 ········· 159
进一步强化企业产教融合主体作用的对策建议 ········· 162
宁波百万劳动者技能学历提升对策建议 ········· 168
宁波加快培育壮大市场主体的对策建议 ········· 178
"亮点工程"推动宁波制造业更新、更优、更靓 ········· 186
推动专业性会展项目发展的建议 ········· 188
关于加快宁波实验室体系建设的建议 ········· 193
关于建设宁波超算中心的设想和建议 ········· 201

改革开放篇

深化数字化改革有力推进政府治理现代化 ········· 207
以数字化改革推进宁波终身学习平台建设的设想与建议 ········· 214
宁波加快补上利用外资短板的对策研究 ········· 220
积极引进外资银行 推动宁波高水平开放 ········· 235
宁波先行先试更高水平对外开放的建议 ········· 240
加快引驻国际科技人才组织的建议 ········· 249
宁波知识产权保护体系存在的三个主要问题 ········· 255

社会民生篇

谋划宁波文化建设战略应当关注和解决的几个问题 ········· 261
关于加快打造甬绍文化发展共同体的若干建议 ········· 270
实现和巩固宁波低收入群体体面生活的对策研究 ········· 275
进一步提升新就业形态劳动者就业质量的建议 ········· 281
新形势下加强宁波养老护理员队伍建设的建议 ········· 287
宁波加快建设生育友好型城市的对策建议 ········· 291
宁波海洋渔业安全生产的难点与堵点 ········· 296
新时代机关党建数字化发展的思考 ········· 300
提升城市基层党组织组织力的路径探索 ········· 304

后　　记 ········· 312

城市战略篇

现代化滨海大都市的主要内涵和主导功能

建设现代化滨海大都市，是新时代宁波的总体定位和愿景目标。必须全面准确把握其丰富内涵，系统深入研究其功能支撑，凝聚社会共识，统一各方思想，明确战略方向，确定突破重点，从而引领城市转型和产业转型，为实现五大战略使命、建设社会主义现代化先行市奠定基础。

一、全面把握现代化滨海大都市的主要内涵

新发展阶段呼唤新城市愿景，新城市愿景体现新发展阶段要求。现代化滨海大都市的内涵需要着重把握三个方面。一是发展目标需要全面升级。现代化国际港口城市已基本建成，在新阶段需要拉高标杆、争先进位，面向世界城市体系确立新的发展目标。二是发展路径需要突破创新。在高质量发展新阶段，需要尽快破除路径依赖，实现创新驱动发展，再塑发展格局和优势特色，推动经济社会发展迈上新台阶。三是城市竞争需要优化综合环境。当前全球产业链和城市格局深度调整，只有宜居宜业、具有较高承载力和可持续发展能力的城市，才能在激烈的竞争中脱颖而出。我们认为，现代化滨海大都市建设的内涵目标为：到2025年，城市功能能级跃上新台阶，重要发展指标位居全国前列，初步建设成为创新活力之城、生态宜居之城、人文共富之城，形成一批现代化滨海大都市建设标志性成果。到2035年，基本建成现代化滨海大都市，创新活力、生态宜居、人文共富的城市品质形象得到公认，在高水平社会主义现代化建设中始终走在前列，成为浙江建设新时代全面展示中国特色社会主义制度优越性"重要窗口"的模范生。

——创新活力之城。把创新作为城市发展的主动能，加快发展动能转换，大力建设科技强市、人才强市和高水平创新型城市，推动科学、技术、产业、产品、治理等全面创新，在优势领域领跑全国甚至全球，城市创新功能突出、

活力迸发，创新活力成为现代化滨海大都市最闪耀的亮色。同时，主要经济指标争先进位，综合实力再上新台阶，以大体相当的能级与杭州共同唱好"双城记"。

——生态宜居之城。把提升品质品位作为城市发展的重要导向，依托"拥江揽湖滨海"、江南山水诗意的优越自然本底条件，以更高标准、更优品质、更大气魄，推进城市重点空间开发，打造城市精品区和精致点，彰显时尚元素、滨海特色、江南韵味、国际气派，提升城市知名度和国际影响力，成为绿色、低碳、安全、韧性、可持续发展标杆，形成全域城区化同城化和城乡全面融合的城市空间新格局，以优质的生态条件和滨海的特色城市风貌吸引人才、集聚人口，使生态宜居成为现代化滨海大都市最鲜明的底色。

——人文共富之城。把以人为本作为城市发展的根本原则，提高城市繁荣发展全员共享、全面共享水平，公共服务优质均衡，精神生活文明富足，城市治理智慧精准，以一流的营商环境、公共服务、治理水平吸引人才人口，完善共同富裕的体制机制，推进城乡居民收入持续增长，进一步缩小城乡、区域和阶层之间的收入差距，增强群众获得感，打造有温度有情怀的文明典范城市，使人文共富成为现代化滨海大都市最动人的底色。

二、建设现代化滨海大都市需要加强功能支撑

（一）城市愿景目标必须有主导功能作为具体支撑和实现路径

相同发展阶段的城市，其愿景目标也大体相同。现阶段我国大多数城市的愿景目标都围绕着国际化、宜居、以人为本、韧性等关键词展开，但不同城市由于资源禀赋不同，主导功能呈现明显差异。如有全球城市、区域性城市之分，有制造中心、消费中心之分，有经济中心、文化中心之分等。在城市的主导功能方面，其核心问题是要确定在特定区域、国家或全球范围内，一个城市在政治、经济、文化、创新、交通等方面所扮演的角色。科学合理、明确清晰、富有远见的城市功能定位，对城市发展有着直接、深远的促进作用，有利于突出城市特色、发挥主导优势，有利于明确战略方向、聚焦发展资源，有利于提升城市核心竞争力、获得最佳综合效益。

（二）建设现代化滨海大都市的新愿景目标需要拓展提升宁波传统功能、确立培育新功能

港口、制造、开放、贸易等是改革开放以来宁波的主导产业，和上一个万

亿元GDP的主要支撑。近年来，传统功能的优势相对减弱，与上海之金融、深圳之创新、杭州之信息经济相比，传统功能对宁波经济较快增长、产业创新转型、城市争先进位的支撑带动作用明显乏力，难以支撑下一个万亿元GDP目标的早日实现。与此同时，近年来宁波在多层面多领域提出了诸多功能定位，这些功能定位数量多、关系不清晰、层次不分明、执行不一贯，以致何为主导功能在研究上不深入、认识上不统一、提法上不明确。因此，新愿景目标呼唤新功能定位。

（三）现代化滨海大都市主导功能的确定需要综合考虑资源禀赋、产业基础、战略地位等多方面因素

具体来说，要遵循三大原则。一是延续性。城市主导功能是一个逐步形成与完善的过程，需要一以贯之地坚持推进。例如，港口、工业、贸易物流等一直是中央和浙江省对宁波功能定位的关键词，也是宁波历次党代会和中长期规划发展目标、战略任务的核心内容，有着良好的发展基础、广泛的社会共识和一贯的政策导向，需要继续坚持并进一步拓展提升这些功能。二是前瞻性。要把握当前全球产业链深度调整契机，培育有基础、有优势、有潜力、有前景的新功能，支撑宁波在国家重大战略部署中有更大担当和作为。例如，创新、先进制造等功能在全球城市体系分工中具有相对较高的地位和竞争力，最能抵御市场风险、经受市场波动；又如，海洋经济前景广阔，宁波具有突出优势和发展潜力，可以作为重点培育功能。三是开放性。专家预测，到2050年，世界前50个大城市中至少有10个来自中国，一批国内城市将成为"全球城市""区域性全球城市"和"功能性国际城市"。现代化滨海大都市主导功能的选择，必须紧跟和适应这一态势，以国际视野、开放思维在全球城市体系中寻求宁波的功能坐标，推动宁波深度嵌入全球经济体系和创新体系，并以此引领发展战略。

三、做强做优现代化滨海大都市的四大主导功能

综合考虑上述因素，我们建议，宁波现代化滨海大都市的主导功能，就是努力将自己培育打造成为"四大中心"：全球先进制造中心、全球贸易物流中心、全球特色科创中心和全球海洋经济中心。其中，全球先进制造中心和全球贸易物流中心是宁波传统功能的提升拓展，全球特色科创中心和全球海洋经济中心是新阶段需要着力培育强化的新主导功能。到2050年，力争使宁波成为公

认的"功能性国际城市"。附表展示了改革开放以来宁波城市主导功能的演变。

（一）全球先进制造中心

依托宁波雄厚的制造业基础，在基本建成全球先进制造基地的基础上，进一步提升发展质量和效益，拓展提升发展产业链、价值链、创新链，打造成为优势产业支撑有力、高端集成特色鲜明、市场引领地位突出的全球先进制造中心。优势产业支撑有力。推动汽车、石化两大优势产业形成世界级产业集群，高端装备、电子信息、新材料、软件与新兴服务等加快形成具有较强国际竞争力的优势产业集群。前湾新区等成为具有全球影响力的先进制造业空间载体。高端集成特色鲜明。建设一批智能工厂、智能企业，应用柔性化、个性化定制等智能制造新模式，以数字化转型推动质量效益和产品服务供给提升，在全国乃至全球形成引领示范优势。服务业和制造业深度融合，产业技术水平、品牌知名度、产业综合效益和劳动力素质等"四高"彰显，形成产业发展新格局。市场引领地位突出。重点培育制造业单项冠军企业和创新型科技企业，突破一批关键核心技术、推出一批重点产品、形成一批国际国内标准，若干行业或产业的技术、产品、市场地位处于前沿，在更多细分领域处于国际国内领先水平。单项冠军企业数量继续保持全国首位，拥有若干全球性头部企业。

（二）全球贸易物流中心

充分发挥港口资源、开放优势，进一步培育强化交通枢纽、物流服务、平台展会等功能，在基本建成世界一流强港的基础上，打造一个通道功能强、贸易流量大、开放水平高、市场主体优的全球贸易物流中心。通道功能强。全面对接嵌入国家综合立体交通网、长三角一体化综合交通体系和浙江省开放大通道建设，推进车、船、飞机、管道等各类交通设施无缝衔接，以及海运、陆运、空运、管道运输等运输服务一体化，功能完备、立体互联、多式联运、陆海空统筹的运输网络基本形成，打造区域航空货运枢纽，成为"一带一路"倡议的支点城市和中国面向亚太区域的东部门户。贸易流量大。建设高质量新型国际贸易中心、国际消费中心城市、区域金融中心，力争商品、资金、信息流量的规模、结构与质量具有世界影响力，国际贸易中心枢纽能级全面跃升。继续做大进出口贸易规模，推动跨境电子商务、国际采购、进口分拨、服务贸易等新型贸易方式发展形成有效增量，建设成为全球贸易网络重要节点、特色进口商品集散中心、消费中心和全球供应链体系的重要枢纽型节点。推进国家级油气储备基地、化工品国际贸易中心和分拨中心建设，建成具有国际影响力的油气资源配置中心。围绕供应链加大金融保险创新力度，集聚资金要素，形成贸易物流和金融相互促进的良性发展格局。开放水平高。把中国（浙江）自由贸易试验区宁波片区建设成为具有较高投资贸易自由化便利化水平的，体制国际领先、国内最优，营商环境便利度位居全国前列的战略性大平台，在国家新一轮大开放中引领双向贸易、投资和人文科技交流。把握先发优势，将中国—中东欧国家博览会和经贸合作示范区建设成为最具影响力的与中东欧经贸文化交流平台、"一带一路"倡议对接欧洲经济圈的新通道、地方探索国际合作制度创新的新高地。市场主体优。集聚一批国内外知名的航运服务、现代物流、国际贸易、国际金融企业等。鼓励企业积极参与全球供应链重构与升级，提高资源要素集聚配置能力，成为全球供应链的重要服务商。宁波港集团成为具有全球资源配置能力的跨国航运集团。

（三）全球特色科创中心

重点领域的科技创新实现突破和跨越发展，打造一个全球细分领域技术创新成果领先、科技成果转化成效显著、创新服务水平一流的重要创新策源地和全球创新网络重要节点。细分领域技术创新成果领先。集中政策、集聚创新要素，在新材料、工业互联网、核心基础件等领域形成一批重大原创成果，新材料科创成为全球引领者，打响"工业互联网看宁波"品牌，关键基础件科创成为全国标杆。科技成果转化成效显著。建设国家科技成果转移转化示范区，与国内外主要技术市场融通发展，完善高效顺畅的科技成果转移转化机制，快速实现科技转化为生产力、赋能产业发展，建设成为重点领域科创成果转化国家级基地。创新服务水平一流。建成集科技金融、技术转让与交易、创业孵化、知识产权、科技招商服务等创新链关键节点于一体的创新服务体系，深度嵌入全球创新体系，深度融合产学研用各环节，高新区、前湾新区等创新平台活力强劲、具有国际先进水准，创新创业基础设施发达、服务高效便捷，成为全球人才、技术、信息等要素集聚、流动地。

（四）全球海洋经济中心

充分挖掘放大海洋资源优势，在海洋产业发展、海洋资源开发、海洋生态保护方面形成鲜明特色、突出优势和强劲增长，建设成为全球海洋经济中心。海洋产业优势突出。打造一批海洋特色功能区块，提升海洋渔业发展质量，做强深海养殖和滨海度假、海岛旅游、休闲渔业等涉海旅游业，突破发展海洋新材料、海洋工程装备、海洋生物医药、海洋油气资源开发利用、国际商业卫星发射、海洋监测等现代海洋产业，基本形成生态型、创新驱动型现代海洋产业体系，重点涉海产业拥有较强优势，海洋经济实现高质量增长。海洋资源特色彰显。统筹全市海洋科教资源，一批海洋关键技术研发和应用走在前列，打造成为区域性海洋科研中心。建设滨海旅游休闲岸线等公共空间，滨海区块品质品位明显提高，成为现代滨海大都市中最具有特色和人文魅力的板块。滨海旅游休闲形成鲜明特色和较强吸引力，成为长三角滨海休闲旅游、健康养生、创意创新目的地。海洋生态持续改善。建设美丽生态海洋，实施海域生态环境综合整治，统筹做好全市域的海域、海岸线、海岛、滩涂、湿地、海洋生物等各类海洋资源的修复和保护，建立和完善各具特色的海洋自然保护区，重点海洋生态指标良好，海洋整体生态功能稳步提升。

林崇建　金　戈　吴红艳　王明荣　汪志飞　徐　毅

附表	改革开放以来宁波城市主导功能的演变
	主导功能
国家层面	1995年，在国务院批复的《宁波市城市总体规划（1995—2010）》中，宁波市的定位为我国东南沿海重要的港口城市、长江三角洲南翼经济中心、国家历史文化名城；明确宁波市东北亚航运中心深水枢纽港、华东地区重要的先进制造业基地、现代物流中心和交通枢纽、长江三角洲南翼重要对外贸易口岸、浙江省对外开放窗口和高教、科研副中心；东南沿海重要风景旅游城市
	2006年，在国务院的《宁波市城市总体规划（2006—2020）》中，坚持了上一轮宁波市城市总规中的发展定位，同时，把宁波市城市职能调整为：国际贸易物流港、东北亚航运中心深水枢纽港、华东地区重要的先进制造业基地、长江三角洲南翼重要对外贸易口岸、浙江海洋经济发展示范区核心
	2009年国务院印发的《物流业调整和振兴规划》明确宁波市为全国性物流节点城市
	2010年6月，《长江三角洲地区区域规划》提出，发挥产业和沿海港口资源优势，推动宁波—舟山港一体化发展，建设先进制造业基地、现代物流基地和国际港口城市
	2010年12月，《全国主体功能区规划》提出，将宁波市建设成为长江三角洲南翼的经济中心和国际港口城市
	2016年，《浙江省新型城市化发展"十三五"规划》要求宁波市加快打造港口经济圈和制造业创新中心、经贸合作交流中心、港航物流服务中心，加快建设现代化国际港口城市，重点打造国际一流的现代化枢纽港
	2016年，《长江三角洲城市群发展规划》明确了宁波都市圈的功能内涵，提出要打造全球一流的现代化综合枢纽港、国际航运服务基地和国际贸易物流中心，形成长江经济带龙头龙眼和"一带一路"倡议支点
浙江层面	1985年，浙江省政府修订的《宁波市城市总体规划（1986—2000）》明确宁波市为华东地区的重要工业城市和对外贸易口岸、浙江省的经济中心
	2006年，浙江省"十一五"规划纲要提出，宁波市要构筑宁波都市经济圈，使之成为浙江临港重化工业的核心区、上海国际航运中心的重要组成部分
	2013年浙江省委全面深化改革决定，提出深化宁波市对外开放综合配套改革，推进国家进口贸易促进创新示范区等改革试点，打造长三角南翼区域金融中心和国际贸易中心城市
	2016年，《浙江省新型城市化发展"十三五"规划》要求宁波市加快打造港口经济圈和制造业创新中心、经贸合作交流中心、港航物流服务中心，加快建设现代化国际港口城市，重点打造国际一流的现代化枢纽港

续表

	主导功能
宁波层面	1980年，宁波市第五次党代会提出，尽快建成现代化的港口城市、浙江省工业基地和外贸出口基地之一
	1984年，宁波市第六次党代会提出，努力把宁波市建设成为浙江省的重要工业基地和以出口加工工业、国际转口贸易为中心的综合性的现代化港口城市
	1994年，宁波市第八次党代会提出，把宁波建设成为经济实力雄厚、对外开放度高、科学文化发达、人民生活富裕、社会风气良好、城乡环境优美的社会主义现代化国际港口城市
	1999年，宁波市第九次党代会，围绕建设社会主义现代化国际港口城市的既定目标，进一步提出了港口建设、科教发展、对外开放、城市化方面"四个突破"
	2004年，宁波市第十次党代会提出，基本建成华东地区重要的先进制造业基地和东北亚国际航运中心的重要组成部分，进一步确立长江三角洲南翼经济中心的战略地位
	2007年，宁波市第十一次党代会提出基本建成国际一流的深水枢纽港、全国重要对外贸易口岸和华东地区先进制造业基地、现代物流中心，进一步确立长三角南翼经济中心的战略地位
	2012年，宁波市第十二次党代会围绕"四好示范区"建设，提出"成为国内有地位、国际有影响的先进制造业中心、贸易物流中心和航运服务中心"
	2015年，《宁波市城市总体规划（2006—2020年）》提出，建设国际贸易物流港、东北亚航运中心深水枢纽港、华东地区重要的先进制造业基地、长江三角洲南翼重要对外贸易口岸、浙江海洋经济发展示范区核心
	2016年，宁波市"十三五"规划纲要提出，建设具有国际影响力的港口经济圈和制造业创新中心、经贸合作交流中心、港航物流服务中心
	2017年，宁波市第十三次党代会提出，加快建设国际港口名城，努力打造东方文明之都，高水平全面建成小康社会，把宁波改革开放和现代化建设全面推向新阶段

资料来源：课题组整理。

推进港产城高质量融合发展的对策研究

港产城融合是港口城市发展的普遍规律，也是宁波改革开放40多年来发展的重要经验，更是建设世界一流强港和现代化滨海大都市的迫切要求。近年来，随着港产城快速发展，现有协同格局已难以满足高质量发展需求，港城相互带动作用弱化。港口"大港小航"格局明显，基础港航服务业增加值占物流增加值比重80%以上，货物吞吐量对城市GDP边际贡献仅为上海港的27.3%。同时，城市功能对港口支撑不足，金融保险、贸易物流等高端服务业对强港转型支撑乏力。为此，必须进一步统一思想、明确认识、抓住机遇、下定决心，加快形成港产城深度融合、协同发展新格局，努力锻造世界一流强港"硬核力量"。

一、当前宁波港产城融合发展中的突出问题

当前，港产城融合发展的突出问题主要有空间争地、运输结构不合理、机制不顺、利益难调等，具体表现有以下四点。

（一）港产城功能布局不协调

一是堆场布局不合理。60%的堆场布局在北仑港区，而该港区集装箱吞吐量仅占整个宁波港域的25%，穿山、梅山、大榭等港区的堆场明显不足，港区间每年重箱转运量超过100万标箱。二是集卡停车场不足。日均进出港口的集装箱车辆约为1.5万辆，但北仑区域正式和临时集卡停车位只有6000余个，乱停乱放情况严重，加剧了交通拥堵。三是临港产业布局散乱。北仑区内现有10多个工业集聚区，集聚了6000多家企业，数量多、布局散，其物流主要依赖城区干线道路，进一步加剧了交通拥堵；港口企业、临港开发区和大企业都有各自的物流园区，土地集约利用水平低。各化工区之间的大宗石化原材料运输主要

依靠公路,尚未建成完全一体的公共管廊。四是发展空间不足。"十四五"期间北仑区剩余成片 5600 亩规划指标均位于偏远区域,几无扩展空间。

(二) 交通拥堵和客货混行问题突出

一是疏港公路部分路段与城市交通道路重合。由于货运量猛增和私家车大幅增长,大碶疏港高速、329 国道、骆霞线、招宝山大桥等疏港干线公路实际交通量已接近或超过设计通行能力,道路管理和养护压力较大。二是运输结构不合理。疏港货运和城市通勤均高度依赖公路,公路运输量占宁波港域集装箱运输的 86%、散杂货运输的 30%,铁路运量仅占 3%,公路客运量占比超过 75%。三是交通安全隐患大。每年集卡造成的交通事故约占北仑交通事故总量的 1/4,并且日均有超过 3000 辆次的危化品车辆需要通过穿越北仑城区的疏港公路。

(三) 港口绿色转型滞后影响城市品质

一是港口绿色作业水平仍有较大提高空间。宁波舟山港年均到港船舶约为 3 万艘次,年均硫排放近 3 万吨,比北仑全区工业硫排放总量还多 50%。LNG 集卡数量和低压岸电点仍有较大完善空间。散杂货码头的矿石、煤等粉尘防治效果不尽如人意。二是码头岸线与生活岸线配置失衡。生活岸线严重不足,制约城市风貌提升。

(四) 推进融合发展的体制机制不完善

在思想认识上,对现阶段港产城融合的演进规律和方位阶段认识还不统一,将港城互动、荣枯与共的认识转化为决策、工作举措的力度不够。在规划对接上,港口、城市各自规划、各自建设,对接协调不够紧密。在会商机制上,尽管已建立港产城融合联席会议,但缺乏常态化的信息共享和工作推进机制。在项目协同上,共推重大招商项目、重大基础设施建设的机制尚未建立。在利益分享上,按照市场化手段推进资源有偿使用、生态补偿等方面创新不足。

二、推进宁波港产城高质量融合发展的基本思路

当前,推进港产城高质量融合发展面临难得的有利契机。要着眼建设一流强港的总体定位,深化若干重大基础问题的通盘研究和方案谋划,抓住"新空间、新产业、新机制"三个关键"关节",完善利益纽带和协同机制,实现港产城功能有机融合和空间有序分离。

（一）抓住有利契机，统筹有序推进

按照中央部署，长三角港口一体化、世界一流强港建设、国土空间规划调整等工作正加速推进，宁波也积极谋划建设现代化滨海大都市、海洋中心城市。同时，中央巡视整改对港产城工作融合也提出了具体要求。这是宁波在新阶段推进港产城高质量融合发展的有利契机。因此，要把握时间窗口，把牢根本目标，紧盯突出问题，加强多方协同，研究制定整体方案和持续推进措施。要研究港口吞吐量达峰的临港空间结构、碳达峰所要求的交通运输结构、港产城远期用地需求等重大基础问题，为近期开发建设提供合理引导和有效管控，为中远期发展预留空间和减少调整成本。同时，对存在的突出问题，要按照先易后难、稳步推进的原则，加大协调力度，研究制定方案，做好规划控制，逐步有序推进。

（二）坚持高质量发展，推进创新破难题

港产城融合中的问题，既是现有规划布局与港产城快速发展不相适应的体现，也与新阶段高质量发展目标不相匹配。因此，要坚持高质量发展总体要求，遵循港产城关系演变的普遍规律，推动港口、产业和城市能级提升，形成相互促进、相互带动的融合发展新格局。这个新格局的关键是"新空间、新产业、新机制"。新空间是基础，就是要集约高效开发利用临港土地空间资源，优化港产城空间功能布局，形成有序、高效的临港空间结构。新产业是核心，就是大力发展港航服务产业，根本改观"大港小航"的局面，增强产业带动城市发展能力，锻造一流强港内核。新机制是保障，就是在开发建设、招商引资、利益分享、工作推进等方面，建立完善协调兼顾、高效顺畅的体制机制，以形成合力，协作推进。

（三）功能有机融合，空间有序分离

理顺功能空间和保障土地供给是推进港产城高质量融合的基础。当前，空间无序交错、功能相对分离既是宁波港产城融合的突出问题，也是引发其他相关问题的基本原因。因此，要顺应港口升级和城市发展，通过土地调整拓展、产业"退二进三"、城市空间转型等措施，优化调整城市、港口和产业之间的空间关系，推进港产城功能上相对集中、有机融合，空间上相对独立、有序分离，从根本上解决港产城功能混杂，物流动线杂乱低效，交通流量叠加，功能相互干扰等突出问题，从以往港城紧密型向既联系便捷又相对独立的方向发展。

（四）强化利益纽带，推进协同发展

完善利益分享机制是港产城高质量融合发展的关键动力，要强化利益纽带，明晰利益分享，激发各方积极性，增强各方获得感，提高各方共识度和合力。因此，要以建设一流强港这个根本目标作为最大共识，在整体谋划和具体推进中统筹兼顾港口集团、北仑区、宁波市、浙江省等主要相关方的利益关切和责任义务，充分发挥各方的综合优势和职能职责，对发展港航产业、保障土地供给、重大基础设施、功能区块开发、区域经济增长、城市品质与安全等重大问题，综合运用市场和政府"两只手"，加强战略规划引导和管控，完善沟通协调的工作机制，健全共建共享的利益纽带。

三、推进港产城高质量融合发展的对策举措

要按照功能有机融合、空间有序分离的原则，着力优化城区和产业空间布局，推进产业更新，优化集疏运体系。

（一）优存量争增量，拓展港产城融合土地空间

土地空间是港产城高质量融合发展的核心要素。要优存量争增量，拓展土地空间，推动港产城高水平融合。

1. 优化布局释放临港土地空间。一是优化堆场和集卡停车场布局。要进一步排摸整合港区闲置地块，依据各港区集装箱吞吐量，优化港区后方配套设施的集中布置，并用专用通道直接连通港区，减少港城交通相互干扰；在穿山、梅山区域增加布局配套堆场、停车场和集拼场地，减少码头间短驳和空箱转港运输。在北仑集卡服务基地建设多层集卡停车场，提高集卡服务基地使用效率。二是提高现有堆场集装箱堆放层数。通过数字化改造、设备更新和技术升级，建设统一调运平台，提高堆场和集卡停车场周转效率，放大空间容量。

2. 搬迁拆迁腾出土地空间。一是谋划中远期逐步搬迁部分临港大工业。按照产业规划和方向，逐步搬迁炼钢、造纸等占地大、能耗高、排放多、亩产效率低的临港工业。对宁钢地块进行产业梯度转移，逐步退出低端冶炼、轧制等钢铁制造环节。二是加大临港居住区块拆迁力度。加快推进北仑城中村和老旧小区拆迁，尤其是建于2000年前、存在较大安全隐患的住宅小区，要优先纳入浙江省未来社区创建项目，加快拆迁改造步伐。逐步搬迁转移大榭岛南侧居住区块，推进大榭全岛产业化。严格控制港产城交界区域新增住宅和公共服务设

施。三是优化整合临港小工业集聚区。实施工业集聚区规划，港城交界区域小、散、乱的工业集聚区和企业要分类整合、优化、搬迁。

3. 抓住《宁波市国土空间总体规划（2020—2035）》（以下简称"2035国土空间规划"）编制窗口期，积极向上争取新增土地空间。一是争取将471公顷梅山七姓涂、梅山水道、峙南围涂三个历史围填海区块纳入2035国土空间规划。二是争取立项梅东围涂工程。依托宁波梅山岛东侧333公顷自然淤积浅滩，建设离岛型生态化的江海联运中心枢纽项目，保障铁路站场空间，实现海铁联运与江海联运无缝对接。三是争取自贸区宁波片区建设空间。在2035国土空间规划中，相应核减区域永农保护任务，并倾斜性落实规划新增建设用地指标，满足北仑产业发展需求。

（二）临港小工业"退二进三"，强化发展带动效应

港城交界区域的小工业集聚区要"退二进三""优二进三"，重点发展临港航运服务业，与中心城区高端航运服务业错位发展，并缓解临港区域交通、能源、环境和安全压力。

1. 临港区域优先发展距港要求近、占地大的港航服务业。把优化调整出来的临港土地空间规划建设港航服务业园区，重点发展距港要求近、占地相对较大的仓储、集拼、中转、冷链、保税物流等高附加值物流产业。兴建完善冷链仓储设施、临港展示和贸易中心、检验检疫实验室、专业商务服务中心等。依托自贸区制度创新功能，大力发展进口商品展示、海事服务、船舶供应和海员休闲服务等产业。

2. 打造新型国际能源贸易中心。依托自贸区，聚焦"一枢纽三中心"定位，率先应用新技术、建立新标准、推动新结算、突破新链接，建设能源贸易新平台、新设施、新服务，争取能源贸易新政策，建立符合国际标准、亚太地区一流的新型国际能源贸易中心和期货交割地，争取油气贸易额突破4000亿元，油气及化工产品的定价权和影响力明显提高。

3. 大力发展海港旅游休闲产业。港城紧密协作，联合打造以港口观光、滨海旅游为特色主题的海港旅游休闲产品，带动港口和北仑临港区域旅游消费服务发展，提升临港区域城市功能和品质。大力发展涉港工业旅游和中小学研学项目。支持宁波舟山港参与建设世界级品质的梅山湾蓝海休闲带，作为重要投资主体参与规划设计和项目开发。

(三) 拓通道优结构，完善交通集疏运体系

按照"客货分离、结构优化、快速便捷"的原则，完善疏港公路通道，优化疏港运输结构，实现港区和临港产业园区 10 分钟就近上高速，提升海铁联运和水水中转比例。

1. **加快建设疏港公路网络。**一是推进六横疏港高速、象山湾疏港高速和杭甬高速复线建设，实现主要港区疏港货物就近上高速，推进疏港货运交通与城市客运交通分离。二是推进甬台温高速改扩建工程和甬金高速扩容工程，提升两条高速的通行能力。三是研究疏港高速通道专用化，适时启动绕城以内高速公路货车限行，有序推进客货分离。

2. **加快发展海铁联运。**一是健全港口后方铁路集疏运网络。加快建设铁路梅山支线及北仑支线复线，实现铁路支线或专用线覆盖主要港区和物流园区。二是高标准建设甬金铁路双层高箱运输试验线，发展"五定"班列。三是保持海铁联运补贴力度。具体补贴力度要考虑上海等周边港口的补贴情况，提升政策竞争力。

3. **提升水水中转比例。**一是发展江海联运。运用长江干线至宁波舟山港集装箱江海直达政策，加快开辟长江内支、内贸线。强化船型标准与长江航道、港口泊位配套衔接，探索特定航线江海直达集装箱船和商品汽车滚装船运输。鼓励航运企业开通长江沿线港口至宁波舟山港航线。二是发展海河联运。以浙北水网、钱塘江、杭甬运河内河航运市场为重点，加快完善高等级内河航道，实施杭甬运河"畅·建"工程，加快推进运河三期工程建设，提升港口向浙北、浙西、浙中南等内陆地区的辐射能力。

4. **加快公共管廊建设。**研究建设宁波大化工产业带的公共管廊，进一步优化油气管廊布局，推动镇海至北仑之间的油气管道建设，减少公路危化品运输比例。

(四) 临港城市功能沿湾南进，打造滨海生活新空间

按照港城空间分离原则，推动北仑中心城区逐步南移，加快建设北仑滨海新城，合理规划滨海岸线资源，建设现代化滨海大都市核心滨海功能区。

1. **优化北仑中心城区空间功能布局。**一是逐步实现港城空间分离。对新碶、小港、柴桥、白峰、郭巨等靠近港口区域划定建设开发红线，严格控制新增居住用地和公共服务设施。二是加快推进北仑滨海新城建设。以九峰山为生态屏

障,推动北仑城市功能向九峰山以南转移,将北仑原中心城区的生活功能、先进制造和现代服务功能,逐步转移至大碶、春晓等区块。三是加快推动环城南路至沿海中线的梅山快速路建设,形成北仑与鄞州"五横协同"的连接通道体系,分离客运道路与港口集疏运道路。

2. 打造现代化滨海连绵空间带。按照打造现代化滨海大都市重要滨海功能区的定位,统筹宁波湾北岸沿线,联动北仑、鄞州,奉化的梅山、春晓、咸祥、松岙、裘村、莼湖等地,建设现代化滨海连绵空间带。集聚发展文化创意、旅游休闲、健身康养、科技研发等新兴产业,布局建设一批优质的教育、医疗等公共基础设施。加快提升沿线交通基础设施,提升沿海中线道路标准,规划建设从北仑梅山湾到奉化滨海新区的"百里滨海景观大道",打造"三生融合"的现代化滨海空间。

3. 提升临港区域生态品质。推动港口作业绿色转型,减少硫排放、尾气、扬尘等污染源,提升城市环境品质。一是推广港域船舶使用低硫油,加大岸电设施建设、改造、扩容力度,实施鼓励低硫油使用的差价补贴政策。二是加强集卡尾气整治,引导港区车辆进行LNG改造。三是加强码头、堆场除尘防护工作,布置高效防尘网,进行装卸工艺改进提升,减少港区粉尘污染。四是推动港城、产城之间构筑生态隔离带,利用海湾隔离防护大榭岛化工区,利用绿化带及山体隔离防护近城化工区。

四、进一步优化港产城高质量融合发展的体制机制

以资源共享、优势互补、增进合力、共赢发展为目标,依托行政、市场等多元手段,健全信息沟通、工作推进等体制机制,充分发挥各方积极性和资源优势。

(一)完善多层级的沟通协调机制

一是建立业务对接机制。以联席会议为基础,建立双方业务部门的日常工作对接机制,确定专门联系部门,定期召开会议,落实联席会议决策部署,推进各项工作的跟踪、指导和具体落实。二是建立规划对接机制。完善港口、城市、产业等规划起草制定过程中双方共同参与的流程、权限等。多层级的沟通协调机制建设核心是:进一步扩大宁波和舟山政府在港口建设中的参与权,改变港口管理体制调整后港和城各自发展、相对脱节的现状;推进信息沟通和决

策协同，确保重大事项全面征求、切实反映并认真吸收利益相关方的诉求、意见和建议。三是推动具体工作落地、落实。

（二）健全重大基础设施建设和政策补贴协同机制

一是按照共建共享原则，港城联合投资、共同开发建设临港基础设施、重大港航物流信息基础设施、为港口发展配套的公共服务设施等。支持宁波舟山港集团在滨海附近开展居住生活配套开发。二是对于土地、资金、能耗、公共服务设施配置等指标，要统筹考虑港口和城市两方面需要，港城共同向上争取，港口要积极协助地方将临港区域土地产出等绩效考核单列。三是关于海铁联运和江海联运补贴、船舶低硫油差价补贴、集卡高速收费优惠等港口发展的扶持政策，要积极推动省级层面牵头制定和安排专项资金，并加大宁波市、内陆地市、海港集团三方的补贴投入，加速推动一流强港建设。

（三）建立合理明晰的利益分享机制

充分发挥港口集团的信息、资金、产业等综合优势，加大港口对城市发展的反哺带动作用。一是推动港口做大做强港航服务业务板块，推动港口集团发展成为世界级龙头物流企业，带动宁波港航服务业发展和城市功能升级。二是发挥宁波舟山港资金资源优势，引导其在宁波投资建设高附加值、智能化、高端化港航物流服务项目，积极投资入股宁波重点产业发展。三是在港口集团下属分公司合并重组以及新增公司登记时，尽量以独立法人形式注册。四是就临港物流园区等功能区块和项目建设，要推进区港、港城合作投资，联合招商，托管运营。

林崇建　金　戈　吴红艳　王明荣　汪志飞　徐　毅

宁波服务和融入新发展格局的目标定位和突破重点

加快构建以国内大循环为主体、国内国际双循环相互促进的新发展格局，对于我国全面建设现代化强国具有重要而深远的影响。重大战略的实施需要各项配套举措的落地，中国共产党中央全面深化改革委员会第二十次会议已审议通过《关于加快构建新发展格局的指导意见》，浙江省政府常务会议也已审议《关于全力打好服务和融入新发展格局组合拳的指导意见》。宁波要建设现代化滨海大都市，必然需要也应当能够服务、融入这一重大国家战略的构建，并从中发挥宁波优势、体现宁波担当、展现宁波作为。本研究在对构建新发展格局的基本目标及国家宏观政策走向进行梳理分析的基础上，结合宁波区位、港口、产业、开放等优势，提出宁波服务和融入新发展格局的目标定位，并就此提出重点突破口。

一、构建新发展格局的基本目标及国家宏观政策走向

构建新发展格局的三大主要目标依次是内循环的安全与稳定、内循环的壮大与畅通、内外循环的互通与融合。为实现这些目标，国家出台了一系列政策举措，我们从中分析判断未来一个时期国家宏观政策的具体着力方向（共13个方面，见图1），为宁波谋划融入新发展格局提供参考。

（一）第一层目标：确保内循环的安全与稳定

确保国内大循环的安全与稳定是构建新发展格局的第一层目标，也是后两大目标实现的基础。其核心是保障粮食、能源、矿产资源等重要战略物资的稳定供应，产业链、供应链关键环节的安全可靠，水利、电力、交通、通信、网络等重要基础设施的有序运行，确保金融不发生系统性风险，确保在极端不利的外部条件下国内市场也能实现最低限度的自我循环。

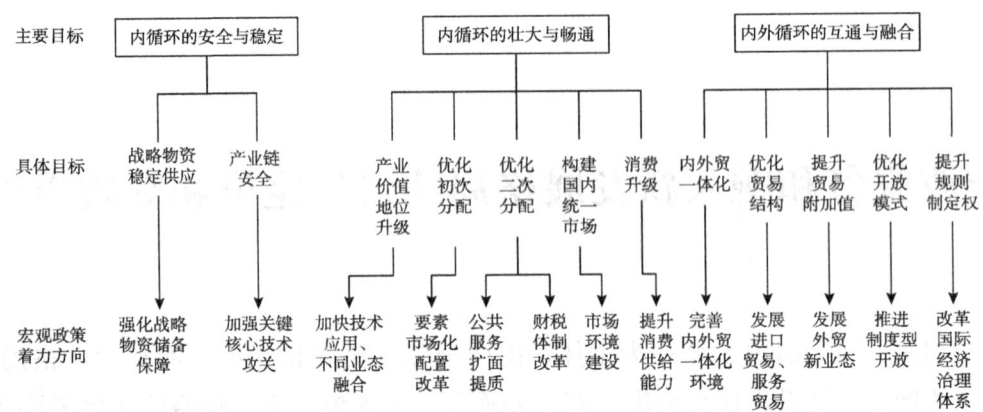

图 1　新发展格局下国家宏观政策主要着力方向

战略物资保供方面，其总体意图是强化国家战略和应急储备体系，健全实物和产能、政府和企业相结合的储备机制，稳定粮食生产，厉行节约粮食，防止耕地"非粮化"，确保粮食保障绝对安全，巩固棉花、油料等重要经济作物的生产能力，鼓励对国内紧缺农产品扩大进口规模、拓展进口渠道。

产业链关键技术攻关方面，提出要强化国家战略科技力量，发挥企业创新主体作用，充分授权科研单位和科研人员，提升科技创新体系化能力，重点对集成电路和软件产业等关键领域予以支持。

强化粮食和重要农产品储备保障、防止耕地"非粮化"以及科技体制改革已在积极落实和推进中，预计下一步极有可能出台其他政策，为能源矿产的储备保障、金融系统的健康稳定及重要基础设施的安全维护提供具体行动指导。

（二）第二层目标：推动内循环的壮大与畅通

推动国内大循环的壮大与畅通是构建新发展格局的核心目标，也是另外两大目标间的联结点。内循环的壮大有赖于居民收入的增加以及更科学的初次分配、二次分配制度。居民收入的增加主要依靠产业向价值链高端攀升；初次分配要体现生产要素由市场评价贡献、由贡献决定报酬的原则，突出要素的市场化配置作用；二次分配主要包括税收、公共服务、社会保障、转移支付等，体现政府的分配调节作用。内循环的畅通需要破除各类市场壁垒和制度障碍，打造更规范统一的国内市场环境，形成更完备开放的国内消费生态。

2019 年以来针对产业转型升级、初次分配、二次分配、市场环境建设以及消费五大领域，宁波已经推出一系列宏观政策调整。

产业升级领域，主要思路是通过融入新技术、融合新业态，提高价值链地位和生产效率，以产教融合强化人才支撑。国家发展改革委已启动"两业"融合、产教融合试点工作；工信部也于2021年开启新一代信息技术与制造业融合试点，并积极培育壮大共享制造、服务型制造等新业态新模式，下一步预计还将持续推进人工智能、工业互联网、区块链等新兴技术与产业的深度融合。

初次分配领域，已完成顶层框架的构建，总体方向是畅通要素流动渠道，保障不同市场主体平等获取生产要素，推动生产要素按市场规则实现效益最大化和效率最优化。(1) 劳动力要素，将探索在城市群内部实现户籍通迁、居住证互认，推动公共资源按城市常住人口配置，畅通人才跨所有制流动渠道。(2) 技术要素，赋予科研人员职务科技成果所有权或长期使用权、完善科技成果评价机制等改革举措均已出台中央层面的执行文件，构建跨区域技术交易平台预计将成为下阶段改革目标。(3) 土地要素，完善建设用地使用权二级市场、农村宅基地退出和流转、集体经营性建设用地入市等已明确具体实施方案，建立全国性的建设用地、补充耕地指标跨区域交易机制将是今后改革重点方向。(4) 资本要素，重心是资本市场建设，已落实科创板设立、新三板升级为北交所、区域性股权交易市场创新试点等举措，下一步将推动全面实施注册制、完善退市机制。(5) 数据要素，尚处于推动政府数据开放共享和互联互通的初级阶段，未来将逐步健全数据要素的确权、保护、交易等机制，并探索设立区域性、行业性的数据交易市场。

二次分配领域，主旨是明确政府责任，强化公共服务和社会保障的公平性、公益性。(1) 教育方面，重申公办义务教育的主体地位，巩固学校教育、课堂教育主阵地的作用。(2) 医疗方面，已制定整体改革方案，并在支持公立医院高质量发展、提高医疗服务收入占比、规范药品耗材定价、门诊共济保障、重特大疾病医疗救助等方面出台具体实施意见。(3) 养老保障方面，省级统筹基本实现，划转国有资本充实社保基金工作全面推开，下一步将继续推进社保全国统筹，并大力推动企业年金、职业年金、个人养老金等养老第二支柱、第三支柱发展。(4) 住房保障方面，将重点针对新市民、青年人的住房困难问题，加快发展保障性租赁住房。(5) 财税制度方面，已出台中央与地方收入划分改革的具体推进方案，预计未来还将持续深化税制改革，包括后移消费税征收环节并稳步下划地方，推进房地产税试点，以便在减税降费的大背景下为地方政府拓展新税源。

市场环境领域，更加强调对所有市场主体一视同仁，减少政府对市场的干预，当前已采取的政策举措包括：在更大范围和更多行业简化审批事项，优化企业开办和注销流程，将监管方式从事前审批调整为事中事后监管，完善知识产权保护体系，开展反垄断执法，并在6个城市落地营商环境创新试点。预计下一步还将持续放宽基础设施等领域的行业准入门槛，清除妨碍统一市场和公平竞争的各种隐性壁垒，实质性强化反垄断监管力度。

消费领域，以促进商品消费提质升级、服务消费蓬勃发展、新型消费加速壮大为目标，提出丰富产品供给、创新模式业态、完善基础设施、优化制度环境等具体举措。后续依托居民收入提高和供给质量提升，将聚焦服务消费、信息消费、新型消费等，出台引导、扶持政策。

（三）第三层目标：促进内外循环的互通与融合

新发展格局不是封闭的国内循环，而是开放的国内国际双循环。外循环可以为内循环提供先进技术、生产设备、战略物资等重要资源，进而提升内循环的生产效率、服务质量和产品竞争力。同时，内循环的不断壮大也有助于提升国内市场在世界市场、国际循环中的地位和竞争力，增强对全球要素资源的吸引力，推动内外循环更加紧密结合、互促共荣。

开放领域相关政策的总体思路是在深化要素流动型开放的同时拓展制度型开放，优化贸易结构，推进贸易创新，加速内外贸一体化。采取的具体举措包括：支持跨境电商、海外仓、综合服务平台等新业态新模式发展，推动内外贸监管体制、规则、标准的对接，鼓励自由贸易试验区开展创新试点，举办进口博览会，设立前海深港合作区、横琴粤澳深度合作区、中国—上海合作组织地方经贸合作示范区、中国—中东欧国家经贸合作示范区，加入区域全面经济伙伴关系协定（RCEP）等。预计未来还将持续放开金融等服务业市场，减少外资准入限制，做大数字贸易、服务贸易，扩大进口规模，推进海南自由贸易港建设，争取加入全面与进步跨太平洋伙伴关系协定（CPTPP）等区域合作机制，参与构建更加公平合理的国际经济治理体系。

二、宁波服务和融入新发展格局的目标定位

新发展格局是国家为应对新形势、新挑战、新问题而提出的长期战略，是

立足于中国这样一个大国的发展所需，是着眼于全国、全球的大循环，不是一域、一地的小循环，也不是一时、一事的短期举措。宁波作为世界一流强港、先进制造高地、重要开放门户、均衡发展典范，有能力、有条件，也有义务、有责任为国家加快构建新发展格局作出相应的贡献。按照国家宏观政策着力点，结合宁波产业特色和比较优势，建议从战略物资保供、产业转型升级、外贸结构优化和创新发展等方面切入，推动宁波成为国家新发展格局中的"枢纽节点、关键支点、特色亮点"。

链接双循环的枢纽节点，是新发展格局下宁波的首要战略定位，即更加突出宁波联通内外的口岸优势、开放优势，在持续提升外贸出口份额的基础上，把握国际经贸格局变化形势，响应外贸高质量发展目标要求，更加着力优化贸易结构，更加聚焦外贸业态创新，成为外贸主体更活跃、辐射能力更强大、枢纽功能更完备的重要节点。

保障内循环的关键支点，即利用港口资源优、储运条件佳的基础，为国家承担起能源、矿产、粮食等战略物资的保供任务，利用宁波产业基础好、单项冠军多的优势，加快"卡脖子"难题和关键核心技术的攻坚突破，在战略物资保供和产业链运行两个层面，支撑内循环的安全、有序、稳定运行，成为新发展格局中不可或缺的保障支点。

壮大内循环的特色亮点，即充分利用宁波规上企业较多、转型需求旺盛、应用场景丰富等基础条件，以探索中国制造业高质量发展新路径为己任，抓紧推动制造业与服务业深度融合，不断向"微笑曲线"两端延伸，不断向价值链高端攀升，创造"两业融合"的宁波模式，实现产品增值、企业增效、居民增收，成为助力内循环壮大的先行示范、亮点城市。

三、宁波服务和融入新发展格局的突破重点

立足"枢纽节点、关键支点、特色亮点"的目标定位，重点针对五个方面进行突破，加快推动宁波服务和融入新发展格局。

（一）围绕外贸结构优化，不断增强进口商品集散分拨能力

做大进口规模不但是国家提出的平衡贸易结构、加快外贸高质量发展的重要路径，对宁波发展进口贸易关联产业、吸纳资本和人才要素、提升城市整体竞争力也具有极大帮助，并能有效缓解当前宁波舟山港进出口集装箱量失衡压

力。宁波作为长三角地区重要口岸,应致力于建设进口商品区域集散分拨中心、不断壮大进口贸易规模,为新发展格局构建贡献宁波力量。

完善宁波进口商品中心市场体系。进一步支持宁波进口商品展示交易中心和宁波保税区进口商品市场做大做强,扩大全国直销中心布局网络,筹建乳制品、母婴用品、化妆品等细分领域进口商品分销市场。

打造优质进口消费品区域集散中心。培育壮大本土消费品进口企业,扩大冷链食品、酒类、化妆品、母婴用品等宁波口岸传统优势商品进口规模。逐步扩大平行汽车、直升机、游艇等高端消费品进口规模,将梅山打造成相关商品的区域集散中心。

加强高端装备进口和集中展销。由相关市属国企牵头,联合制造业龙头企业、单项冠军企业、大型外贸企业等组建专业化生产设备进口公司,专注高端仪器、工业母机和关键零部件等进口。在会展中心打造进口高端装备展销中心,吸引数控机床、精密仪器仪表、工业机器人等领域国际主流厂商或经销商常年入驻。

引进集聚大型进口商。积极引进一批国内外知名的渠道型、供应链管理型和总部型贸易企业,与具有重点商品进口资质的央企加强合作,支持其在甬设立采购中心、分拨中心、营销中心,促进进口贸易产业发展,提升宁波对内辐射能级。

(二) 围绕外贸附加值提升,加快推进新业态新模式发展

推动业态、模式创新是外贸高质量发展的另一关键路径,有助于提高贸易附加值、提升贸易话语权。宁波作为外贸大市,应当积极参与贸易创新发展,推动跨境电商、海外仓、外贸综合服务平台等新业态、新模式发展壮大,成为宁波外贸升级优化的新动能、新引擎。

探索跨境电商领域创新举措。深化跨境电商综合试验区建设,做强网购保税进口业务,做大企业对企业直接出口、企业出口海外仓业务,确保规模保持全国领先。争取跨境电商零售进口商品正面清单扩增,开展进口医药及医疗器械试点。完善跨境电商零售进口超期退货处理机制,开展海关特殊监管区域跨境电商出口商品退货试点。

积极研究出台扶持海外仓发展专项政策。支持企业通过独资、合作共建、租赁等方式,扩大海外仓建设规模,并根据规模、类型等给予一定补助,对体量较大、影响广泛的海外仓建设项目,给予"一事一议"综合政策扶持。支持

金融机构综合运用 BOT、结构化融资等多元化手段，解决企业融资难题。鼓励海外仓增加流通加工、商品展示、分销等功能，建设售后维修中心和退换货中心。引导有条件的海外仓企业打造海外公共服务中心，提供信息、法律、知识产权、通关等综合配套服务。协助中小出口企业搭建与海外仓的对接联系渠道。

支持外贸综合服务平台做大做强。支持平台企业探索金融、物流、信保、检测认证等新模式，完善服务体系，提升服务能力。鼓励平台结合自身优势，向细分服务领域拓展，深耕垂直市场，走"专精特新"之路。加大宣传推广力度，通过展会、媒体、门户网站、政策宣讲会等多种形式，为平台与中小企业建立对接渠道。引导协调金融机构在融资信贷、出口信用保险等方面给予综合服务平台一定支持。

探索推动离岸贸易、易货贸易、保税维修等发展。研究出台离岸贸易扶持政策，吸引本地企业离岸业务回流，招引离岸贸易龙头企业落户，争取做大离岸服务贸易、离岸技术贸易和离岸金融等高附加值业务。重点针对"一带一路"沿线国家和地区市场，探索开展以人民币计价的易货贸易，建设易货贸易服务平台，简化贸易结算、资金收付等程序。鼓励企业在梅山、前湾等综保区内开展保税维修业务，积极争取相关政策试点，许可综保区外企业开展自产出口产品保税维修。

（三）围绕战略物资保供，提升大宗商品的储运和配置能力

战略物资的可靠保障是内循环稳定有序运行的重要前提，宁波作为国家重要的战略物资进口和中转基地，区位、港口优势突出，应不断加快重要金属矿石等大宗商品储运基地建设，同时不断完善集疏运体系，提升要素配置能力。

加快建设铜精矿等战略物资储运基地。按照既定目标和项目要求，有力、有序、有效推进铜精矿基地全面建设。同时针对国家及区域发展所需，准确把握发展大势，预留一部分海岛及沿海山地，作为油气、金属矿石及其他重要战略物资的储备建设用地。

完善集疏运体系。大力推进港区基础设施建设，完善疏港高速公路体系，推动铁路支线或专用线覆盖梅山等重要港区，开行直达港区的矿石运输专列。加强在国内沿海、沿江等重要港口建设矿石等储备货种集散中心，引导国内海运骨干企业提升分销配送能力，增强宁波基地对长江经济带等内陆腹地的大宗物资配置保障水平。

搭建大宗商品交易配置平台。主动引入国内外知名交易所等战略投资者参

与宁波大宗商品交易所股权改造，通过高水平战略投资者的引入，提升甬商所管理水平和辐射能级。发挥港口储运优势，与上海、大连、郑州、新加坡等期货交易所探索油气商品"现期联动"交易，推动原油、燃料油、LNG及其他化工品在宁波交割。多渠道引进和培育大宗商品进口企业，推动央企、大型民企、跨国巨头等在宁波设立分支机构。研究组建宁波市级能源产业基金，在宁波注册成立基金管理公司。

（四）围绕产业链稳链保供，加强关键核心技术的攻关和应用推广

宁波作为国家重要的制造业基地，要加快夯实制造业发展基础，重点强化在新材料、工业互联网、关键核心基础件等三大领域的基础研究，为国家突破"卡脖子"难题、稳定产业链供应链运行作出宁波贡献。

完善基础研发投入机制。制定市级法规条例，明确市级科技研发资金中需有一定比例，投入新材料、工业软件等制造业基础能力领域研究。支持企业及其他社会力量通过设立基金、捐赠等方式投入基础研究和应用基础研究。推广研发准备金制度，允许参与基础研究的企业将收入总额的一定比例计入研发准备金，用于购买科研设备、开发软件、检验检测仪器等。

建立以产业技术研究院为核心的技术协同攻关机制。充分发挥产业技术研究院等现有科研机构创新引领作用，鼓励其按照研究特长牵头领导特定领域科技攻关任务。推进院企对接制度化，支持产业技术研究院承接企业技术难题，并将其解决企业技术难题数量作为年度考核重要指标。在宁波研究能力较弱的重要产业领域，精准引入、新建一批高质量产业技术研究院，做好"查漏补缺"工作。

加大关键核心技术推广应用力度。推动高校、科研院所的研究成果通过孵化企业或向企业转让的方式实现市场化、产业化。对符合产业发展方向的补短板、"卡脖子"等关键核心技术产业化项目，纳入重点自主创新产品推荐目录，落实政府采购优先政策，加快国产替代。建立关键技术、创新成果产业化公共服务平台，一站式提供中试加速、测试验证、成果推广、产业落地等科技服务。

（五）围绕产业价值链地位提升，深化先进制造业与现代服务业融合发展

加快制造业与服务业融合发展、推动企业从制造环节向研发和服务环节延伸是发展高价值制造、实现产业价值链地位跃迁的重要路径。北仑区、慈溪市

先后入选国家"两业融合"发展试点单位,市级层面推动"两业融合"的实施意见已出台,下阶段要加大示范推广力度,同时解决企业融合发展过程中遇到的现实困难。

加大扶持推广力度。在汽车汽配、纺织服装、生命健康、装备制造等行业培育打造一批"两业融合"试点示范企业,树立通过"两业融合"实现提质增效的成功典型,促使更多企业提高认知水平和认可程度,形成政府正确引导、企业主动参与、全社会合力支持的浓厚氛围。

加快化解政策阻碍。针对当前"两业融合"发展过程中用地性质转化难、水电收费标准不一、补助政策碎片化等问题,加快开展制造业与服务业之间的政策比对和差异梳理,探索功能适度混合的创新型产业用地(M0)模式,统一用水用能缴费标准,统筹奖补政策,及时消除影响"两业融合"的政策阻碍。

黄建华　陈　浩　韦风涛　杜铁奇　宋宇宇

统计视角下宁波加快实现 GDP 2 万亿元目标的建议

近年来，宁波经济总量与杭州等城市的差距持续拉大，经济增速时常低于杭州和浙江全省平均水平。从统计核算角度分析其结构性原因，有助于直观揭示经济总量与增速差距的主要原因，为经济持续较快发展提供针对性思路和对策。

一、我国现行 GDP 核算的基本方法

（一）GDP 总量的核算

GDP 总量核算是由第一、第二、第三产业增加值加总求和得出，包括农林牧渔业、工业和建筑业、批零业、软件和信息技术服务业、金融业等 14 个行业。各行业增加值 = 各行业产值 × 各行业增加值率，各行业增加值率由全省统一确定。

年度和季度 GDP 总量核算方法有所不同。季度 GDP 以上述生产法为基础进行核算。地方政府的年度 GDP 核算，第一产业采用生产法，第二、第三产业采用收入法，即对经济活动主体的应付劳动者报酬、当年固定资产折旧、生产税净额、营业盈余 4 项的加总。

（二）GDP 增速的核算

GDP 增速是指扣除价格因素的可比价增速，由 23 个行业基础指标增速的加权求和得出，包括规上工业增加值、规下工业增加值、建筑安装工程投资完成额、公路运输总周转量、批发业商品销售额、商品房销售面积等。GDP 增速核算指标全省统一（见附表），但指标权重系数有所不同，权重系数根据各城市上年 GDP 具体组成确定。

影响 GDP 增速的主要因素是各行业经济活动物量增速。为减少价格对实际

增速核算的影响，GDP增速主要根据当期经济活动的物量增速核算，与上年同期GDP总量没有数量上的直接关系。23个指标中，一部分是物量指标，如公路运输总周转量、商品房销售面积、邮政业务总量、电信业务总量等；另一部分是如规上、规下工业增加值等现价指标，通过价格系数折算成可比价指标。

年度和季度GDP增速核算方法一样。

（三）年终核实和修订

年度GDP分为初步核算和年终核实。初步核算是在季度核算的基础上，于次年初以统计公报的形式公布。年终核实是在次年下半年，依据年度统计资料、财政决算资料和部门行政记录等更为丰富完整的数据资料，对初步核算的GDP增速、总量进行修订，以年鉴形式公布。

季度GDP增速和总量一般不做修订。

（四）经济普查修订

为提高GDP核算的准确性，我国每5年开展一次经济普查，并根据普查结果对当年和近5年GDP总量和增速进行全面修订。2004年、2008年、2013年、2018年我国分别进行了4次经济普查。从普查结果来看，当年GDP总量修订的幅度分别为16.8%、4.4%、3.4%和2.1%，显示我国GDP核算准确性逐步提高。

（五）GDP总量修订不会影响下一年GDP增速测算

根据现行GDP核算制度，影响GDP增速的主要因素是各行业经济活动的物量增速，与上年同期GDP总量没有数量上的直接关系，上年GDP总量和增速修订对随后年份GDP增速测算没有直接影响。

二、宁波GDP修订情况

（一）宁波GDP修订频次和幅度在浙江全省处于中等

从年终修订看，"十三五"时期，宁波只有2016年和2017年两个年份的GDP总量在年终核实时进行了修订，其他年份的经济总量和所有年份的增速均未做调整。2020年年终修订情况尚未公布。从经济普查修订看，根据2018年第四次经济普查结果，宁波2016—2018年的GDP总量分别上调了5.1%、3.1%和4.2%，2016年和2017年增速分别上调了0.1个百分点，其他年份未做修订（见表1）。

表1　　　　2016—2019年宁波GDP总量及增速修订情况

年份	项目	GDP总量	GDP增速
2016	公报数	8541亿元	7.1%
	年鉴数	8687亿元	7.1%
	修订幅度	1.70%	0
	普查数	8973亿元	7.2%
	修订幅度	5.06%	0.1%
2017	公报数	9847亿元	7.8%
	年鉴数	9842亿元	7.8%
	修订幅度	-0.05%	0
	普查数	10147亿元	7.9%
	修订幅度	3.05%	0.1%
2018	公报数	10746亿元	7%
	年鉴数	10746亿元	7%
	修订幅度	0	0
	普查数	11193亿元	7%
	修订幅度	4.17%	0
2019	公报数	11985亿元	6.8%
	年鉴数	11985亿元	6.8%
	修订幅度	0	0

资料来源：历年的宁波统计年鉴。

宁波GDP总量、增速的修订频次和幅度在省内处于中等。例如，2016年、2017年年终修订，年度GDP总量修订幅度分别为1.7%、-0.05%；同期，杭州的修订幅度分别为2.38%、0.37%，均高于宁波。又如，2018年经济普查后，对宁波2016年和2017年增速分别上调了0.1个百分点；同期，杭州分别上调了0.1个百分点。

（二）经济普查显示宁波GDP存在低估，低估幅度高于全省，低于杭州

2018年经济普查后，宁波2016—2018年GDP总量分别上调5.06%（432亿元）、3.05%（300亿元）、4.17%（447亿元），同期全省分别上调1.65%、1.23%、3.22%，杭州分别上调5.97%、4.82%、5.91%。

三、影响宁波GDP总量核算的主要不利因素

按照现行GDP核算制度,宁波GDP核算的主要不利因素包括研发投入、总部经济、产业结构(第二、第三产业占比)、企业结构(规上、规下)等。

(一)研发投入

2015年三季度,知识产权产品研发投入开始计入GDP,对各地GDP总量核算带来较大影响。如2020年,杭州研发投入为563.5亿元,宁波研发投入为353亿元,仅此一项相差约210亿元。

(二)总部经济

与杭州等同类城市相比,宁波总部企业数量较少(见表2)。由于分公司数据归属于总公司所在地进行统计,从而对宁波GDP核算产生不利影响。

表2　2020年末杭甬两市总部企业数

	杭州	宁波
总部企业数量	近700家	500多家
其中:世界500强企业	4	0
中国500强企业	20	10
中国民营企业500强	39	15

资料来源:2021年杭州统计年鉴、宁波统计年鉴。

(三)产业结构

不同行业增加值率不同,这是影响GDP总量核算的重要因素。金融、软件信息技术等服务业增加值率高于工业,通信设备、计算机、电子信息技术等新兴产业增加值率高于传统制造业,烟草、医药等特殊产业增加值率高于普通产业,化工等下游产业增加值率高于石油加工等上游产业。

从宁波与杭州比较来看,杭州增加值率高的行业占GDP比重(以下简称"占比")高,宁波则相反。这是两城GDP差距的主要来源。例如,宁波占比最高的工业增加值率为22.7%,工业中占比较高的汽车制造业增加值率为24.5%,石油、煤炭及其燃料加工业增加值率为21.9%;在第三产业中,宁波增加值率较高且占比超过杭州的只有批发、零售业(60%)。而杭州占比最高的是服务业中的信息传输、软件和信息技术服务业(38.9%)及金融业(79%),医药制

造业是杭州的优势工业门类,其增加值率为33.7%(见表3)。

表3 2019年杭甬两市部分行业差异情况

	增加值率(%)	占杭州GDP比重(%)	占宁波GDP比重(%)
工业	22.7	26.2	40.7
其中:汽车制造业	24.5	1.0	6.3
石油、煤炭及其燃料加工业	21.9	0.02	3.6
医药制造业	33.7	1.6	0.02
批发、零售业	60	8	11.3
信息传输、软件和信息技术服务业	38.9	18	1.1
金融业	79	11.6	7.6

注:汽车制造业,石油、煤炭及其燃料加工业,医药制造业在GDP中的占比均为规上数据。
资料来源:2020年浙江统计年鉴。

(四)企业结构

规上企业统计为企业直报,较为准确,规下企业统计为抽样调查。规下企业大多财务制度不健全,营业收入、成本、利润等指标多是估计而来,部分企业存在"怕露富"心态,容易产生低估。同时,规上企业和规下企业增加值率也不一致。相比于杭州,宁波规上工业企业和服务业企业占比分别少1.4和0.3个百分点,规下工业企业和服务业企业占比分别少7.1和9.4个百分点,个体户占比分别多8.5和9.7个百分点,这也是GDP核算的不利因素之一(见表4)。

表4 杭甬两市企业结构比较

	浙江		杭州		宁波	
	总量(万户)	占比(%)	总量(万户)	占比(%)	总量(万户)	占比(%)
规上工业企业	4.2	4.2	0.5	5.9	0.8	4.5
规下工业企业	38.9	38.6	4.5	52.9	8.1	45.8
个体工业	57.7	57.2	3.5	41.2	8.8	49.7
规上服务业企业	3.3	0.9	1	1.6	0.7	1.3
规下服务业企业	102.9	28.6	27.9	43.8	18	34.4
个体服务业	253.2	70.5	34.8	54.6	33.7	64.3

注:规上服务业企业不含金融、房地产业企业。
资料来源:第四次经济普查,截止时间为2018年底。

四、影响宁波GDP增速核算的主要指标分析

在GDP增速核算的23个支撑性指标中,宁波近三年增速低于浙江省平均水平的主要指标是交通、邮政、电信、金融等服务业指标。其中,公路运输周转量、邮政业务量、电信业务总量、其他营利性服务业营业收入增速差距均呈逐年扩大趋势,差距分别达6.2个、31个、5.1个和6.6个百分点,合计拉低增速约0.5个百分点,金融业增速差距在3个百分点左右,规上工业增加值增速略低于浙江省平均水平(见表5)。

表5　2019年至2021年1—5月宁波与浙江省部分GDP支撑性指标增速比较

	2019年			2020年			2021年1—5月		
	杭州(%)	宁波(%)	相差(个百分点)	杭州(%)	宁波(%)	相差(个百分点)	杭州(%)	宁波(%)	相差(个百分点)
规上工业增加值	6.6	6.4	-0.2	5.4	5.2	-0.2	23.2	22.6	-0.6
公路运输周转量	5.6	5.2	-0.4	4.0	3.0	-1.0	25.4	19.2	-6.2
邮政业务总量	37.7	28.5	-9.2	34.2	11.9	-22.3	60.9	29.9	-31
人民币存贷款余额	13.5	10.1	-3.4	18.3	15	-3.3	16.1	13.1	-3
电信业务总量	68.9	77.3	8.4	22.8	19.5	-3.3	32.2	27.1	-5.1
其他营利性服务业营业收入	21.2	18.3	-2.9	13.7	10.6	-3.1	36.5	29.9	-6.6

资料来源:2019年、2020年数据来源于杭州统计年鉴、宁波统计年鉴,2021年数据来源于杭州统计快报、宁波统计快报,本节下同。

宁波增速低于杭州的主要指标是邮政、餐饮、金融、房地产等服务业指标(见表6)。其中,邮政业务总量、商品房销售面积和其他营利性服务业营业收入增速差距均呈快速扩大趋势,差距分别达到39.7个、54.4个和12.8个百分点,人民币贷款余额增速差距在3个百分点左右,餐饮业营业额差距上下波动较大。

表6　2019年至2021年1—5月宁波与杭州部分GDP支撑性指标增速比较

	2019年			2020年			2021年1—5月		
	杭州(%)	宁波(%)	相差(个百分点)	杭州(%)	宁波(%)	相差(个百分点)	杭州(%)	宁波(%)	相差(个百分点)
邮政业务总量	19.7	28.5	8.8	38.3	11.9	-26.4	69.6	29.9	-39.7
餐饮业营业额	14.7	13.2	-1.5	-3.3	-4.6	-1.3	53.2	73.5	20.3
人民币贷款余额	13.3	10.1	-3.2	18.9	15	-3.9	15.8	13.1	-2.7
商品房销售面积	-9.7	5.6	15.3	12.3	8.4	-3.9	79.5	25.1	-54.4
其他营利性服务业营业收入	21.8	18.3	-3.5	14.9	10.6	-4.3	42.7	29.9	-12.8

五、对策建议

综上所述，影响宁波GDP总量的不利因素主要包括研发投入、总部经济、产业结构、企业结构等，影响宁波GDP增速的不利因素主要集中在交通、邮政、电信、金融、房地产等领域，且与浙江全省、杭州的增速差距呈现扩大趋势。因此，从GDP核算角度看，必须围绕上述关键因素，深入分析挖掘原因，研究针对性思路和举措，突出重点加大工作力度，努力实现经济持续较快发展。

一是加大研发投入。研发投入是宁波与杭州GDP总量差距的重要因素，也是宁波评价创新型城市建设成效的直观标准。要更加重视引导全社会对科技创新的资金投入，提升产品和服务的科技含量、附加值和市场占有率，增强创新集聚和输出能力。要健全政府财政科技投入机制，优化科技投入结构及投向，确保研发投入支出和强度只增不减。高位引进共建若干重大战略性高端研发机构，实施关键技术科研攻关，加快满足全市重点产业发展的创新需求。充分发挥企业创新的主体作用，激励企业加大研发投入，推行企业研发准备金制度试点，优先扶持研发投入强度达线、达速的高新技术企业和科技型企业。

二是引进培育总部企业。总部经济具有显著的税收供应、产业集聚、资本放大等外溢效应，综合反映了城市资源配置、经济决策、价值分配和形象塑造的掌控力，是近年来各大城市争夺的重要稀缺资源。要实施更加开放的总部政策，持续吸引、培育各类公司的总部或区域性总部、核心分支机构在甬落户、设立实体法人机构，培育有创新活力的成长性总部。加快落实《关于加快培育制造业百强企业的实施意见》，研究制定服务业总部企业、五百强企业发展规划和政策意见。夯实总部经济发展的基础环境，对标世界一流改善营商环境，提升城市品质能级，降低总部经济运行综合成本。

三是加快制造业扩量提质。以扩大制造业规模和提高制造业增加值率为导向，以"246"产业集群为重点，放大宁波传统产业集群优势，深挖产业升级释放的增量，进一步夯实经济增长的制造业基础。顺应汽车产业技术和商业模式的创新趋势，扩大生产规模，提高科技化、智慧化、绿色化、高端化水平。做足"油头化尾"文章，"油头"要向国际能源贸易突围，"化尾"要深耕精细化工，力争在关键基础化工材料、高端化工新材料、高端化工装备及尖端技术方面推出国产替代产品。推进传统产业与数字技术深度融合，嫁接新技术、新产品、新业态、新模式，实现生产方式、组织方式、盈利方式系统性重塑，提升产业增加值率，推动单项冠军企业向技术冠军企业和头部企业升级。

四是着力培育新兴产业增长点。新兴产业增长快、增加值率高。紧紧抓住新一轮科技革命和产业革命蓬勃推进的窗口机遇，未雨绸缪，更好地应对国际产业分工格局和全球供应链加快重构的趋势，大力引进重大项目，引育龙头企业，全方位做好空间和要素保障，着力在信息科技、生命健康、能源环保、新材料、高端装备、深空深海深地等领域培育新的增长点。优化创新生态链能级，建设高效高能的一站式科技成果转化大平台，吸引更多科学家、企业家在宁波联合创业。进一步深化创新体制改革，加快突破长期困扰新兴产业发展的体制瓶颈，完善包容审慎的适应性监管体系。

五是积极挖掘现代服务业发展潜力。现代服务业既是宁波在上一个"万亿元GDP"目标实现过程中与杭州的主要差距产业，也是宁波下一个"万亿元GDP"目标实现过程的重要潜力产业。大力发展现代服务业是建设全球先进制造业基地的必要支撑，也是更快做大城市GDP蛋糕的必然要求。因此，要像抓工业一样持续狠抓现代服务业，集中政策资源，加大扶持力度，完善规划政策，力争"十四五"期间宁波服务业取得突破性发展。壮大现代商务、现代金融、交通物流、休闲旅游等宁波主导服务业的规模，大力发展信息科技、文化创意、数字贸易、检测检修等发展潜力大、成长性高、引领性强的新兴服务业。把人口集聚作为服务业发展的基础性策略，推进常住人口公共服务市民化探索，大力发展教育、医疗、养老、幼托等生活性服务业。

六是推进房地产市场健康稳定发展。自觉把握我国城市发展由"空间构建"向"内容填充"转化的阶段特征，坚持"房住不炒"的定位，使房地产业成为服务共同富裕先行市建设的基础依托。增加住房供给保障渠道，更好满足刚性群体的居住需求。要加快推进城市有机更新，加快实施城市复兴工程，增强现代化滨海大都市的风貌辨识度。健全房地产市场平稳健康发展长效机制，减少房地产市场过大波动对商品房销售面积、房地产业工资总额、人民币存贷款余额等多项 GDP 核算支撑指标带来的连锁不利影响。

七是提升统计基础单元"规范化"水平。持续推进"小升规"，加强对纳入培育库的企业专题培训、调研指导，推出更多有利于企业升规的信贷产品、用地政策、用能政策等，对重点企业实施"一企一策"，打消企业顾虑，增强统计基础资料的准确性。深入分析公路运输周转量、邮政业务量、电信业务总量和其他营利性服务业营业收入增速相对较慢的原因，采取针对性措施，推进相关领域业务发展和提高"应统尽统"水平。加强大数据分析应用，充分利用实时大数据与统计基础数据开展对比，推进政府与企业合作，加强统计数据服务企业场景开发，提高全社会配合统计工作的积极性。

金　戈　吴红艳　汪志飞

附表　　　　GDP 增速核算的基础指标和总量核算的行业分类

GDP 增速核算的 23 个基础指标	GDP 总量核算的 17 个行业
农林牧渔业总产值	第一产业
规上工业增加值	农林牧渔业
规下工业增加值	第二产业
建筑安装工程投资完成额	工业
省内建筑业总产值	建筑业
公路运输总周转量	第三产业
水路运输总周转量	批发零售业
运输相关行业营业收入	交通运输、仓储和邮政业
邮政业务总量	住宿和餐饮业
批发业商品销售额（限上）	信息传输、软件和信息技术服务业
零售业商品销售额（限上）	金融业
住宿业营业额（限上）	房地产业
餐饮业营业额（限上）	租赁和商业服务业
人民币存款余额	科学研究和技术服务业
人民币贷款余额	水利、环境和公共设施管理业
保费收入	居民服务、修理和其他服务业
商品房销售面积	教育
房地产业工资总额	卫生和社会工作
电信业务总量	文化、体育和娱乐
互联网相关、软件和信息技术服务业营业收入	公共管理、社会保障和社会组织
其他营利性服务业营业收入	
其他营利性服务业工资总额	
非营利性服务业工资总额	

资料来源：课题组整理。

对标 GDP 超万亿元城市看宁波"十四五"发展

"十三五"是我国高质量发展加速推进时期，宁波等一批城市经济总量迈上万亿元台阶。总结分析同类城市发展经验和"十四五"发展态势，可为宁波下一步发展提供有益借鉴。

一、GDP 超万亿元的 21 个城市明显分化成 4 个梯队

"十三五"期间，我国先后有 12 个城市 GDP 迈上万亿元台阶，加上深圳、广州等原有的 9 个城市，共有 21 个 GDP 超万亿元城市（不含北京、上海等"十三五"之前 GDP 已超 2 万亿元以上城市）（见表1）。

表1　　2015—2020 年 GDP 超万亿元城市及其经济总量（亿元）

位次	2015 年	2016 年	2017 年	2018 年	2019 年	2020 年
1	深圳(18437)	深圳(20686)	深圳(23280)	深圳(25266)	深圳(26927)	深圳(27670)
2	广州(17347)	广州(18560)	重庆(20066)	重庆(21589)	广州(23629)	广州(25019)
3	天津(16538)	重庆(18023)	广州(19872)	广州(21002)	重庆(23606)	重庆(25003)
4	重庆(16041)	天津(17838)	天津(18549)	天津(18810)	苏州(19236)	苏州(20171)
5	苏州(14469)	苏州(15445)	苏州(16998)	苏州(18264)	成都(17013)	成都(17717)
6	成都(10662)	成都(11874)	成都(13931)	成都(15699)	武汉(16223)	杭州(16106)
7	武汉(10548)	杭州(11710)	杭州(13161)	武汉(14929)	杭州(15373)	武汉(15616)
8	杭州(10495)	武汉(11531)	武汉(13091)	杭州(14307)	天津(14104)	南京(14818)
9	南京(10006)	南京(10821)	南京(11887)	南京(13009)	南京(14030)	天津(14084)
10			无锡(10313)	无锡(11203)	宁波(11985)	宁波(12409)
11			青岛(10137)	宁波(11193)	无锡(11852)	青岛(12401)
12			长沙(10210)	长沙(11003)	青岛(11741)	无锡(12371)
13			宁波(10147)	青岛(10949)	郑州(11590)	长沙(12143)
14				郑州(10670)	长沙(11574)	郑州(12003)

续表

位次	2015 年	2016 年	2017 年	2018 年	2019 年	2020 年
15					佛山(10751)	佛山(10817)
16						泉州(10159)
17						济南(10141)
18						合肥(10046)
19						南通(10036)
20						西安(10020)
21						福州(10020)

资料来源：2015—2019 年数据来源于各地 2020 年统计年鉴，其中天津数据来源于中国城市统计年鉴，长沙数据来源于当年统计公报；2020 年数据均来源于各地统计公报。

5 年来，21 个城市明显分化成 4 个梯队（见表 2）。

第一梯队：深圳、广州、重庆、苏州。均在"十三五"期间超过 2 万亿元，并与后面城市拉开 2400 亿元以上的差距。从增速看，深圳、重庆超过 7%，广州、苏州的增速在 21 个城市中排名靠后。

第二梯队：成都、杭州、武汉、南京、天津。经济总量均在 1.4 万亿~1.7 万亿元。"十三五"期间，除天津、武汉外，第二梯队其他城市均保持 7% 以上的年均增速，发展速度明显高于第一、第三梯队的大部分城市。

第三梯队：宁波、青岛、无锡、长沙、郑州。经济总量均在 1.2 万亿元左右。"十三五"期间排名多次出现交替，各城市间 GDP 差距为几十亿元或十几亿元甚至几亿元。总体发展速度较慢，除长沙外，其他城市"十三五"时期年均增速均不足 7%，低于第二、第四梯队的大部分城市。

第四梯队：佛山、泉州、济南、合肥、南通、西安、福州。均是 2019 年或 2020 年迈上万亿元台阶，经济总量在 1.0 万亿~1.1 万亿元，城市间 GDP 差距基本在百亿元之内。除佛山外，其他城市"十三五"时期年均增速均超过 7%，发展态势较好。

表 2　　　　　　"十三五"时期 21 个城市 GDP 平均增速

	城市	"十三五"期间 GDP 年均增速（%）
第一梯队	深圳	7.1
	广州	6.0
	重庆	7.2
	苏州	6.1

续表

	城市	"十三五"期间GDP年均增速（%）
第二梯队	成都	7.1
	杭州	7.0
	武汉	5.3
	南京	7.3
	天津	3.8
第三梯队	宁波	6.4
	青岛	6.5
	无锡	6.5
	长沙	7.7
	郑州	6.8
第四梯队	佛山	6.1
	泉州	7.2
	济南	7.0
	合肥	7.7
	南通	7.0
	西安	7.4
	福州	7.7
平均		6.7

资料来源：根据各地统计年鉴、统计公报整理。

二、宁波"十三五"期间发展情况

"十三五"末，宁波在万亿元城市第三梯队中暂居首位，总体表现尚可，但标兵渐远、追兵渐近的形势较为紧迫。

（一）经济总量：与标兵差距渐大，与追兵差距较小

2020年，宁波与杭州、武汉、南京等城市的差距均在2400亿元以上，且与"十三五"初期相比，差距明显拉大；同时，宁波只比青岛多8亿元，比无锡、长沙、郑州分别也仅多38亿元、266亿元和406亿元，领先优势不明显（见表3）。

表3　　　　　2015年、2020年宁波与部分城市GDP差距

	2015年相差（亿元）	2020年相差（亿元）
宁波与杭州	-2200	-3697
宁波与武汉	-2253	-3207
宁波与南京	-1711	-2409
宁波与天津	-8243	-1675
宁波与青岛	-364	8
宁波与无锡	-386	38
宁波与长沙	-336	266
宁波与郑州	983	406

资料来源：根据各地统计年鉴、统计公报整理。

（二）增长速度：相对较慢，低于平均水平

"十三五"时期，21个城市按可比价计算的实际年平均增速为6.7%，且半数以上城市年均增速超过7%，宁波仅为6.4%，低于平均水平，居第16位，仅高于广州、佛山、苏州、武汉和天津。与青岛、无锡、长沙等城市相比，虽然宁波按现价计算的GDP总量在"十三五"时期实现了从不及到超越，但按可比价计算的实际年平均增速不及上述城市，说明宁波GDP增长更多依靠价格指数上涨的支撑。

（三）发展质量：主要指标优秀，部分指标较好

人均GDP、居民人均可支配收入、一般公共预算收入、城乡居民收入比等指标表现优异，在21个城市中分别居于第7位、6位、9位和第4位，显著好于经济总量和发展速度，居于第三、第四梯队领先地位；城市综合竞争力、创新能力、营商环境等指标表现大体与经济总量排名相当（见表4）。

表4　　　　　2020年末21个城市主要发展质量指标

城市	人均GDP（万元）	居民人均可支配收入（元）	一般公共预算收入（亿元）	城乡居民收入比	城市综合竞争力排名	创新能力排名	营商环境
深圳	15.8	64878	3857	—	1	1	标杆城市
广州	13.4	63289	1722	2.19∶1	2	2	标杆城市
重庆	7.8	30824	2095	2.45∶1	3	—	
苏州	15.8	62582	2303	1.89∶1	9	7	

续表

城市	人均GDP（万元）	居民人均可支配收入（元）	一般公共预算收入（亿元）	城乡居民收入比	城市综合竞争力排名	创新能力排名	营商环境
成都	8.5	42075	1520	1.84:1	4	9	标杆城市
杭州	13.5	61879	2093	1.77:1	5	3	标杆城市
武汉	12.7	45230	1230	2.09:1	8	5	标杆城市
南京	15.9	60606	1638	2.28:1	7	4	标杆城市
天津	10.2	43854	1923	1.86:1	6	—	标杆城市
宁波	13.2	59952	1511	1.74:1	11	14	标杆城市
青岛	12.3	47156	1254	2.36:1	15	10	—
无锡	16.6	57589	1076	1.81:1	16	11	—
长沙	12.1	51478	1100	1.68:1	12	8	—
郑州	9.5	36661	1259	1.73:1	13	15	—
佛山	11.4	56245	753	1.72:1	18	17	—
泉州	11.6	40772	454	2.17:1	20	19	—
济南	11.0	43858	906	2.61:1	17	13	—
合肥	10.7	42492	763	1.99:1	19	12	—
南通	13.0	42608	639	2:1	21	16	—
西安	7.7	35783	724	2.78:1	10	6	标杆城市
福州	12.1	40477	676	2.18:1	14	18	—
宁波位次	7	6	9	4	11	14	

资料来源：城市综合竞争力、创新能力、营商环境指标分别来自国家发展改革委和云河都市研究院《中国城市综合发展指标2019》、科技部《国家创新型城市创新能力评价报告2020》和国家发展改革委《中国营商环境报告2020》。

（四）人口增长：增量和增速中等，结构有待优化

人口集聚速度和人口结构体现和决定了城市的发展潜力。从第七次全国人口普查（以下简称"七普"）数据，可看出如下信息。第一，宁波人口增量和增速尚可。"十三五"期间，常住人口增加158万人，增长20.1%，在21个城市中处于中等水平，与经济增速基本相符。第二，宁波人口老龄化程度较高。60岁及以上人口占比为18.1%，居第8位，仅低于重庆、南京、天津、青岛、无

锡、济南、南通等城市。第三，宁波常住人口受教育程度明显偏低。每10万人拥有大专及以上文化程度的人口比例排名倒数第五，仅高于佛山、重庆、南通和泉州；每10万人拥有高中（含中专）文化程度的人口比例排名倒数第二，仅高于泉州（见表5）。

表5　21个城市常住人口结构及"十三五"时期人口增加情况

	15~59岁人口比重（%）	60岁及以上人口比重（%）	每10万人拥有大学文化人数（万人）	每10万人拥有高中（含中专）文化人数（万人）	2016—2020年常住人口增加数（万人）	2016—2020年常住人口增加比例（%）
深圳	79.5	5.4	2.89	2.07	565	47.5%
广州	74.7	11.4	2.73	2.20	464	33.0%
重庆	62.2	21.9	1.54	1.60	157	5.1%
苏州	69.5	17.0	2.25	1.68	212	20.0%
成都	68.7	18.0	2.56	1.62	628	42.7%
杭州	70.1	16.9	2.93	1.54	292	32.4%
武汉	69.7	17.2	3.39	1.97	172	16.2%
南京	68.3	19.0	3.52	1.72	107	13.0%
天津	64.9	21.7	2.69	1.77	-160	-10.3%
宁波	69.6	18.1	1.78	1.38	158	20.1%
青岛	64.3	20.4	2.26	1.75	97.5	10.7%
无锡	67.3	19.8	2.19	1.69	95	14.6%
长沙	68.0	15.3	2.75	1.96	261	35.1%
郑州	68.1	12.8	2.9	1.84	303	31.7%
佛山	74.4	10.5	1.61	2.06	207	27.9%
泉州	66.2	13.2	1.05	1.23	27	3.2%
济南	63.6	20.0	2.59	1.58	207	29.0%
合肥	68.2	15.3	2.64	1.49	150	19.1%
南通	59.1	30.0	1.49	1.51	43	5.9%
西安	68.3	16.0	3.10	1.86	424	42.8%
福州	66.2	16.8	1.86	1.76	79	10.5%
宁波位次	6	8	17	20	12	10

资料来源：根据各地统计年鉴和"七普"数据整理。

三、"十三五"时期主要城市争先进位做法和经验

从"十三五"时期年均增速来看,第一、第二梯队中表现突出的是深圳、重庆、南京、成都,增速均在7.1%及以上;第三、第四梯队表现突出的是长沙、合肥、福州、西安,增速均在7.3%以上。总的来看,"十三五"时期发展较快的城市以中西部城市、省会城市为主。总结这些城市的发展经验,主要包括以下方面。

(一)借力"强省会"发展战略,通过合并周边市县做大城市规模能级

"十三五"以来,多个省份实施"强省会"发展战略,集中全省资源做大做强省会城市。西安、合肥、成都等城市充分把握政策支持机遇,通过合并周边市、县做大城市规模,并以此带动人口、产业、资源集聚和消费增长、基础设施建设投入,提高了城市能级。例如,合肥2011年合并巢湖后,面积增加了2/3,GDP增加了近1/10,"十三五"期间,合肥GDP连跨4个千亿元台阶。成都2016年代管简阳后,GDP增加了3%。西安2017年将咸阳的4个区(县、市)纳入,GDP增加了4%,"十三五"期间,西安生产总值实现了5个千亿级跨越。济南2019年合并莱芜市,GDP增加了近7%。

(二)抓住国家全面扩大开放机遇,积极承接产业梯度转移和推动外经贸发展

2013年,党的十八届三中全会提出,扩大内陆沿边开放,实现全面开放。成都、重庆、西安、郑州、合肥等中西部城市把握机遇,先后获批自贸区、跨境电商综试区,并积极推进内陆口岸建设、开通中欧班列,大力引进外资,着力承接沿海城市产业梯度转移,外经贸实现了快速发展。例如,"十三五"期间,成都、重庆分别由"全国外贸百强城市"的第26、第19位提升至第9和第11位,西安进出口额实现了翻番;累计实际使用外资分别达519亿美元、524亿美元和309亿美元,投资入驻的世界500强企业分别达305家、296家和242家。对外口岸方面,成都国际航线增至130条,出入境流量突破700万人次,中欧班列累计开行超过1万列;重庆国际航线增至101条,中欧班列累计开行超过7000班;郑州建成药品、汽车等9个功能性口岸,是内陆地区功能性口岸数量最多、种类最全的城市,机场客、货吞吐量分别位居全国第11位和第6位。

（三）利用丰富的科教资源，积极推动战略性新兴产业、高技术产业和新经济发展

中西部省会城市依托丰富的科教资源，强化产学研结合，加快关键核心技术领域的攻坚突破，大力发展战略性新兴产业和高技术产业，将其打造成为新发展阶段的强大优势。例如，合肥获批综合性国家科学中心，集成电路、新型显示、人工智能入列首批国家战略性新兴产业集群，战略性新兴产业增加值占规上工业比重达到51.6%；成都国家级创新平台达119家、增长77.6%，电子信息产业成为万亿元级产业集群，高新技术产业营业收入突破1万亿元，轨道交通、生物医药成为国家首批战略性新兴产业集群，飞机制造、超高清显示、网络安全等领域研发能力居全国前列；西安战略性新兴产业增加值年均增长13.6%，快于GDP年均增速6.2个百分点，高技术产业产值占规模以上工业总产值32.4%；重庆全社会研发经费支出年均增长17.4%，国家重点实验室达10家，高新技术企业数量增长3.3倍，战略性新兴产业对工业增长贡献率达55.7%；郑州大力推进跨境电商发展，跨境电商交易额年均增长25%以上，基本建成全球网购商品集疏分拨中心。

（四）发挥省会资源优势，大力推进现代服务业发展

依托省会城市和区域中心城市资源优势，大力推进现代服务业发展，第三产业占比除重庆外均超过56%，产业体系更加合理、更具弹性。例如，"十三五"时期，合肥、郑州、重庆、成都、福州社会消费品零售总额增幅分别达57.7%、54.1%、53.7%、47.4%和44.4%，位居21个城市的前4位和第6位；成都、西安、重庆、杭州"十三五"时期累计接待境内外游客分别达到11.1亿、10.6亿、23.1亿和8.7亿人次，旅游收入累计分别达到1.7万亿、1.0万亿、1.7万亿和1.7万亿元。同时，这些城市的科技服务业普遍发展较快，西安2020年技术合同交易额达1648.6亿元，连续4年居副省级城市第1位；郑州"十三五"时期技术合同成交额增长了9倍。

（五）积极提升工业化、城镇化水平，大力推进人口人才集聚

影响人口人才集聚的主要因素是就业机会、收入水平、房价以及城镇化等。"十三五"时期，中西部城市加快工业化、城镇化步伐，就业机会、人均可支配收入水平大幅提升，再加上低房价、宽松的落户政策、大力度的人才优待政策等，极大地促进了本地大学生留下就业和本省人口集聚。成都、长沙、郑州、

济南、西安、重庆和合肥等中西部城市常住人口增量均超过百万。而东部沿海城市的高房价、高生活成本、高落户门槛等因素造成了较强的"挤出效应",导致常住人口增量相对较低,其中,泉州、南通不足 50 万,无锡、福州、青岛不足 100 万。

四、从"十四五"规划看 21 城发展预期和态势

"十四五"时期,各城市发展思路和重点总体相近,表现为"五个着力":都聚焦创新驱动发展,着力抢抓新一轮技术产业革命机遇;都立足自身资源优势,着力强长板、补短板;都突出特色发展,着力做强自身优势产业;都强化城市群、都市圈发展格局,着力提升城市功能能级;都重视城市生态和营商环境优化,着力吸引集聚人才人口。从预期指标看,宁波没有突出优势,争先进位有一定难度。

(一)从总量规模和发展速度预期来看

从预期增速来看,合肥、成都最高,为 6%~8%,武汉、青岛、长沙、济南、福州、郑州 6 个城市为 7% 左右,南京、宁波、泉州、南通、西安 5 个城市为 6.5% 左右,其他城市则为 6% 左右。从预期总量规模来看,深圳有望超过 4 万亿元,重庆和广州超过 3 万亿元,成都、杭州、武汉、南京不低于 2 万亿元,其他城市仍为 1 万亿~2 万亿元(见表 6)。从预期排位来看,广州和重庆、苏州和成都的位次有可能出现争夺;宁波、青岛、无锡、长沙、郑州等城市,南通、西安、福州等城市预期 GDP 总量不相上下,位次出现变动的可能性较大;合肥预期增长较快,位次上移可能性较大。

表 6　21 城"十四五"GDP 预期发展目标

城市	总量	年均增速
深圳	4 万亿元以上	6% 左右
广州	3.5 万亿元	6% 左右
重庆	3.3 万亿元	6% 左右
苏州	2.7 万亿元	6% 左右
成都	2.6 万亿~2.8 万亿元	6%~8%
杭州	2.3 万亿元	6% 以上
武汉	2.2 万亿元	7% 左右

续表

城市	总量	年均增速
南京	2 万亿元	6.5%左右
天津	1.9 万亿元	6%左右
宁波	1.7 万亿元	6.5%左右
青岛	1.7 万亿元	7%左右
无锡	1.6 万亿元	6%左右
长沙	1.7 万亿元	7%左右
郑州	1.7 万亿元	7%左右
佛山	1.4 万亿元	6%左右
泉州	1.5 万亿元	6.5%左右
济南	1.4 万亿元	7%左右
合肥	1.6 万亿元	8%左右
南通	1.37 万亿元	6.5%左右
西安	1.4 万亿元以上	6.5%以上
福州	1.4 万亿元	7%左右

资料来源：根据各地"十四五"规划纲要整理。

（二）从科技研发投入产出预期来看

大部分城市研发经费支出占 GDP 比重均有明显提高（见表7），其中，合肥、武汉、成都等已经成为或者积极创建综合性国家科学中心的城市增幅最大，预计到"十四五"末将提高2个百分点左右；宁波、南通、佛山等研发投入基础薄弱、转型升级需求迫切的制造业城市增幅也较大，预计将提高1个百分点左右。从绝对量来看，"十四五"末研发经费支出占比5%及以上的为深圳、武汉、合肥，占比4%及以上的为苏州、成都、杭州、南京、无锡，宁波以3.6%的占比居于中游。重庆、苏州、成都等城市还对科技进步贡献率提出明确指标。

表7　　　　21城"十四五"科技研发投入产出预期发展目标

	研发经费支出占 GDP 比重（%）		科技进步贡献率（%）	
	2020 年	2025 年	2020 年	2025 年
深圳	4.93	5	—	—
广州	3	3.4	—	—
重庆	2.1	2.5	58.6	63

续表

	研发经费支出占GDP比重（%）		科技进步贡献率（%）	
	2020年	2025年	2020年	2025年
苏州	3.7	4	66.5	70
成都	2.66*	4.3	67	68
杭州	3.5	4	—	—
武汉	3.2	5.2	—	—
南京	3.38	4	66	—
天津	3.2	3.3	—	—
宁波	2.85	3.6	—	—
青岛	2.5*	—	—	—
无锡	3.39	4	66	68
长沙	—	—	—	—
郑州	2	2.6	—	—
佛山	2.67	3.7	—	—
泉州	1.38	—	—	60
济南	2.4	3.3	—	—
合肥	3.1*	5	—	—
南通	2.6	3.8	65	—
西安	5.2*	—	63	—
福州	2.2	3.0	60	60以上

资料来源：根据各地"十四五"规划纲要整理，带*为2019年数据。

（三）从外贸进出口预期来看

中西部城市有望继续延续快速发展态势，与东部沿海城市差距将进一步缩小。"十四五"末，预计将有成都、重庆、郑州等多个中西部城市进入"外贸十强"之列。实际利用外资方面，"十四五"末重庆、深圳、西安等城市实际利用外资预期均在100亿美元左右，而宁波仅为其1/3，在明确指标的城市中仅高于泉州、济南、南通（见表8）。

表8　21城"十四五"外贸进出口预期发展目标

	进出口总额（亿元）		实际利用外资（亿美元）	
	2020年	2025年	2020年	2025年
深圳	30503	34000	87	100
广州	9530	—	72	—
重庆	6500	8000	100	100
苏州	22321	—	55	
成都	7154	9100	73	93
杭州	5934	7000	72	75
武汉	2704	4300	112	
南京	5000	6400	45	50
天津	7341	—	47	—
宁波	9787	18000	25	33
青岛	6407	—	59	
无锡	6076	—	36	38
长沙	2350	4250	73	—
郑州	4946		47	55
佛山	5060		6.7	
泉州	1504	—	6.8	6.5
济南	1382	—	19	26
合肥	2597	3116	36	40
南通	2627	—	27	28
西安	3474	4500	76.7	100
福州	1787		10	—

资料来源：根据各地"十四五"规划纲要、统计公报整理。

（四）从重点产业培育来看

各城市普遍重视制造业和服务业双轮驱动。广州、天津、青岛、合肥、西安等服务业发达城市（占比超过60%）均提出要保持或者提高制造业份额，苏州、南通等城市也提出要将制造业占比提高到40%；而泉州、无锡、长沙等服务业占比较低的城市，则提出进一步提高服务业占比或消费贡献率。很多城市都提出要打造万亿级、千亿级重点产业集群（见表9）。

各城市均重视战略性新兴产业、高新技术产业、数字经济、生产性服务业的培育发展。15 个城市对战略性新兴产业和高新技术产业占比提出了具体指标，其中，深圳提出战略性新兴产业增加值超过 1.5 万亿元，广州提出战略性新兴产业增加值占 GDP 比重达到 35%，合肥、西安提出战略性新兴产业总产值占工业总产值比重提高到 60% 和 50%，杭州提出规上高新技术产业增加值占规上工业增加值比重提高到 70%；14 个城市对数字经济发展提出了具体指标，其中，深圳、苏州、杭州均要求数字经济核心产业增加值占 GDP 比重提高到 30% 以上；5 个城市对生产性服务业发展提出了具体指标，其中，长沙、苏州分别提出生产性服务业增加值占服务业增加值比重提高至 65% 和 58%；6 个城市对文化产业发展提出了具体指标，济南、青岛对"四新"产业发展提出了指标，广州、青岛对海洋经济发展提出了具体指标。

表 9　　　　　　　　21 城重点培育产业集群/产业链

城市	万亿级	七千亿级	五千亿级	三千亿级
成都	电子信息、装备制造	—	—	—
杭州	信息软件	—	生命健康、云计算、大数据	—
武汉	"光芯屏端网"新一代信息技术、汽车制造和服务	大健康和生物技术	—	高端装备和先进基础材料、智能建造
南京	软件和信息服务	建筑业	新医药与生命健康、人工智能	石化新材料、电子信息制造业
天津	—	—	新一代信息技术	装备制造、汽车制造、石油化工
宁波	绿色石化、汽车	高端装备、新材料、电子信息、软件与新兴服务	—	—
无锡	—	—	物联网	生物医药
长沙	—	—	工程机械	—
佛山	装备制造、泛家居	—	汽车及新能源、军民融合及电子信息	—
泉州	—	纺织鞋服、建材家居	石油化工	机械装备

续表

城市	万亿级	七千亿级	五千亿级	三千亿级
济南	新城建	大数据与新一代信息技术、智能制造高端装备	—	精品钢与先进材料、生物医药与大健康
合肥	—	—	新一代信息技术、汽车和智能网联汽车	—
南通	船舶海工、先进制造、新材料			

资料来源：根据各地"十四五"规划纲要整理。

五、对宁波加快发展、争先进位的启示

"十四五"时期，宁波发展面临着诸多新机遇新挑战，借鉴其他城市发展经验，要在激烈的城市竞争中争先进位，必须加快实现转型升级步伐，巩固提升传统优势，培育发展新优势。

（一）强化双轮驱动产业策略

无论从全球产业融合发展趋势、双碳战略目标的资源环境约束背景来看，还是从21个城市发展经验和下一步发展思路来看，制造业和服务业双轮驱动都是一个城市发展的必然选择。因此，对先进制造业和现代服务业发展要同等重视、同等用力、同等扶持。一是突破发展战略性新兴产业。工业互联网、新材料等产业对其他产业具有基础性、赋能性、覆盖性。对于这两个宁波基础条件较好的产业，要找到尖端人才、头部企业，集中政策资源加大招商引资引智力度和平台扶持力度，力争建成产业创新高地和技术策源地，力争实现爆发式增长，把潜在优势尽快转化为推动经济高质量增长的现实动能。二是打响"宁波服务"品牌。要把服务业发展作为产业升级、城市能级提升的关键着力点。尤其是港航服务、贸易物流等宁波优势产业，要加大全球贸易商、综合服务商等头部企业招引力度，完善产业链条，深挖增值潜力，大力发展商务服务、设计策划、科技研发、信息服务等生产性服务业，及旅游休闲、影视文化等市场容量大、辐射覆盖范围广的生活性服务业，尽快形成有效经济增量。三是加快推进传统产业高端化、绿色化发展。对标先进城市，深化科技创新、两业融合，

加大初创型、成长型创新企业扶持力度，提升宁波重点产业集群的规模能级。

（二）综合施策加快人口人才引进集聚

人才人口集聚是一项系统工程，除了完善现有人口落户、人才引进、住房租房补贴政策外，还要综合施策、多措并举，通过提升宁波的城市品质能级和宜居宜业水平来多方引进集聚人口人才。一是适时推进行政区划调整。谋划研究撤市（县）设区，拓展城市发展空间。二是加快宁波都市圈建设。以同城化提高宁波集聚人才等资源的能力。三是优化就业创业环境。大力培育发展新兴产业、高端产业、现代服务业等，实施百万劳动力技能学历提升行动，以良好平台吸引更多年轻人口来甬就业。四是提升住房保障水平。加快旧城改造、未来社区建设，着力稳定房价、提高住房保障体系覆盖面，以宜居生活环境吸引集聚人口人才。

（三）培育新增长点，巩固提升开放优势

"十四五"时期，随着全面开放格局的深化，东部沿海地区的开放优势将进一步弱化，宁波要保持开放优势，就必须挖掘培育新增长点。一是大力办好中国—中东欧国家博览会。持续扩大影响力，不断丰富拓展博览会内容，扩大中东欧特色商品进口，把宁波打造成为特色商品进口口岸和全国重要的中东欧商品集散地，提升宁波的双循环枢纽地位。二是加快浙江自贸区宁波片区建设。发挥自贸区在制度型开放中先行先试优势，依托宁波港口、产业等有利条件，大力加强内外招商引资，重点发展油气等重要战略资源贸易，力争利用外资规模和水平迈上新台阶，形成内外投资合作新高峰。三是大力发展外贸新业态新模式。继续巩固跨境电子商务、服务贸易、外贸综合服务平台等先发优势，进一步做大规模、提升质量效益，打造外贸发展新动能。

（四）继续优化提升营商环境

营商环境是城市竞争力提升的核心和关键，也是中西部城市争先进位的重要因素。"十三五"时期，中西部城市以更加低廉的综合营商成本承接了东部地区劳动密集型产业转移，以丰富的科创资源支撑了战略性新兴产业的发展，成为带动发展的重要动力。当前，宁波营商环境总体较好，但与产业转型升级的现实需要尚不匹配，仍有不少突出短板，也缺乏核心优势。"十四五"时期，宁波营商环境优化要围绕高端产业培育引进，加快形成政务环境、产业环境的突出核心优势。一是着力补齐交通、公共服务、城市品质能级等突出短板。更加注重社会事业和公共服务的优质均等，提升医疗、教育、文化等公共服务水平。二是加快政府数字化转型。以整体智治打造最优政务环境。三是完善提升产业生态。加快产业基础高级化和产业链现代化，着力提升产业创新中心的功能能级，形成优质产业生态环境。

金 戈 吴红艳

论港口是宁波最大的资源

港口是宁波发展的生命线，是宁波最大的资源。宁波的港口建设不仅直接影响宁波的现代化建设进程，而且事关全省发展的大局，是全省的战略重点。舟山港在一系列国家战略中具有重要地位，是"硬核力量"。宁波舟山港要努力打造世界一流强港，为国家发展作出更大贡献。宁波港口距今已有1200多年历史，是我国海岸线中部的一颗明珠，也是古代"海上丝绸之路"的始发港之一。宁波向海而生、因港而兴。一直以来，宁波依托港口优势，全面深化对外开放，从资源小市到经济大市、从区域内河小港到国际深水大港、从浙东商埠小城到国际港口名城，努力将港口资源优势转化为经济优势，铸就了独特的宁波活力与实力。而今，宁波港口被重新定义，又将迎来一个新的历史跨越。

一、宁波港口有什么

（一）宁波港口的发展演变历程

宁波港口起源于古老的河姆渡，公元738年开港，有1200多年的历史。唐朝长庆元年（公元821年），宁波城迁建于三江口地区，港口东移至三江口姚江西岸，称明州港。至唐末年，明州港成为唐朝四大对外贸易港之一。明清以后，宁波城区开始向甬江东岸、姚江北岸拓展，港口也由滨姚江的渔浦门码头移至临奉化江的江夏码头。1685年设立海关。鸦片战争后，宁波被辟为"五口通商"之一，江北岸被划为"租界"，港口也由江夏一带迁移至更加宽阔的甬江北岸下白沙一带。中华人民共和国成立以后，宁波港以三江口为核心，逐渐形成了三个作业点：白沙作业点、中马作业点、江东作业点。由于受国际经济封锁、海防战略等影响，港口发展较慢。1973年，根据周恩来总理3年改变港口面貌的指示精神，宁波港开始了镇海港区的建设，使这个有千余年历史的古老港口出现了第一次历史性跨越——由内河港走向河口港。1979年，为上海宝钢配套的北仑10万吨级进口铁矿中转码头主体工程在海上打下第一根钢桩，开启了北仑港区的开发，宁波港完成了由河口港到海港的第二次历史性跨越。2005年，浙江省政府和宁波市政府宣布整合宁波港和舟山港，并于2015年完成宁波舟山港集团有限公司挂牌，从此港口发展开启了新的篇章。

（二）宁波港口的资源优势

宁波港是我国历史上对外贸易的重要港口和海运中转枢纽，在区位条件、岸线资源、集疏运、港口服务、临港产业和人文积淀等方面具有独特的资源优势。

一是有着得天独厚的区位条件。宁波港地处我国大陆海岸线中部，南北和长江"T"形结构的交汇点上，地理位置适中，内外辐射便捷。向内，可辐射覆盖沿江、沿海和中西部地区；向外，可直接面向东亚、东盟及整个环太平洋地区。同时，宁波港位于宁波—舟山海域西侧，由于舟山诸岛环抱，形成天然的半封闭式港湾，年作业天数高达350天以上。

二是有着丰富的深水岸线资源。宁波市海岸线总长1500多千米，其中大陆海岸线总长872千米，岛屿海岸线总长约759千米；水深在10米以上的深水岸线100多千米，-10米等深线离岸距离不超过500米。港区水域面积达270多平方千米，核心港区主航道水深在22.5米以上，30万吨级巨轮可自由进出港，40万吨级以上超级巨轮可候潮进出，是中国超大型巨轮进出最多的港口，也是世界上少有的深水良港。

三是有着四通八达的集疏运体系。宁波港已具有水水中转、水陆中转、江海联运和海空联运等完善的集疏运网络体系。水水中转可直达沿海各港口，通过江海联运沟通长江水道，货物可直达武汉、重庆等地；水陆中转，铁路可直达北仑、镇海等港区码头前沿，并通过萧甬线与全国铁路网络连成一体，是国家18个铁路集装箱中心站之一。港区外有沪杭甬、甬台温、甬金等高速公路，构成了港区内外四通八达的集疏运网络。

四是有着国际一流的港口服务功能。港口经营范围主要包括集装箱、铁矿、原油、煤炭、液化品和件杂货等货物装卸业务，并提供拖轮助泊、码头租赁、船舶代理及物流等与港口生产有关的全方位、综合性服务，船时和在泊效率位居全球港口前列，被国际港航界权威杂志英国《集装箱国际》评为"世界五佳港口"。宁波舟山港货物吞吐量连续12年蝉联世界首位，集装箱吞吐量位居全球第三，拥有集装箱航线总数达260条，其中远洋干线115条、近洋支线93条、内支线20条、内贸线32条。

五是有着国内领先的临港产业和市场实力。港口优势深刻影响了城市的产业结构，发达的临港工业使宁波成为全国乃至全球的重要石化、汽车装备、船舶制造基地；活跃的进出口商品贸易是城市经济的又一特色，并带动服务贸易、跨境电商的快速成长。同时，宁波国际航运服务中心、国际金融服务中心、大宗商品交易中心等要素配置市场和宁波中国液体化工产品交易市场、中国（余姚）塑料城等专业市场，也在有力地释放着港口的巨大潜能。

六是有着历史悠久的港口人文积淀。港口文化是区域文化的重要组成部分，已逐渐演变成为宁波城市文化中最具个性、最富生命力、最有统领作用的文化因子。深厚的港口文化底蕴，孕育了宁波璀璨夺目的史前文化、海洋文化、佛教文化、浙东学术文化、民国文化、商帮文化等，历来有"文献名邦"的美誉，2016年当选为"东亚文化之都"，是记载古丝绸之路历史的"活化石"。宁波拥有我国规模最大、等级最高的大型港口专题博物馆——中国港口博物馆，是挖掘港口历史、传承港口文化、传播海洋文明的重要基地。

二、为什么说港口是宁波最大的资源

从历史规律看，当今世界大多国际化大都市都是依托港口发展起来的。宁波城市因港口而建立、发展和兴盛，港口对宁波城市的发展具有举足轻重的战略地位和作用。

（一）港口决定了宁波的前途命运和发展兴衰

港口始终与城市发展战略联结在一起。1980年7月召开的中共宁波市第五次代表大会便强调要充分发挥宁波港口优势，提出建设现代化的港口城市。1992年5月"以港兴市，以市促港"战略在中共宁波市委七届六次全会上被正式提出，1994年6月在中共宁波市第八次代表大会上成为建设社会主义现代化国际港口城市的核心战略，1999年5月在中共宁波市第九次代表大会上被列为21世纪宁波发展"四大突破"之首。2004年、2007年、2012年第十、第十一、第十二次党代会都在深化推进现代化国际港口城市建设上作出了一系列战略部署。2017年2月，中共宁波市第十三次代表大会提出建设"国际港口名城"的战略目标。由此可见，港口在宁波城市发展战略中始终占据着主导地位，已经成为宁波推进创新发展、协调发展、开放发展、跨越发展的重要抓手。

港口始终与城市发展繁荣联结在一起。港口与城市发展相伴相生。春秋战国时期，越王勾践始建句章城，并开辟了句章港。唐宋元三代，明州港逐渐成为以外贸为主的商、军、海漕运输的多功能海港，作为著名外贸港口与泉州港、广州港等并列，汇聚四方来客，促进城市繁荣，表现为"港兴城兴"。之后的明清和近代，宁波城市和港口或遭遇闭关锁国，或遭受毁灭性打击，表现为"港衰城衰"。改革开放以后，宁波港飞速发展，带动临港工业和海运代理、金融、保险等关联产业快速壮大，城市基础设施逐步完善并产生空间集聚引力，吸引与港口无直接关系的产业在城市集聚，表现为"港城相长"。港口功能的多样化发展，带动城市的产业体系不断完善，港口与城市相互促进，表现为"港城互融"。因此，宁波城市的产生和发展始终与港口的开发和兴衰紧密联系在一起，港口是城市发展繁荣的晴雨表。

港口始终与城市改革开放联结在一起。改革开放之初，宁波经济凋零，城市面貌陈旧，宁波港只是一个内河小港，发展非常滞后。1979年6月，经国务院批准，宁波港正式对外开放，由此带动了宁波城市的开放。1984年5月，宁波被列为进一步对外开放的沿海城市，与四个经济特区一起成为我国对外开放的前沿地带。改革开放40多年来，宁波充分发挥港口的开放优势，积极抢抓国家改革开放的重大机遇，经济社会发展发生了翻天覆地的变化，取得了巨大成就。可以说，港口是宁波改革开放的重要门户，正是因为港口的开放，才拉开了宁波对外开放的序幕，才有了宁波经济社会发展的先发优势。

（二）港口决定了宁波的城市精神价值和文化内涵

港口孕育了宁波"海纳百川"的城市文化。港口的开通和兴盛，对宁波城市文化产生了深远影响，使其具有了商贸文化、海洋文化、佛教文化等多重色彩。一是商贸文化。港口贸易带动了宁波城市商业文化的发展。在宁波的地名中，就有一些与造船、航海、贸易有关，如铁锚巷、划船巷、战船街、药行街、卖鱼路、海关巷等。二是海洋文化。随着港口和海上贸易的兴起，逐渐形成了丰富的海洋文化。例如妈祖文化，早在1191年，宁波就已经出现了妈祖庙。最著名的庆安会馆，是我国"八大天后宫"之一，也是浙江省现存规模最大的天后宫。至今象山等地仍有很频繁的妈祖文化活动。三是佛教文化。在古代宁波，佛教非常兴盛，寺院林立，如延庆寺、观宗寺、保国寺、天童寺、雪窦寺等，在历史上久负盛名。佛教文化不仅是宁波城市文化的重要组成部分，而且对整个中国佛教演进产生了深刻影响。

港口培植了宁波"敢为天下先"的创新精神。历史证明，一代又一代的宁波人民靠海吃海，不畏艰险，从认识海洋到征服海洋，最终形成了"敢为天下先"的创新精神。7000年前的河姆渡人种出了世界上最早的稻谷，创建了杆栏式木结构建筑。宋代以及明清期间，宁波地区的众多思想家向当时承袭程朱理学为教条而食古不化的陈腐思想提出挑战，冲破当时理学的僵化体系，为中国儒学注入生气，使之具有了新风貌。这种创新精神在近现代的宁波商帮发展史上，更是表现得淋漓尽致。例如，"五金大王"叶澄衷、"世界船王"包玉刚、"影视大王"邵逸夫等宁波商帮抱着"敢为天下先"的理念，纷纷成为各自行业的"巨子"与"领头羊"。2020年7月中共宁波市委十三届八次全会明确"四知"为宁波精神，其中的"知难而进"正是反映了宁波人民"敢为天下先"的创新精神。

港口彰显了宁波"港通天下"的城市形象。"港通天下"作为宁波的城市形象，突出了宁波大港之城、商贸之城的特质。自唐宋以来，港口一直是宁波连接世界的重要门户，从这里走出了一大批工商业巨子和国际名流，形成了享誉海内外的宁波商帮，赢得了"无宁不成市"的美誉。30多万"宁波帮人士"活跃在全世界64个国家和地区。如今的宁波舟山港货物吞吐量、集装箱吞吐量分别位居全球港口第一和第三，与世界100多个国家600多个港口建立了通航关系。每年有6000多亿元的中国商品通过宁波走向世界，有3000多亿元的各国商品通过宁波进入中国大陆。由此可见，港口作为基础性、枢纽性设施，已成为宁波"港通天下"的"金名片"。

（三）港口决定了宁波参与国家战略的广度和深度

港口是宁波参与国家"一带一路"建设、长江经济带发展战略的关键枢纽。宁波港区位优势明显，地处"长江经济带"与大陆东部海岸线的交汇处，紧邻亚太国际主航道要冲，腹地广阔。航运网络发达，拥有国际国内航线260条，并开行了辐射15个省份56个地市的海铁联运班列，承担了长江经济带45%的铁矿石、90%以上的油品中转量以及1/3的国际航线集装箱运输量。完善的集疏运网络和发达的运输体系，使宁波成为长江经济带各省份和城市加强国际经贸往来的重要窗口，成为连接长江经济带与21世纪海上丝绸之路的重要战略支点。由此可见，港口是促进宁波深度参与"一带一路"建设和长江经济带发展的战略纽带，是做大做强"港口经济圈"的核心依托。

港口是宁波融入长三角一体化发展战略的重要抓手。《长江三角洲区域一体化发展规划纲要》提出，要加快推进宁波舟山港现代化综合性港口建设。宁波舟山港在长三角港口中具有无可比拟的地位和作用。从港口基础条件看，宁波舟山港集全球第一大综合港、第三大集装箱枢纽港于一身，在新华·波罗的海国际航运中心发展指数评价中，"港口基础条件"得分连年居全球第一。从可开发资源看，宁波舟山港域拥有尚未开发的港口岸线长达316千米，其中沿海深水岸线249千米，远远超过上海港域。在船舶大型化趋势下，宁波舟山港域将是长三角未来港口投资、建设、运营的主战场。因此，宁波要以长三角一体化发展为契机，充分发挥港口资源禀赋优势，积极推动长三角港口一体化发展，助力构建长三角世界级港口群。

港口是宁波抢抓自由贸易试验区发展机遇的重要依托。2020年9月，国务院公布中国（浙江）自由贸易试验区扩展区域方案，宁波被赋予建设连接内外、多式联运、辐射力强、成链集群的国际航运枢纽和打造具有国际影响力的油气资源配置中心的重大使命。港口的区位优势、基础设施、临港产业和配套设施，为宁波打造国际航运和物流枢纽、发展油气全产业链提供了优质土壤。宁波舟山港是一个综合性的现代化深水良港，港口储存、接卸、集疏运能力世界一流，具备陆海统筹、内外联动、牵引南北的战略区位优势，已涵盖油气进出口、储运、加工、贸易、交易、服务等全产业链环节，液体化工品、LNG、LPG等油气产品贸易量以及PTA、PPE等化工品交易量占据全国重要份额。因此，宁波必须抢抓自贸区建设机遇，做好"港口"文章，服务国家战略，为中国在国际能源市场争取更多话语权提供重要支撑。

（四）港口决定了宁波城市的国际影响力和知名度

港口是彰显城市特色产业的重要体现。改革开放以来，宁波利用国家开发港区、培育临港产业带的机遇，以天然深水良港为依托，重点发展以石化、汽车、钢铁、船舶、装备制造等为主的临港工业，形成了一条绵延20多千米的沿海临港工业带，走出了一条以贸易港拉动临港工业的工业化道路，推动了城市化建设，形成了港产城互动的良好态势。绿色石化和汽车已成为宁波建设"246"万千亿级产业集群中的2个万亿级产业集群，是宁波今后产业发展的重中之重，已成为宁波城市特色产业IP。

港口是集聚全球资源要素的重要平台。宁波依托港口枢纽优势和辐射效应，强力吸引货物、资金、技术、人才、信息等生产要素聚集，实现了人流、货流、商流、资金流、技术流、信息流的大流通。宁波已成为华东地区乃至全国重要的能源原材料基地、全国最大的成品油加工基地和国内重要的化工新材料生产基地。集聚了一批产业链完善的航运和物流服务企业，以及中国船级社浙江分社、波罗的海交易所宁波联络处等一批专业服务机构，世界前20强的船公司和国际知名物流企业均在宁波落户并开展业务，吸引了67家世界500强企业在宁波投资或设立分支机构，已成为宁波集聚全球资源要素的重要平台。

港口是联结对外合作交流的重要桥梁。从历史来看，宁波是中国与东南亚地区的"窗口城市"，宁波港口曾一度被设立为日韩使臣、僧人和商人进入中国的唯一通道。改革开放以后，港口更是联结国际贸易、投资和人文交流的重要桥梁，为企业、人才等"走出去""引进来"提供了广阔舞台和发展机遇。已有超1000亿美元的世界资本到宁波寻找投资机会，有超40亿美元的宁波资本到世界各地投资。连续举办5届海丝港口国际合作论坛，与印度尼西亚瓜拉丹戎港、迪拜港、斯洛文尼亚科佩尔港、鹿特丹港、西班牙阿尔赫西拉斯港等港口建立了合作关系，与全球100多个城市建立了友好城市关系和友好交流关系。

综上所述，无论是从港口的战略地位、内涵价值，还是从对宁波经济社会发展的带动作用，以及对城市形象和声誉的塑造来看，港口都是宁波最大的资源，深深影响着宁波的经济社会发展水平和城市地位。

三、如何把港口最大资源的作用发挥到极致

港口作为宁波最大的资源，如何建设好、管理好港口，把港口最大资源的作用发挥到极致，是我们必须做好的一个重大课题。

（一）正确处理好三大关系

随着港口功能的升级和生态拓展，以及长三角一体化的深入推进，港城、港产、港港之间的矛盾也逐步显现。因此，在发挥港口最大资源作用的过程中要正确处理好三大关系。

一要处理好"港城互动"关系。一方面，宁波的港口资产整合到省级层面以后，地方政府推进与港口相关的集疏运体系、物流园区等重大项目的主动权被削弱，港城脱节现象有所显现；另一方面，港口资产不再由地方政府主导，地方政府推动与港口相关的重大项目投资建设的意愿性也随之下降。因此，要高度重视港口功能布局与地方城市建设的关系，最大限度地保障地方政府在港

口泊位规划、建设时序、设施配套等方面参与的积极性，增强港口与城市的有机互动。

二要处理好"港产融合"关系。从实践来看，港口企业在发展过程中更多考虑自身利益，对港口公共服务功能、推动地方产业经济发展的内生动力有所弱化，特别是对临港产业园区的规划、培育、建设，以及集疏运体系完善、物流供应链打造等方面，与地方政府的规划存在一定冲突。因此，要加强港口发展与产业发展的融合，建立有利于促进地方产业发展的规划、投资、管理以及财税、统计、考核等方面的利益共享机制。

三要处理好"双核并强"关系。经过多年发展，长三角港口群已经形成宁波舟山港、上海港"两港并强"的新格局。因此，宁波舟山港和上海港要注重错位发展，既要打造上海国际航运中心，又要积极争取国家部委支持，把一部分国际和国家级港航平台、重大项目与开放试点优先布局在宁波舟山港，提升宁波舟山港的综合实力和核心竞争力。

（二）高水平打造世界一流强港

宁波市委十三届八次全会在提出加快形成15项具有中国气派、浙江辨识度、宁波特质的重大标志性成果中，明确要求"建设世界一流强港"。面对严峻复杂的国内外形势，如何锻造服务国家战略的"硬核力量"、加快实现世界一流强港这一目标？

第一，建设世界一流的港口基础设施，加快提升港口竞争力。完善的基础设施是打造世界一流强港的前提条件，是提升港口核心竞争力的基本要求。一要加快推进港口硬件设施建设。加快建设大榭、穿山、梅山港区等一批深水码头，整合码头岸线资源，改善航道锚地设施，整体提高大宗散货和集装箱港口通过能力。提升港口绿色发展水平，加强资源节约循环利用和生态保护，探索零碳港区建设。二要加快完善集疏运网络体系。加快推进疏港公路、疏港铁路、疏港内河建设，进一步完善海铁、公铁、公水等多式联运体系，打造海铁联运示范港，优化货运场站、物流园区、配送中心、邮件交换、末端网点等布局，打通"最后一千米"。三要加快提升港口智能化水平。充分运用5G、云计算、物联网、北斗导航等新一代自主可控先进技术，高标准打造世界领先的新一代自动化集装箱码头，建设"智慧口岸"生态圈，提升港口运作效率。

第二，建设世界一流的临港产业体系，加快提升港口支撑力。临港产业是港口与城市协调发展的重要纽带，是打造世界一流强港的重要支撑。一方面，要高质量推进临港工业转型升级。优化产业布局，推进临港工业集约化发展，重点引进一批"补链型"项目，构筑世界一流的产业集聚平台。拓展临港工业发展腹地，推动产品、资本、技术、标准、品牌等"走出去"。开展绿色改造示范工程，加速临港工业绿色转型，走高效、清洁、低碳、循环的绿色发展之路。另一方面，要高标准发展港航服务业。加快培育国际供应链物流、大宗商品物流、冷链物流、保税物流等高端港航物流新业态，推动宁波加快向资源配置中心转变。引进一批国际物流企业区域总部、专业化物流供应链服务商和物流园区运营商，做大做强本地港航物流总部企业。提升港航专业服务能级，完善海事法律服务，积极探索航运金融衍生服务，创新航运金融产品和服务模式，拓宽航运企业融资渠道。

第三，建设世界一流的对外开放平台，加快提升港口影响力。扩大对外开放是深度融入全球开放体系的战略选择，是打造世界一流强港的重要举措。一要打响海上丝路指数品牌。加快建设海上丝路航运大数据中心，加强国内外航运、港口、贸易的数据监测分析，打造全球知名航运、贸易指数分布中心。完善海上丝路指数体系，不断优化和丰富指数产品，提升指数国际影响力。二要擦亮"港口文化"金字招牌。充分挖掘港口文化内涵，打造一批具有国际影响力和美誉度的港口文化品牌。积极争取高端外事活动、国际性赛事和大型会展活动，办好中国航海日论坛、海丝港口国际合作论坛、国际港口文化节等重大活动，进一步提升宁波舟山港在全球的知名度和影响力。三要扩大港口"朋友圈"。通过资本合作、经营管理输出等方式，进一步加强与国际码头运营商、物流服务商、港航企业合作，积极推进与东南亚、南亚、中东欧等国家和地区港口的投资布局，推动港口运营主体有序"走出去"。

第四，建设世界一流的港口营商环境，加快提升港口服务力。打造市场化、法治化、国际化的一流营商环境是打造世界一流强港的关键所在。一要深化体制机制改革。加快复制推广前期自贸区创新成果，积极争取国家部委支持，推动启运港退税、国际中转集拼等政策落地。不断对接国际先进规则，围绕贸易便利化、投资便利化、信息开放共享、人员进出便利化等，加快建立高水平的规则、规制、管理、标准等制度体系。二要深化推进"单一窗口"建设。打造国际贸易"单一窗口"2.0版，加快甬舟"单一窗口"平台深度融合，统一用户认证、建设标准、数据管理。深化"提前申报""两步申报""船边直提"等通关模式改革。三要深化口岸监管服务创新。以长三角港口一体化发展为契机，加快推动解决"一港两政""一港两引""一港两拖""一港两关""一港两码"等问题。深入推进口岸监管相关部门信息共享、监管互认、执法互助，建立灵活便利的口岸监管服务体系。

第五，建设世界一流的港口运营主体，加快提升港口管理力。港口运营主体是港口开发建设的主抓手、主平台、主力军，是打造世界一流强港的重要支撑。一要强化战略管理。树立全球化、战略化思维，对标世界一流强港，加强战略谋划，进一步优化港口功能定位和发展方向，整合空间结构、功能区块、资源力量，不断提升港口综合竞争力。二要强化精益管理。加强现代企业制度建设，增强港口科技创新能力，建立与世界一流强港战略目标相适应的管理体系和机制，努力实现更高效率的管理一体化、更高水平的发展一体化，全面提升企业治理体系和治理能力现代化水平。三要强化人才管理。围绕港口管理、航运物流、绿色低碳、信息技术、金融保险、国际贸易等领域，引进一批高素质高层次专业人才，培养一批专业技术技能人才，建立一支能经营、懂技术、有视野的综合性人才队伍。

何介强

宁波区域发展战略演进历程及其启示

区域发展战略，是一个地区在一定时期内对经济社会各方面协调发展的全局性和根本性谋划，对地区发展具有方向性、长远性和总体性的指导作用。本文通过回顾总结改革开放40多年来宁波区域发展战略的演进历程、主要特征和经验启示，为宁波谋深谋实现代化滨海大都市奋斗目标提供参考。

一、宁波区域发展战略的演进历程

由于党代会的周期性、权威性和全面性，本文主要采用宁波历届党代会对区域发展战略的集中表述作为分析材料，梳理总结宁波区域战略的演进轨迹（见附表）。可以看出，改革开放40多年来，尽管不同阶段的表述和侧重有所不同，但建设"现代化国际港口城市"基本贯穿宁波区域发展战略的总体过程。这一战略目标的基本内涵是通过现代化城市、国际性城市、特大港口城市、生态型城市"四位一体"的融合发展，不断壮大宁波区域的综合实力、国际竞争力和可持续发展力。推进这一目标的基本策略是实现产业、港口、城市互动协调的发展。这一基本策略，在现代化国际港口城市战略目标实施的各个阶段，又因具体阶段环境的不同，而形成不同的战略取向和发展主线，其实质是对工业化、城市化、国际化、市场化等发展动力之间相互关系的把握和侧重。其演进历程大致可以分为4个阶段。

第一阶段，1978—1993年，现代化国际港口城市战略目标的初创阶段。1980年，宁波市第五次党代会就提出"为尽快把宁波市建成现代化的港口城市而努力奋斗"。1984年，市第六次党代会进一步丰富了现代化港口城市的内涵，提出"努力把宁波建设成为浙江的重要工业基地和以出口加工工业、国际转口贸易为中心的综合性的现代化港口城市"。1989年，市第七次党代会提出"抓紧抓好以港口为中心的重点工程建设"，称其"对宁波今后的发展至关重要，是宁波经济起飞的希望所在"。这一阶段，加快工业化进程是实施战略目标的先导性战略取向。

第二阶段，1994—2003年，现代化国际港口城市战略目标的体系成形阶段。1994年，宁波市第八次党代会提出要"继续深化和实施以港兴市、以市促港的发展战略，把宁波建设成为社会主义现代化国际港口城市"，并把战略目标内涵进一步拓展为"华东地区的重要工业城市、对外贸易口岸，把北仑港建设成为我国四大国际中转枢纽港之一"。1999年，宁波市第九次党代会围绕建设社会主义现代化国际港口城市的既定目标，并进一步提出了"港口建设、科教发展、对外开放、城市化"四个突破。这一阶段，优先加快港口建设及其功能培育是实施战略目标的基本战略取向，举全市之力加快枢纽型国际港口建设，"以市促港"在港城互动关系中处于主导地位。

第三阶段，2004—2016年，现代化国际港口城市战略目标的深化提升和基本实现阶段。在宁波市第十、第十一次党代会上，市委以"六大联动""六大提升"战略部署，来"加快现代化国际港口城市建设步伐，基本建成华东地区重要的先进制造业基地和东北亚国际航运中心的重要组成部分，进一步确立长江三角洲南翼经济中心的战略地位"。市第十二次党代会提出了全面实施"六个加快"战略，"基本建成现代化国际港口城市，努力成为发展质量好、民生服务好、城乡环境好、社会和谐好的中国特色社会主义示范区"的发展目标。这一阶段，主要以国际化水平为导向提升产业、港口、城市的综合服务功能，并加快其相互融合发展，这是基本的战略取向，"中心""基地""平台"等成为区域发展的关键词。到"十二五"末期，宁波总体实现"基本建成现代化国际港口城市"目标。

第四阶段，2017年至今，现代化国际港口城市战略目标的守正创新和延伸拓展阶段。2017年，宁波市第十三次党代会提出实施"六化协同"战略，加快建设国际港口名城，努力打造"东方文明之都"。2021年，宁波市"十四五"规划纲要提出"全面建设高水平国际港口名城、高品质东方文明之都，加快打造现代化滨海大都市，争创社会主义现代化先行市"的战略目标。这一阶段，是在基本建成现代化国际港口城市的基础上，对这一发展战略的守正创新和延伸拓展，集中表现在"加快建设现代化滨海大都市"这一新的奋斗目标上，其实质是立足新发展阶段，推进工业化、国际化、城市化融合发展，构建具有比较优势的城市功能，提升城市能级，形成区域发展新的竞争优势。

二、宁波区域发展战略演进历程的主要特征

通过以上梳理回顾,我们认为可以用 5 个短评总结概括宁波区域发展战略演进历程的主要特征,即战略意图胸怀全局、战略核心传承接续、战略内涵迭代升级、战略取向各有侧重、战略要求与时俱进。

(一)战略意图胸怀全局

从 20 世纪 90 年代国务院将宁波定位为"华东地区重要的能源、原材料基地和重要的对外贸易口岸",到 2015 年国务院批复的城市总规将宁波定位为"我国东南沿海重要的港口城市、长江三角洲南翼经济中心、国家历史文化名城",从国家战略层面来看,宁波城市定位不断调整优化、地位不断提升、内涵不断丰富。历届市委、市政府始终坚持正确的政治方向,观大势、谋大局,锚定宁波在国家战略全局中的目标定位,坚持把上级要求和上位规划作为贯穿区域发展战略的主题主线,自我加压、与时俱进,力求创造性地推动党中央、国务院和省委、省政府决策部署在区域内落地落实,力争为全国全省大局作出更大的宁波贡献,体现了胸怀"国之大者"的大格局、大担当、大作为。

(二)战略核心传承接续

综观这 40 多年,"现代化国际港口城市"基本贯穿宁波发展战略始终,正如宁波市第十二次党代会报告所说"建设现代化国际港口城市,是历届市委接力推进的战略任务"。从 1980 年市第五次党代会提出"为尽快把宁波市建成现代化的港口城市而努力奋斗",到 2017 年市第十三次党代会提出"建设国际港口名城、打造东方文明之都",到当下的"全面建设高水平国际港口名城、高品质东方文明之都,打造现代化滨海大都市"。40 多年来,尽管对"现代化国际港口城市"的目标要求各有表述、战略取向各有侧重,但始终没有离开"现代化国际港口城市"这个基本的战略定位。9 次党代会、多个领导集体,真正做到了"换届不换方向、换任不换目标",一张蓝图绘到底、一任接着一任干,才有了今天宁波经济总量居全国城市第 12 位、人均生产总值达到高收入经济体水平的历史性成就。

(三)战略内涵迭代升级

随着国家战略的升级和自身发展成果的积累,宁波区域发展战略的内涵表述,呈现出不断迭代升级、螺旋上升的过程。在战略目标初创阶段,主要表述

为"现代化港口城市",内涵侧重工业化层面的全省工业基地、国际贸易基地。在战略目标体系成形阶段,主要表述为"社会主义现代化国际港口城市",增加了"社会主义""国际"的字样。在战略内涵上,突出了"我国四大国际中转枢纽港之一",对工业和国际贸易冠以"华东地区"的定性,在水平层次上,提出了"达到目前中等发达国家水平",总体上,战略内涵主要提升了区域战略地位、功能层次和发展水平要求。在战略目标深化提升和基本实现阶段,主要表述为"加快现代化国际港口城市建设步伐""努力把现代化国际港口城市建设全面推向新阶段"。在战略内涵上,提出国际一流的深水枢纽港(含国家重要的区域性资源配置中心)、华东地区先进制造业基地(现代物流中心)、长三角南翼经济中心,战略内涵侧重突出了提升发展水平、增强区域战略地位的要求。在战略目标守正创新和延伸拓展阶段,主要表述为"建设国际港口名城、打造东方文明之都""全面建设高水平国际港口名城、高品质东方文明之都,加快打造现代化滨海大都市,争创社会主义现代化先行市",战略内涵上,提出建设高水平创新型城市、制造业高质量发展先行市、国内国际双循环枢纽城市、全国文明城市典范城市、全域美丽宜居品质城市、市域治理现代化示范城市、民生幸福标杆城市,侧重突出了人民的主体性和城市的本体性地位。

(四)战略取向各有侧重

正确的战略取向是推进战略目标实现的基本保障。宁波的现代化国际港口城市建设,先后大致经历了工业化先导、枢纽型大港口奠基、国际化水平导向、城市化功能导向等发展阶段。例如,战略目标初创阶段,侧重突出工业化为先导,为区域现代化奠定工业基础,时至今日,临港型大工业和支柱型民营经济,仍然是宁波争创社会主义现代化先行市的重要基石。在20世纪90年代战略目标体系成形阶段,侧重突出以枢纽型港口功能的培育建设为先导,带动了国家重要口岸功能及区域内外开放格局的形成,时至今日,枢纽型港口仍然是宁波最为重要的禀赋优势。进入21世纪特别是近十年以来,在战略目标的深化提升阶段突出了以提升国际化水平来带动产业、港口、城市的发展质量与水平,奠定了市域一体发展的空间框架和功能格局。各个阶段的战略取向,既各有侧重,又相互促进;既强调局部领域的优先发展,又重视整体的融合提高,逐步形成了现代化城市、特大型港口城市、国际化城市、生态型城市"四位一体"的发展格局。

(五)战略要求与时俱进

历届党代会对宁波建设现代化国际港口城市这一战略目标的具体表述各有不同,主要反映了各自的时代特征和要求。(1)宁波市第五次党代会提出的"现代化的港口城市、全省工业基地和外贸出口基地之一",市第六次党代会提出的"浙江的重要工业基地和以出口加工工业、国际转口贸易为中心的综合性的现代化港口城市",反映了宁波在实行计划单列前,主要依据全省的规划确定区域目标,强调的是宁波在省里的功能地位;(2)宁波市第八次党代会提出的"经济实力雄厚,对外开放度高,科学文化发达,人民生活富裕,社会风气良好,城乡环境优美的社会主义现代化国际港口城市",市第九次党代会提出"形成雄厚的综合经济实力和发达的现代产业体系,形成完善的市场机制和高度国际化的开放格局,形成和谐的生态环境和社会发展体系",反映了这一阶段,宁波市随着计划单列和一系列国家战略的实施,更多地从一个相对独立的经济地理区域出发,对战略目标进行成体系的谋划,目标要求逐步系统化。(3)宁波市第十次、第十一次、第十二次党代会,分别提出"六大联动""六大提升""六个加快"战略部署,作为"加快现代化国际港口城市建设步伐"和"努力把现代化国际港口城市建设全面推向新阶段"的战略抓手,反映了这一阶段,更加突出全面、协调、可持续发展的要求。(4)从宁波市第十三次党代会提出以实施"六化协同"战略部署为抓手,建设"名城名都",早日跻身全国大城市第一方队,到当下的"加快打造现代化滨海大都市",更加突出了"城市"在整个战略目标中的本体性地位,反映了宁波进入新发展阶段后坚持"以港兴市、以市促港",加快向都市经济、国际大都市迭代升级,为进一步拓展区域发展战略目标指明了方向。

三、宁波区域发展战略的经验启示

对40多年宁波区域发展战略的演进历程、主要特征进行全面审视和梳理总结,对当前我们谋深谋实现代化滨海大都市建设这一奋斗目标,有以下三方面启示。

(一)服从服务于国家发展战略是制定和实施区域发展战略的根本前提

1.地方政府是中央政府设置的治理国家部分地域的行政单位,服从服务于国家发展战略是其天职。宁波在确定现代化国际港口城市建设的战略任务时,始终把贯彻国家宏观发展战略作为主体内容。例如1984年，宁波市委和市政府围绕现代化港口城市的目标，进一步提出"服从服务于国家经济发展的需要，坚持开放与改革双管齐下，外引与内联同步进行，充分发挥深水良港的优势，以港口促工业，促内外贸易，带动整个经济和社会的协调发展，到本世纪末，初步实现把宁波市建设成为华东地区重要工业城市、对外贸易口岸和浙江的经济中心"。现代化国际港口城市战略内涵的每一次丰富和拓展，都与国家发展战略的变化息息相关，例如打造高水平创新型城市、双循环枢纽城市、治理现代化示范城市等战略内涵，都是在国家战略与宁波实际情况相结合的前提下形成的。

2. 实践证明，服从服务于国家发展战略，努力使宁波区域的发展进入国家的战略视野，是宁波区域发展始终走在全国前列的重要动力。正是跻身沿海开放城市、计划单列市、综合配套改革试点城市、口岸自由贸易功能等国家战略层面的创新，为宁波不断提升发展价值和区域战略地位提供了发展制高点。

3. 进入国家战略视野，服务于国家发展战略的演进，是我们当前加快打造现代化滨海大都市的基本准则。正是基于这一准则，市委提出要锻造"硬核力量"、唱好"双城记"、建好"示范区"、当好"模范生"。其中，锻造"硬核力量"，是宁波服从服务国家战略的政治担当；唱好"双城记"，是宁波立足新发展阶段、贯彻新发展理念、构建新发展格局的自我坚守，是宁波支撑全省高质量发展的重大责任；建好"示范区"，是宁波践行以人民为中心发展思想，探索形成共同富裕先行成果和先行经验的责任担当；当好"模范生"，是宁波忠实践行"八八战略"、奋力打造"重要窗口"的自我定位。为此，我们要切实提高政治判断力、政治领悟力、政治执行力，把国家战略、全局意图融入新的区域发展过程中，高起点高标准高质量建设现代化滨海大都市。

（二）连续性和阶段性的相互统一是制定和实施区域发展战略的基本思路

1. 现代化国际港口城市这一总体战略，尽管在不同的发展阶段有着不尽相同的具体表述，但它作为宁波区域发展的主体性战略目标的地位，始终没有动摇，并在历届党委政府的总体发展目标中，得到延续、丰富和拓展。这种战略方向上"咬定青山不放松"的坚定性和不断推高战略目标要求的自觉性，值得我们在谋划新目标、开启新方向时继承发扬。

2. 在具体实施推进现代化国际港口城市建设的进程中，根据外部环境和内部发展的变化，战略重点和实施策略则不断地有所调整。上文所述，在产业、港口、城市相互协调的发展关系中，我们经历了工业化为先导、港口功能建设为重点、国际化提升为关键等发展主线的阶段性调整，正是这些调整，使驱动现代化国际港口城市建设的诸动力形成合理的主从关系并发挥相互协调、共同推进的动力作用；也正是这些阶段性的调整，不断丰富和拓展了区域战略目标的内涵外延，把宁波现代化国际港口城市建设不断推向新高度。

3. 当前，我们提出建设现代化滨海大都市的奋斗目标，正是按照高水平全面建设社会主义现代化的新阶段、新理念、新格局的总体要求，不断深化拓展现代化国际港口城市和"名城名都"的区域发展战略，丰富和拓展其内涵而提出新的更高目标要求；并根据环境条件的变化，对新阶段实施战略目标的基本策略进行必要的调整，这是我们确定宁波未来改革开放战略取向必须遵循的基本思路。

（三）全域都市化应当成为当前实施区域发展战略的主抓手

1. 抓住不同阶段的战略实施重点，作为特定阶段区域发展的主攻方向，是加快区域发展的重要手段。我们认为，加快推进全域都市化，应当成为当前开启现代化滨海大都市新征程的主攻方向。以全域都市化作为建设现代化滨海大都市的主抓手，是区域发展主动力从工业化到市场化到国际化再到都市化迭代演进的内在需要；是破解城市本体不大、功能不强，进而制约头部企业、顶级服务、顶流活动、顶层思想在本土进一步升级成长的这一区域主要矛盾的客观需要；也是在中国城市化最后一个重大窗口期，抢抓高层次人才资源、创新资源、资本资源、文化资源等以提升高品质综合服务功能的紧迫任务。

2. 以全域都市化为主抓手的实质是，把城市功能作用的升级发挥，作为本阶段衡量发展成果的基准点；将都市化置于产业、港口、城市相互协调关系的主导地位，以都市化为先导，引领产城融合发展、带动港口功能的代际跨越；更加重视以综合消费能力为导向的复合型城市功能培育，努力实现服务能力、生产能力、创新能力的相对均衡发展，以及对外要素控制能力与对内综合保障能力的协调发展。

3. 以全域都市化为主抓手的重点是，以全域都市化为先导，以功能性建设为核心，拓展都市空间增长极、带动都市生产功能、服务功能、创新功能体系化协调发展，提升都市综合保障能力水平，全面带动形成产业高度化、服务高端化、港口综合化、全面国际化、家园生态化、形态湾区化共同推进的现代化滨海大都市发展新格局。

  为此,应该配套推进工作体系创新。加快推动区域发展规划体系从时间为轴线向空间为轴线的转变;加快形成全域空间统筹管控、错位布局、协同支撑的新格局,并探索空间自我增值、可持续运营的新机制;加快建立一套以都市功能、品质、综合承载力、美誉度为指向的衡量评价体系;积极探索企业化、市场化、专业化的重大项目开发运营模式。

周威锋   罗   松

附表　改革开放至 2017 年宁波历次党代会对区域发展战略的表述

党代会	战略目标表述	目标要求	实施重点
1980 年第五次党代会	为尽快把宁波市建成现代化的港口城市而努力奋斗	现代化的港口城市、全省工业基地和外贸出口基地之一	加速发展现代化的水陆运输和远洋运输事业。大力发展进出口贸易
1984 年第六次党代会	努力把宁波建设成为浙江的重要工业基地和以出口加工工业、国际转口贸易为中心的综合性的现代化港口城市		重点发展和建设煤电、石油化工、冶金、建材、修造船、海洋石油后方基地等大中型企业
1989 年第七次党代会			抓紧抓好以港口为中心的重点工程建设
1994 年第八次党代会	继续深化和实施以港兴市、以市促港的发展战略，把宁波建设成为社会主义现代化国际港口城市	把宁波建设成为经济实力雄厚，对外开放度高，科学文化发达，人民生活富裕，社会风气良好，城乡环境优美的社会主义现代化国际港口城市	加强以港口为中心的交通集疏运网络建设，强化基础设施和基础产业，营造加快发展的新优势
1999 年第九次党代会	围绕建设社会主义现代化国际港口城市的既定目标，并进一步提出了"港口建设、科教发展、对外开放、城市化"四个突破	形成雄厚的综合经济实力和发达的现代产业体系，形成完善的市场机制和高度国际化的开放格局，形成和谐的生态环境和社会发展体系，实现市民素质、生活质量和城乡文明程度的显著提高	依托港口，逐步形成以石化及精细化工为主导，电力、钢铁等能源、原材料为支柱的临海型产业格局
2004 年第十次党代会	加快现代化国际港口城市建设步伐，基本建成华东地区重要的先进制造业基地和东北亚国际航运中心的重要组成部分，进一步确立长江三角洲南翼经济中心的战略地位	建设社会主义法治城市，文化大市，最佳人居城市	六大联动

续表

党代会	战略目标表述	目标要求	实施重点
2007年第十一次党代会	全面建成小康社会，努力把现代化国际港口城市建设全面推向新阶段	基本建成国际一流的深水枢纽港、全国重要对外贸易口岸和华东地区先进制造业基地、现代物流中心	六大提升
2012年第十二次党代会	基本建成现代化国际港口城市，提前基本实现现代化，努力成为发展质量好、民生服务好、城乡环境好、社会和谐好的中国特色社会主义示范区	建设综合实力位居同类城市前列的经济强市、城乡高度融合的现代都市，以国际强港为支撑的亚太开放门户，宜居和美的幸福之城、文化名城	六个加快
2017年第十三次党代会	建设国际港口名城，打造东方文明之都	"三城三都"	六化协同

资料来源：宁波历次党代会报告。

做精做优现代化滨海大都市"象山板块"的设想与建议

我们重点对象山在宁波现代化滨海大都市建设中的特色优势、目标定位和重要功能空间进行了研究分析。我们认为，象山的海洋资源最集聚、海域空间最广阔、滨海特色最鲜明，在宁波现代化滨海大都市建设中具有重要意义和特殊作用，需要加强全盘统筹、系统谋划、有力推进，以"象山板块"一域出彩带动宁波现代化滨海大都市全局精彩。

一、全面认识现代化滨海大都市"象山板块"的独特优势

加快建设现代化滨海大都市，是宁波进入新发展阶段后锚定的奋斗目标，是事关宁波全域全局发展的重大课题。象山海洋资源禀赋优越、发展基础良好，可以说是宁波加快建设现代化滨海大都市最具想象力、最有潜力的空间板块。

（一）海洋资源最丰富

象山是典型的半岛县，海洋资源得天独厚，是全省乃至全国少有的兼具山、海、港、滩、涂、岛资源的地区，海域面积、海岸线总长、海岛数量分别占全市的83.2%、58.7%、82.7%。港口资源良好，北部象山港是深水良港，南部石浦港是国家中心渔港，规划港口岸线53千米，可建万吨级以上泊位52个。生态环境优美，拥有韭山列岛、渔山列岛两个国家级海洋生态保护区，渔山岛、花岙岛两个国家级海洋公园，是首批国家生态文明建设示范县、首批国家级海洋生态文明建设示范区。象山海洋旅游资源丰富，与佛罗里达、墨西哥湾、夏威夷三大世界疗养胜地同处北纬30度黄金线，沿海和海岛旅游资源类型齐全，是长三角海洋旅游休闲的目的地。

（二）涉海政策最系统

象山半岛是宁波海洋经济发展示范区的主体区，占示范区总面积的70.5%，各项涉海经济政策覆盖面居全市首位。近年来，《关于加快发展海洋经济若干意见》《关于支持宁波海洋经济发展示范区建设的若干政策意见》等文件出台，象山县配套出台《关于支持象山海洋经济发展的若干政策意见》，涵盖了海洋产业、创新驱动、扩大开放、生态保护、要素保障等各方面政策支持，一系列国家级和省级、市级改革试点和平台载体也在象山落地实施。同时，象山在海洋管理机制创新方面走在全国全省前列，是国家海洋管理创新试点县，建立全国首个海洋产权交易中心、开展无居民海岛使用权出让等实践，出台浙江省首个海域分层确权管理办法，最大化激活海洋资源效益。

（三）海洋产业最鲜明

象山突出绿色生态发展特色，持续推进海洋优势产业的集聚发展、海洋新兴产业的培育壮大和海洋传统产业的转型升级，引进和培育了航天科工集团、新日星铸业、勤邦新材料等战略新兴产业，打造了临港装备、汽模配等百亿级产业集群，基本形成生态高效、科技创新的现代海洋产业体系。去年象山签约海洋经济项目52个，总投资146.4亿元；37个海洋经济重大项目完成年度投资计划104.8%；海洋装备、海洋新材料产值分别逆势增长12.3%、2.3%。

（四）海洋文化最深厚

海洋文化是宁波城市文化的基本元素。象山拥有独具特色的海洋文化，是宁波海洋文化最具代表性地区。象山是中国渔文化之乡，是全国唯一的国家级渔文化生态保护区，有6000多年的塔山文化遗址、中国历史文化名镇中唯一的古渔港石浦镇，以及明清海防文化遗址、古沉船等文物点157个。海洋影视文化独具特色，象山影视城占地2100多亩，摄影棚面积、接待剧组数、门票收入分别居全国影视景区第一、第二、第三位，是全国影视文化产业发展速度最快、潜力最大的基地。

二、系统谋划现代化滨海大都市"象山板块"的目标定位和重要功能空间

基于以上分析，我们认为对"象山板块"要加强战略性、系统性、前瞻性研究谋划，着力发挥其在生态、人文、产业等领域的综合性海洋优势，支撑现

代化滨海大都市的格局更宏大、内涵更丰富、特色更鲜明。

(一) 目标定位

"象山板块"要始终坚持绿色发展理念，突出"让美丽的象山半岛世代相传"这个基点，重点赋予并打造五大核心功能，努力把"象山板块"建成独具魅力、富有活力、凸显实力的现代化滨海大都市标志性空间板块，重点是打造成五个"地"。

一是海洋经济主阵地。支持象山发挥海洋资源这个最大优势，深化国家级海洋经济发展示范区主体建设，努力成为宁波打造全球海洋中心城市的核心功能区。重点支持象山培育发展以现代临港产业、海洋工程装备、海洋智慧科技、海洋生物医药等为支撑的现代海洋产业体系，布局一批具有乘数效应的海洋产业平台，大力培育一批"小而精"的单项冠军企业，建成若干具有国际竞争力的海洋产业集群。

二是创业创新策源地。重点围绕"海洋"创新要素，集聚优质资本、项目、人才和高校、科研院所等创新资源。做强重点产业创新链、人才链，搭建企业家创新平台，推动数字技术与海洋经济深度融合，加快攻关一批海洋产业关键核心技术。打造市场化、法治化、国际化营商环境，完善创业创新生态系统和推进体制，在风景最美的海滨掀起"创新的风暴"，推动象山成为宁波乃至长三角地区创业创新的重要策源地。

三是文化强市新高地。充分挖掘象山海洋文化的独特底蕴，打造石浦海洋文化基地、全域影视创作基地，培育一批特色文化小镇，塑造区域特色文化品牌，成为东亚知名的海洋文化、影视文化、历史文化和时尚文化多元共融的文化名城，充分展示高品质文化都市的特色魅力。

四是滨海旅游首选地。紧紧依托生态这一最大优势，聚焦滨海旅游这一主线，持续打响"北纬30度最美海岸线"品牌，着力打造宁波市民亲海生活的"新外滩"和长三角地区滨海旅游首选之地。推动构建以海洋休闲度假、影视旅游、商务旅游、乡村旅游、健康养生、智库论坛、创新俱乐部为核心引擎的旅游产业新体系，加快形成结构更优、带动更强、影响更广、服务更好的全域旅游发展格局，成为现代化滨海大都市中具有标志性的休闲旅游功能区。

五是民生幸福标杆地。加快推进县域整体智治，深化"村民说事""平安渔港"等做法，推行"县乡一体、条抓块统"高效协同治理模式，打造全国乡村治理体系建设示范县。依托运动休闲、客居康养的专业化配套服务，延伸发展高品质、普惠性、基础性公共服务，扎实推动共同富裕，着力打造宁波幸福宜居的"半岛花园"。

（二）重要功能空间

围绕上述目标定位，应进一步提高站位，聚焦"立足新发展阶段、贯彻新发展理念、构建新发展格局"的要求，聚力宁波战略与象山优势的现实契合点，着力推进其主要功能平台的集聚升级，尽快形成现代化滨海大都市"象山板块"的新发展态势。我们建议，可以围绕"一带三城"，作为近期谋划推进"象山板块"空间功能集聚升级的重点。

一是象山半岛东部百里黄金海岸带。以百里黄金海岸带为美丽象山的"生长轴"，加快依托自然地貌，形塑人工丽景，贯通观光线路，配套综合服务，叠加时尚元素，营销美丽故事，瞄准流量经济，集聚财富智慧，不断升级分时度假、健康养生、财富论坛、智库峰会等新产业新业态，成为展示宁波形象的"半岛客厅"和长三角滨海休闲旅游首选地。

二是北部涂茨现代装备产业城。北部以涂茨为中心打造临港装备制造业为核心的综合性海洋经济主体功能区，积极谋划宁波保税区的功能拓展（置换）平台，努力成为宁波打造国内国际双循环枢纽城市的重要功能区块。

三是中部大目湾滨海休闲城。中部以大目湾为中心，布局若干优质教育、科研、医疗资源，并以此作为象山集聚创业创新主体、发展知识经济的基本依托。充分利用港湾自然资源和亚运赛事延伸资源，带动体育、文旅、康养等相关产业发展和公共服务提升，着力打造集海洋景观、养生康疗、休闲度假、时尚居住于一体的滨海休闲城。

四是中南部影视城。中南部以象山影视城为中心，积极推进升格为宁波影视产业园区管委会，聚焦拍摄创作环节，打通产业链，融合跨界要素，增强产业服务综合配套能力，发挥影视向娱乐、体验消费的产业延伸作用，成为推动宁波影视产业规模化、集约化、高端化的先导区。

"一带三城"建设，要创新开发理念，优化运营机制，全面引入具有成功开发案例的战略性合作者，实施市场化、专业化的开发运营。

三、几项工作建议

当前，做精做优现代化滨海大都市"象山板块"已经成为全市上下的基本共识，需要市县两级协同发力、精准施策，合力推动一批近期可启动、可提升的重大任务、重大平台、重大项目，着力推进市级项目对"象山板块"的赋能提质，在"十四五"开局之年迈好第一步、展现新气象。

（一）加快大融合

支持并推动象山撤县设区，早日将象山纳入宁波市区版图，为"象山板块"全面融入现代化滨海大都市奠定体制基础。充分考量与杭州湾区域、北仑临港区域的差异化定位，推进"象山板块"与象山港、三门湾空间功能的统筹布局，优化协调合作机制，强化现代化滨海大都市南翼的融合协同发展。

（二）推动大改革

以拓宽"绿水青山就是金山银山"转化通道为主线，推进"象山板块"空间管控、产权制度、审批机制、能源要素等综合改革，形成一批贯彻绿色发展理念的示范性改革成果，最大限度地将生态优势转化为现实生产力。尽快将"象山板块"列为新一轮城市总规的重点空间，单独研究其空间管控、开发导则、技术手段的整体创新，拓展区域发展空间。深化陆海统筹，结合海洋生态修复，推进各类海洋自然资源的产权制度改革创新。深化宅基地和海洋领域"三权分置"改革，推进集约节约治理，提升滨海空间开发效益。探索风电、光伏等重大清洁能源用能权改革，推动滨海地热能综合循环利用，布局海水资源综合利用产业链，走出一条生态化的滨海能源发展新路径。

（三）建设大交通

积极提升象山与主要游客来源地的交通联系度指数，支持甬台温高铁过境象山并设站，推动象山地方型通用机场规划落地实施；加强同上海、舟山两地合作，探索沪舟甬跨海大通道在象山登陆宁波的可行性。加大象山与中心城区交通联系强度，加快推动象山港二通道、宁波至象山市域快轨等一批重大交通项目建设。加强象山与周边地区的互联互通，深化象山至宁海高速公路、象山东海岸高速等廊道前期研究工作。

（四）布局大项目

统筹各方面资源，将发展有需要、市级能作为、象山可承接的功能项目布局在象山，近期重点是推动"一带三城"升格为市级平台。一是积极谋划推动宁波保税区功能异地置换到北部涂茨片区，支持象山建设综合保税区，并成为滨海开放的主体平台。依托这一主体平台，推进滨海科创中心、海洋产业集聚中心、海洋开放合作中心等功能模块建设，使其成为支撑宁波建设全球海洋中心城市的重点功能区块。二是加大力度支持象山承办各种赛事，延伸打造一批标志性工程，形成宁波滨海运动休闲产业主体平台，辐射带动滨海旅游休闲康养产业整体发展。三是将象山影视城升格为宁波影视城，进一步加大市级统筹扶持力度，使之成为宁波滨海文化产业主体平台，并辐射带动滨海"渔文化"的长远发展。

（五）强化大联动

加强与国家部委、省级部门的联动对接，支持象山争取若干国字头、省字头的重大改革试点或牌子，为象山实现目标提供支撑、厚植基础。重点支持象山创建国家全域旅游示范区、全国乡村振兴示范县；推动松兰山国家级旅游度假区、象山影视城5A级景区、半边山省级旅游度假区的创建。推动象山争创国家军民融合创新示范区（基地），加快推动航天智慧科技城发射场等重大载体建设。

罗　松　张　华

向苏州学什么

苏州与宁波是两座有着深厚历史渊源和相似产业结构、相似发展路径的长三角城市。改革开放以来,苏州迸发出以张家港精神、昆山之路、园区经验为代表的强劲创新动力和不懈奋斗精神,开创了经济发展的"苏州模式",综合实力跻身国内大城市前列,并通过引育未来产业、扩大开放合作、打响"苏州制造"和"江南文化"品牌等扎实举措继续巩固提升高质量发展引擎。苏州已经成为宁波需要重点关注和学习借鉴的"样板城市"。

一、甬苏城市竞争力比较结果

当前,苏州城市综合竞争力要强于宁波,经济、创新、开放、文化软实力等方面优势较为明显,城市建设也更具规模和特色,在某些领域已居全国前列。宁波也有自己的长板与特色,民生福祉和生态保护水平要高一些,海港、空港、企业"走出去"等方面也具有优势或特色。

(一)经济竞争力

经济总量方面,苏州较大幅度领先于宁波(见表1)。2020年苏州GDP突破2万亿元,达到20170.5亿元,排名第6,高出宁波7761.8亿元。同年,苏州人均GDP为15.82万元,高出宁波2.62万元。

产业结构方面,苏州与宁波非常相似,制造业规模庞大,服务业占比在"十三五"期间突破50%。2020年苏州三次产业结构为1.0∶46.5∶52.5,宁波为2.7∶45.9∶51.4。与制造业规模相匹配的,两座城市都拥有发达的职业教育,苏州是国家职业教育高地建设城市,宁波是国家产教融合型城市。

市场主体方面,苏州外资企业、民营企业的总量和质量都要强于宁波。至2020年底,苏州拥有市场主体244.1万户,是宁波的2.21倍;世界500强企业在苏州有投资项目的为156家，宁波67家；世界500强企业和中国民企500强，苏州分别为3家、26家，宁波分别为0家、15家；173家苏州企业在境内外上市，宁波只有112家。

发展方向方面，苏州持续构建以新一代信息技术、生物医药、纳米技术、人工智能四大先导产业为牵引，高端制造、新能源、新材料等战略新兴产业为支撑，传统优势产业为基础的"经济版图"。2020年四大先导产业产值8718亿元，占规上工业总产值的比重达25.0%；电子信息产业、装备制造业均已成为"万亿级产业"。宁波则重点推进"246"万千亿级产业集群打造和"3433"服务业倍增发展。2020年"246"万千亿级产业集群拥有规上工业企业6287家，实现工业增加值3190.9亿元，占全市工业增加值的63.2%。

县域经济方面，苏州要比宁波发达。2020年，苏州昆山连续第18年蝉联县域经济百强榜首，GDP达到4250亿元，张家港、常熟、太仓等其余3个县级市分列第3、第4、第7位。宁波慈溪GDP为2008亿元，列第6位，余姚、宁海分列第12和第52位，象山未上榜。

表1　　　　　　　　　苏甬经济竞争力比较（2020年）

比较内容	苏州	宁波	苏州∶宁波
城市面积（平方千米）	8657	9816	1∶1.13
常住人口（"七普"，万人）	1275.0	940.4	1.36∶1
户籍人口（万人）	744.3	613.7	1.21∶1
地区生产总值（2020年，亿元）	20170.5	12408.7	1.63∶1
地区生产总值（2015年，亿元）	14504.1	8011.5	1.81∶1
人均地区生产总值（2020年，万元）	15.82	13.20	1.22∶1
人均地区生产总值（2015年，万元）	13.63	10.25	1.33∶1
三次产业结构（2020年）	1.0∶46.5∶52.5	2.7∶45.9∶51.4	—
三次产业结构（2015年）	1.5∶50.1∶48.4	3.6∶49.0∶47.4	—
工业增加值（亿元）	8514.4	5045.6	1.69∶1
规上工业总产值（亿元）	34824	17887.1	1.95∶1
第三产业增加值（亿元）	10588.5	6376.4	1.66∶1
金融业增加值（亿元）	1770.4	944.6	1.87∶1
网络零售额（亿元）	2983	2512.0	1.19∶1
市场主体数（万户）	244.1	110.3	2.21∶1

续表

比较内容	苏州	宁波	苏州：宁波
有投资项目的世界 500 强企业（家）	156	67	—
世界 500 强（民营企业，家）	3	0	—
中国民营企业 500 强（家）	26	15	—
境内外上市公司（家）	173	112	—
一般公共预算收入（亿元）	2303	1510.8	1.52：1

注：比较内容未标注时间的，为 2020 年（底）数据，下同。
资料来源：课题组基于苏州和宁波 2021 年政府工作报告、"十四五"规划、《2020 年宁波市国民经济和社会发展统计公报》、《2020 年苏州市经济运行情况》、《苏州市情市力 2021》、《宁波日报》、《苏州日报》以及两地市政府和相关职能部门信息公开资料整理。下同。

（二）创新竞争力

科技投入方面，苏州力度比宁波要大不少。2020 年苏州财政科技经费支出 219.6 亿元，占一般公共预算支出的 9.70%，高于宁波的 112.6 亿元、6.46%。苏州 R&D 经费支出占 GDP 比重为 3.7%，居国内城市前列，宁波尚未达到 3%（见表 2）。

重大科研平台方面，苏州和宁波都没有国家实验室，苏州的基础要稍好一些。至 2020 年底，苏州有国家重点实验室 3 家、国家工程技术研究中心 2 家、国家工程实验室 1 家；相比，宁波只有国家工程实验室 2 家。近年来，宁波奋力追赶，已累计引进 71 家产业技术研究院，2021 年 6 月首个国家重点实验室挂牌落户宁波大学。

创新企业方面，苏州要强于宁波。至 2020 年底，苏州有高新技术企业 9700 多家，是宁波的 3 倍多；苏州有国家级企业技术中心 30 家、省级以上企业技术中心 771 家，宁波分别为 32 家、598 家。

创新成果方面，2020 年苏州获得发明专利授权 9909 件，接近宁波的 2 倍；苏州 PCT 专利申请受理量 7.2 万件，是宁波的 100 多倍，苏州企业更注重知识产权的全球保护。

创新人才引育方面，苏州起步更早、动作更快。至 2020 年底，苏州拥有高层次人才 28 万人、国家级重大人才工程 291 人、高技能人才 72.8 万人，均多于宁波。高校方面，苏州现有 26 所，在建 2 所，高等教育毛入学率 70.1%；与牛津、清华等 238 所国内外高校院所建立稳定合作关系；中科院在苏载体有 34 家，占其在全国布局的 20% 以上。相比，宁波有 15 所高校，东方理工大学、中德合作大学还处在项目前期。

表 2 苏甬创新竞争力比较（2020 年）

比较内容	苏州	宁波	苏州∶宁波
财政科技经费支出（亿元）	219.6	112.6	1.95∶1
财政性科学技术支出占一般公共预算支出的比重	9.70%	6.46%	—
R&D 经费占 GDP 比重	3.70%	2.85%*	—
规上工业开展研发活动的企业占比	50.1%	46.5%	—
规上工业投入研发费用（亿元）	680.0	385.7	1.76∶1
国家重点实验室（家）	3	0	—
国家工程技术研究中心（家）	2	0	—
国家工程实验室（家）	1	2	—
国家级企业技术中心（家）	30	32	—
省级以上企业技术中心（家）	771	598	1.29∶1
高新技术企业（家）	9772	3102	3.15∶1
高技能人才（万人）	72.8	55.1	1.32∶1
发明专利授权（件）	9909	5340	1.86∶1
PCT 专利申请受理量（件）	72000	677	106.35∶1
高校（所）	26	15	—

注：* 该数据来自《东南商报》相关报道。
资料来源：课题组整理。

（三）开放竞争力

对外贸易方面，2020 年苏州进出口总额 22321.4 亿元，是宁波的 2.28 倍（见表 3）。从结构上看，苏州国有企业、外商及港澳台企业、民营企业分别贡献 5.6%、68.8%、25.5%，苏州的优势主要源于"外商及港澳台企业"。

对外经济方面，苏州优势明显。2020 年苏州实际利用外资 55.4 亿美元，新引进和形成的具有地区总部特征或共享功能的外资企业 35 家，累计超过 330 家；宁波实际利用外资 24.7 亿美元。

对外交流方面，2020 年 GaWC《世界城市名册》将苏州评级为"三线强"，较 2018 年的"二线弱"有所下降，因为没有空港和大型海港失分不少；宁波虽然将中国—中东欧博览会升级为国家级展会，但城市评级仍然停留在"四线强"。

国内合作方面，沪苏同城化、苏锡常都市圈和苏通跨江融合发展都取得了显著成效，沪太（仓）通关一体化全面落地，沪通铁路二期、沪苏湖铁路等重大互联互通工程加快推进。相比，沪甬合作、杭甬"双城记"、宁波都市区建设都迫切需要更多突破性和支撑性项目。

表3　　　　　　苏甬开放竞争力比较（2020年）

比较内容	苏州	宁波	苏州∶宁波
进出口总额（亿元）	22321.4	9786.9	2.28∶1
进口额（亿元）	12941.4	3379.9	3.83∶1
出口额（亿元）	9380.0	6407.0	1.46∶1
一般贸易出口占比	35.6%	89.3%	—
加工贸易出口占比	50.3%	9.2%	—
实际利用外资（亿美元）	55.4	24.7	2.24∶1
第三产业利用外资（亿美元）	26.5	13.5	1.96∶1
新批中方境外投资额（亿美元）	16.0	24.8	1∶1.55
港口货物吞吐量（亿吨）	5.5	6.0	1∶1.09
港口集装箱吞吐量（万标箱）	628.9	2705.4	1∶4.30
民航货运量（万吨）	无机场	11.9	—
2020年GaWC《世界城市名册》评级	三线强	四线强	—
领事馆（个）	0	0	—
友好城市（个）	59	14	—

资料来源：课题组整理。

（四）文化竞争力

城市文明方面，苏州的城市精神为"崇文、融合、创新、致远"，宁波则为"诚信、务实、开放、创新"（后有"四知"精神）。苏州连续五次被评为"全国文明城市"，宁波则是连续六次被评为"全国文明城市"（见表4）。

文化产业方面，2020年苏州文化产业增加值1052亿元，规上文化及相关产业企业营业收入98514亿元，均远高于宁波；苏州人均教育文化娱乐服务支出4534元，是宁波的1.49倍。

文化事业方面，苏州和宁波在大多数公共文化指标上不相上下，苏州市和宁波市鄞州区是国家首批公共文化服务体系示范区，但苏州文化知名度要更高一些。"听昆曲赏评弹"成为苏州旅游必选项目，2019年苏州市区范围剧场演出总票房超1亿元。

历史文化资源方面，苏州和宁波都是历史文化名城，苏州有中国历史文化名镇15个，有2项世界物质文化遗产，分别是苏州古典园林和中国大运河苏州段，远远超过宁波的4个、1项（中国大运河宁波段）。苏州对历史文化资源的保护力度更大，成效更为突出，2018年荣膺全球首个世界遗产典范城市，"江南文化"品牌渐入人心。

表4　苏甬文化竞争力比较（2020年）

比较内容	苏州	宁波	苏州：宁波
国家历史文化名城	1982年首批	1986年入选	—
中国历史文化名镇（个）	15	4	—
中国历史文化名村（个）	5	6	—
全国级文物保护单位（处）	61	33	—
世界物质文化遗产（个）	2	1	—
国家级文化产业示范园区（基地，家）	9	3	—
文化产业增加值（亿元）	1052	257.97*	—
人均教育文化娱乐服务支出（元）	4534	3042	1.49:1
一般公共预算文化旅游体育与传媒人均支出(元)**	409.3	389.3	1.05:1
艺术表演团体（2019，个）	17	300	1:17.64
艺术表演场所（2019，个）	7	98	1:14
公共图书馆机构数（2019，个）	12	12	—
电视台节目（2019，套）	9	9	—
文明城市	连续五次入选	连续六次入选	—

注：*为前三季度数据。**按常住人口（"七普"数据，详见表1）计算
资料来源：课题组整理。

（五）民生福祉和生态保护

整体上看，宁波市民比苏州市民更具幸福感。2020年宁波第11次入选"中国最具幸福感城市"，苏州只在2015年、2016年两次荣获这一荣誉（见表5）。

收入方面，2020年苏州、宁波居民人均可支配收入分列全国大城市第5和第8位。宁波城乡收入比为1.74:1，要优于苏州的1.89:1，更多体现共同富裕。

公共交通方面，苏州和宁波都是国家公交都市建设示范城市。苏州拥有轨道交通运营线路5条，运营里程210千米，在建线路4条；宁波拥有轨道交通运营线路4条，2021年底开通5号线后运营里程可达到182.2千米。

表5　苏甬民生福祉和生态保护水平比较（2020年）

比较内容	苏州	宁波	苏州：宁波
2020中国最具幸福感城市	否	是	—
人均可支配收入（元）	62582	59952	+2630
城市居民人均可支配收入（元）	70966	68008	+2958
农村居民人均可支配收入（元）	37563	39132	-1569
城乡收入比	1.89∶1	1.74∶1	—
轨道交通线路长度（2021年，千米）*	210	182.2	—
一般公共预算教育人均支出（元）**	3013.8	2866.7	1.05∶1
一般公共预算社会保障和就业人均支出（元）	1797.4	1934.4	1∶1.08
城镇登记失业率（%）	1.77	2.22	—
最低生活保障标准（元/月）	1045	937	—
一般公共预算卫生健康人均支出（元）	1057.8	1319.0	1∶1.25
人均期望寿命（2020年，岁）	83.82	81.66	—
三甲医院（家）	11	8+1***	—
每千人床位数（张）	5.9	7.2	—
每千人卫技人员数（人）	9.4	12.9	—
60岁以上常住人口占比（"七普",%）	16.96	18.10	—
每百名老人养老床位数（张）	4.5	5.6	—
一般公共预算节能环保支出（亿元）	63.43	34.22	1.85∶1
空气质量优良天数比例（%）	84.4	92.9	—
PM2.5浓度（微克/立方米）	33	23	—

注：* 该数据为2021年底预测数据。** 按常住人口计算，一般公共预算社会保障和就业人均支出、一般公共预算卫生健康人均支出亦同。*** 2021年6月，宁波大学附属人民医院（鄞州人民医院）晋级"三甲医院"。

资料来源：课题组整理。

基础教育和社会保障等方面，2020年苏州一般公共预算教育人均支出是宁波的1.05倍，人均教育支出是宁波的0.93倍，差距不大。苏州最低生活保障1045元/月，比宁波高108元/月。

医疗健康方面，2020年苏州人均期望寿命83.82岁，全国第一，比宁波长2.16岁。宁波一般公共预算卫生健康人均支出是苏州的1.25倍，每千人床位数、每千人卫技人员数、每百名老人养老床位数等指标都要优于苏州。

环境保护方面，2020年苏州一般公共预算节能环保支出63.43亿元，是宁波的1.85倍。苏州空气质量优良天数比例84.4%、PM2.5浓度33微克/立方米，宁波均优于苏州。

二、苏州比较优势领域的先进经验与有益做法

苏州只是一个普通的地级市，没有上海的特殊政策，没有宁波的大型海港，之所以能在经济、创新、开放、文化软实力、城市建设等领域形成并不断巩固比较优势，关键在于以"三大法宝"为核心的奋斗精神和解放思想、实事求是的工作方法。

（一）抢机遇，持之以恒培育一流产业集群

在GDP超2万亿元成绩的背后，是苏州抢抓机遇、精准谋划、上下齐心、持之以恒的坚定决心和强大动力。

第一，把握机遇拼命干。20世纪90年代初开始，苏州紧紧抓住邓小平南方谈话和上海浦东开发开放的历史机遇，大力发展外向型经济，主动承接国际产业转移，涌现出以张家港精神、昆山之路、园区经验为代表的一大批典型案例和优秀人物，成功构建起以IT信息产业、机电一体化、生物医药、精细化工、家用电器和新材料产业为主导的现代制造业基地。"十三五"时期，苏州又精准选择新一代信息技术、生物医药、纳米技术、人工智能作为先导性产业，秉承"三大法宝"精神奋力拼搏，与上海、杭州等先发城市错位竞争、合作共赢，取得了丰硕成果，未来可期。

第二，一张蓝图干到底。生物医药产业"中国看苏州"的共识之所以能形成，靠的就是一任接着一任干。"十一五"期间苏州虽然未能入选国家生物产业基地，但奋力建成生物纳米园，很快又建成国内第一个ICT融合通信沟通平台、药物开发基础实验平台和实验保障平台等，产业发展水平快速超越大多数国家级基地。"十三五"时期，苏州坚持把生物医药产业列为"一号产业"，调整重心抓产业化、规模化，全力以赴打造国际国内最优的生物医药产业生态、创新生态（与上海张江打造原创新药产业链错位发展），力争成为全球最有竞争力、最有影响力的产业地标。如今，苏州已经形成强大的生物医药产业链优势，2020年产值达到1187亿元，成为首批国家战略性新兴产业集群，相关政策力度赶上甚至超越上海。苏州工业园在全国所有生物医药园区中名列第一；中国生物医药排行榜前十名企业，6家在苏州布局；国家级的生命科学、医药医疗类大会，一半以上落户苏州。

第三，找准伙伴一起干。在保持自身努力的同时，苏州积极引入战略合作者，共同争取产业链高端地位和未来产业发展优势。例如，针对制造企业认证难、认证贵等痛点，苏州市政府主动寻求与中检集团的战略合作，成立"苏州制造"品牌国际认证联盟和苏州认证服务中心，引入国内外优质资源为苏州企业提供一站式、全方位的认证服务，大大提升了"苏州制造"的行业话语权和市场美誉度。

（二）引平台，无中生有构建产业创新高地

多年来，苏州持之以恒引育高层次平台、实施人才战略、激发企业研发投入动力，成功扭转城市创新资源匮乏的不利局面，城市创新竞争力跻身全国大城市前列。

第一，全力争取国家重大改革试点，以示范带动激发创新活力。长期以来，苏州一直积极争当国家改革开放的"先行者"和"排头兵"，至2020年6月累计承担国家级试点任务52项、省级试点任务18项，很多试点是全国或全省"唯一""首批"。围绕改革试点，苏州大胆解放思想，压实改革责任，放大试点经验，不断推动改革走深走实。以苏州工业园区为例，借中新协调理事会平台优势，累计实施国家先行先试任务24项。

第二，全力打造与全球科研院所的合作创新平台，加快实现由制造驱动创新向创新驱动制造的转变。苏州科技创新之路的核心就是与大院大所的合作之路。在这方面的政策投入，苏州一直表现得极为慷慨，用大付出换得与牛津大学、清华大学等238所国内外高校院所的高质量合作。过去五年，苏州累计与大院大所实施产学研合作项目1.4万项，项目总经费超过300亿元。2020年底发布的大院大所科技合作政策升级版再次引发全球轰动，不少政策为全国首创。

第三，全力建设苏州工业园这艘创新的"航空母舰"。苏州工业园坚持"人才是第一资源，创新是第一动力"，以优质项目落地加速高层次人才集聚。通过实施"金鸡湖人才计划"，为优质项目提供启动资金、房租补贴、众创空间、贷款贴息、融资风险补偿、成果转化、上市奖励等全生命周期的政策支持等举措，打造接轨国际的优质人居环境和商务环境。苏州国际精英创业周活动每年可承接近1000个优质项目落地转化。至2020年底，已累计引进国家级科研院所13家，设立中外合作创新中心21家，启动建设材料科学姑苏实验室，并在波士顿、新加坡、以色列等地设立了一批海外离岸创新创业基地。

（三）高定位，内外联动打造开放合作强市

延续"园区经验"，苏州正努力当好长三角一体化发展的排头兵，建设"一带一路"核心节点城市和双循环枢纽城市，力争成为地缘优势更加突出的"头部城市"和新时代对外开放的"示范城市"。

第一，以同城化驱动沪苏产业同频同振。从2013年第一条跨省地铁，到现在每天近300趟列车，沪苏正以前所未有的速度实现同城化，帮助苏州成为上海产业溢出和创新合作的最优场域。虹桥—昆山—相城、嘉定—昆山—太仓等合作机制不断升级；中科院硅酸盐研究所苏州研究院、同济大学太仓高新技术研究院等一批大院大所建成投用；常熟引进了上汽捷氢燃料电池系统等核心项目，氢燃料电池产业快速发展。

第二，以最佳服务打造投资中国的首选地。开放是苏州发展的鲜明特质。在改革开放再出发新征程中，苏州千方百计使开放为一切工作赋能。"十三五"期间，苏州推出了一批极具吸引力的重大举措。特别是首创开放创新合作热力图，多层次推介苏州营商环境、投资政策和投资信息空间布局，为全球资本选择苏州、投资苏州提供透明、公平、便捷、稳定的预期和资讯。

第三，以国别（地区）合作提升县域经济动能。苏州县域经济之所以强，大多是因为外向型经济强，走在中新、中德、中日等国别合作前列。昆山已经成为大陆台商投资最密集、两岸经贸文化交流最频繁的地区之一，至2019年底累计批准台资项目5033个，总投资605.2亿美元；台湾前100名的制造企业有70多家在昆山投资设厂；地区生产总值的40%、工业总产值的50%、利用外资的60%、进出口总额的70%，都来自台资企业的贡献。太仓已集聚300多家德资企业和德中工商技术咨询服务公司、德国商会、史太白中心、德国中心等功能性机构，成为中国德资企业发展最好、密度最高的地区之一，被商务部、发展改革委等国家部委授予"中德企业合作基地""中德（太仓）创新合作城市"等荣誉称号。

（四）促融合，赓续文脉建设世界文化名城

当今世界，文化越来越成为城市凝聚力和创造力的重要源泉。如今的姑苏大地上，三千年吴文化底蕴与现代文明交相辉映，东方文化与西方文化交融共生，共同演绎出一幅融合古今、兼蓄中外的和谐发展画面，城市文明蔚然成风。

第一，在古今辉映中建设现代国际大都市。苏州与宁波一样，面临着保护

历史文化名城和建设现代都市的"悖论"。苏州通过强化顶层设计并积极向上对接争取，成功践行了"依托古城又跳出古城"的发展策略，先后在古城东西两侧开发建设了苏州高新区和苏州工业园，实现了经济发展、城市建设和古城保护的有机平衡。今天的古城依旧延续"小桥流水、粉墙黛瓦"的传统风貌，古典园林和苏式生活得到较好保护，文化新经济表现活跃。同时，古城又表现出强烈的国际范，国际性"大事件"烘托城市文化"大影响"，苏州交响乐团、芭蕾舞团和民族管弦乐团等搭建起国际交流的文化桥梁，在世界广泛传播"苏州声音"。苏州古城保护开发也因此荣获了"李光耀世界城市奖"。

第二，坚持物质文明和精神文明"两手抓两手硬"。"十一五"时期，苏州就制定出台了《提高市民文明素质行动计划》等促进物质文明和精神文明协调发展的"四大行动计划"。文明城市创建和公共文化服务体系建设更加注重以人为本，引导激发社会力量参与公共文化多元供给，精准对接城乡群众多样化文化需求，把文化"种"到群众的生活里。至2020年底，城乡"10分钟文化圈"全面建成，人均公共文化设施面积达到0.47平方米，全国领先。

第三，坚持文化软实力和文化产业硬实力并举，全面塑造"江南文化"品牌。2021年初苏州发布了《"江南文化"品牌塑造三年行动计划》和《关于实施文化产业倍增计划的意见》。前者着力提升文化软实力，部署了江南文化研究工程、江南文化遗存保护工程、弘扬江南特色文化平台建设工程、"江南文化"品牌宣传推广等10大工程200余个项目，旨在全面提升苏州在"江南文化"话语体系中的首位度和辐射力，奋力建设世界历史文化名城。后者重点提升文化产业硬实力，聚焦动漫游戏、影视、网络文化等细分行业，拓展创意设计、演艺娱乐、文旅融合、工艺美术、数字文化装备制造等重点领域，大力推进文化与科技、金融、体育、商贸、会展等相关产业融合发展，着力构建具有苏州文化特点和核心竞争力的现代文化产业体系，进一步巩固文化产业的国民经济支柱产业地位。

（五）守初心，精致开发驱动城市从容转型

苏州紧扣"现代国际大都市、美丽幸福新天堂"发展愿景，坚持把以人为本、可观可感作为"美丽苏州"建设的鲜明导向，让城市更有形态、有韵味、有温度、有质感。

第一，精准规划引领城市精明增长。精明增长是一种充分体现创新、协调、绿色、开放、共享发展思想的先进理念。苏州是较早引入精明增长理念的国内城市，紧紧抓住规划这一关键点，始终坚持无规划不开发，坚持一张蓝图绘到底，统筹历史文化保护、新城建设以及山水空间环境营造，构建生产空间集约高效、生活空间宜居适度、生态空间山清水秀、可持续发展的高品质国土空间格局。以金鸡湖沿岸为例，开发实景图与1994年设计师手绘规划效果图的相似度达到90%以上。

第二，因地制宜提升城市功能品质。苏州高度重视城市设计，注重对重点区域、重点地段的空间形态、高度体量、风貌特点、交通组织等的控制引导，注重留住特有的地域环境、文化特点、建筑风格，注重城市亮点和建筑精品的打造，"让城市留住记忆，让人们记住乡愁"。城市更新中更多使用渐进式、小规模更新，串联构建城市蓝道、绿道、紫道，运用文化创意等手段激活旧厂房、老公房等沉睡资产，打造网红打卡地。金鸡湖板块更是打造出苏州最大规模的城市综合体和开放式5A级旅游景区，高水平实现旅产城文的有机融合，成为唯一的国家商务旅游示范区。

第三，践行"两山理论"守住太湖之美。"苏州天堂之美，在于太湖美。"为守护太湖美，苏州一方面以环太湖国家旅游度假区和5A级景区为主体，将环太湖优质产品连点成面、穿珠成链，构建环太湖生态文旅带，打造出休闲度假兼观光旅游的创新旅游模式；另一方面将168.6平方千米陆域面积和116.4平方千米水域面积划定为苏州生态涵养发展实验区建设的主体范围，全力打造体现生态文明的"太湖典范"和国家绿色经济示范区、长三角休闲交往中心、中国外交会议重要基地，拱卫生态保护、产业发展和民生保障的和谐发展。

三、相关建议

相比上海、深圳，苏州和宁波跑在更为近似的发展轨道上。学习借鉴苏州的先进经验与有益做法，有助于解放思想、开拓思路；有助于发现问题，精准补短板；有助于培育发展新引擎，兑现后发优势。因此，要更加主动和深入地学习苏州经验，因地制宜推动高质量发展。

（一）学习苏州"三大法宝"，锤炼宁波精神，增强经济社会发展的定力与爆发力

苏州经验告诉我们，经济社会发展的重大成绩不是一蹴而就的，需要把握机遇、找准目标，坚持一张蓝图绘到底，一任接着一任干。苏州"三大法宝"

充分体现了上下一条心、拧成一条绳的团结精神，敢于争第一、勇于创第一的创造精神，吃苦不怕苦、处难不畏难的担当精神，敢为孺子牛、造福千万家的奉献精神，这些对于宁波未来发展非常适用。

要组织全体党员干部认真学习苏州"三大法宝"，同时发掘和宣传好宁波典型，锤炼"宁波精神"，持续鼓励和激励宁波人民不断攻坚克难，不断夺取胜利。

要加快集中财力办大事，落实《关于构建集中财力办大事财政政策体系的实施意见》，全面清理失效和不合理政策，提升市级统筹能力，根本性扭转"小马拉大车"格局。

要加快提升城市创新能级，努力把国家高新区建设成为世界一流高科技园区，把甬江科创大走廊打造成为全市共建共享的创新大平台，更加有力推进产业技术研究院建设和功能发挥，积极探索与国际化科研院所的开放合作机制。

要集聚更多优秀人才推动城市发展，从城市战略的高度谋划实施人口竞争力提升工程。持之以恒引育高端人才，深入实施"3315计划""泛3315计划"等人才工程；打响青年友好城品牌，强化教育引才；大力培育市场主体，繁荣新经济，用宜居宜业的良好环境引才；迭代实施人口更新，谋划实施百万劳动者技能学历提升培训工程；充分发挥企业人才开发的主体作用，让企业在人才"引育用留"上都能唱主角、担主责。

（二）优势产业和未来产业"两手抓两手硬"

一是聚焦发展关键突破产业，强化龙头引领。苏州选择4个先导产业和3个战略新兴产业作为发展重点。相比之下，宁波同时推进"246"万千亿级产业集群打造和"3433"服务业倍增发展，"摘桃子"的难度不言而喻。要聚焦选择关键突破产业，通过集中配置资源来建立政策比较优势，扶持龙头企业快速做大做强，为跨越式发展奠定要素基础。要更大力度打造全国制造业单项冠军之城，重点提升单项冠军企业和培育企业的自主创新能力、企业管理能力和数字化应用能力，推动单项冠军企业向技术冠军跨越升级。要加快推进城市产业大脑建设，深化数字赋能产业发展。

二是引进战略合作者共同攻坚未来产业。未来产业强，则城市兴；未来产业弱，则城市衰。苏州的一流产业集群就源于未来产业的培育。宁波必须把大力发展未来产业作为提升区域经济核心竞争力和可持续发展能力的重大战略来抓，积极实施优势引领策略，抓准抓狠创新环境、龙头企业、市场培育三大关键点，引育战略合作者共同打造具有全球竞争力的细分优势领域。

三是大力发展专业服务业。专业服务是指采用专业知识、技术、人才和专业的资源配置、组织管理方式，以满足客户特定专业需求的服务形态。结合宁波实际，重点发展服务政企联动、制造业生产组织方式创新、制造企业现代化转型的专业服务企业，服务港口和外贸功能提升、细分领域高阶需求、生产生活复合型需求的专业服务企业，以及服务科技成果转移转化、军民融合、未来产业发展的专业服务企业。

四是更好发挥园区平台作用。以苏州工业园为标杆，大力推进《宁波市开发区（园区）整合提升总体方案》落实落细，集中力量打造一批重点发展平台和高能级战略平台，构建形成"一盘棋"统筹运转的全市开发区（园区）体系。探索引入高水平市场化力量参与开发区（园区）运营管理，共同探索体制机制、要素资源统筹、综合治理、分类管控、"亩均论英雄"等方面改革。

（三）把握重大战略机遇，创新推进国际合作

一是持之以恒建设国内国际双循环枢纽之城。在联结国内国际双循环上，宁波较苏州等许多长三角城市有着显著的海港、空港硬件优势。要全力以赴将硬件上的优势转化为功能上的胜势，围绕全面提升港口"硬核力量"和航空枢纽辐射能级、巩固提升外贸出口份额、拓展国内市场、建设国家战略物资储备转运基地、建设国际消费城市、拓展海外产业链和供应链等分解目标，加快实施既定重大项目，发展更多新项目新业态新模式，积极争取国家重大改革试点和大宗商品交易平台功能突破。

二是创新探索与欧洲国家的国别合作。以高水平建设17＋1经贸合作示范区引领改革开放再出发，办好办活中国—中东欧国家博览会、中国—中东欧国家市长论坛，打造特色商品进口口岸和全国重要的中东欧商品集散地，争取高能级的中欧经贸合作平台落地宁波。深入挖掘县域经济潜能，纵深推进中意（宁波）生态园、北欧工业园、中瑞产业园等园区建设，有的放矢地引入更多国别产业园，支持建设境外经贸合作区、海外创新服务综合体、海外资源开发和加工基地等平台。

三是积极推动自贸区宁波片区政策创新。在推动既有项目落地落实的同时，更多借鉴苏州等自贸片区的有益做法。例如，持续发力打造"宁波最舒心"4S国际版营商服务品牌，全力争取油气、金融、电信、文教、医疗等重点领域的新兴贸易业态率先实现市场开放与发展，促进全球数字资源在宁波片区的聚合；

围绕重点产业全产业链，对关联度高的企业实施整体监管、全程保税、便利流转，通过叠加保税政策，降低企业运营成本；主动对标国际规则，积极引入沙盒监管、多领域实施包容免罚清单模式等制度创新。

（四）深度融入长三角一体化，提升区域合作质量

一是全力以赴建设宁波都市区。加快落实宁波都市区建设行动方案，深入实施大都市区标志性工程，积极推进甬舟、甬绍、甬台等一体化合作先行区建设。努力促成宁波都市区城市在汽车、化工、油气、海工装备、文旅等领域的合作，共同开展基础研究、建设"众车联"等产业平台、推动产业链强链补链。加快三门湾区域合作开发，共同打造生态友好型、滨海风情型、产城融合型的美丽港湾。

二是积极融入对接上海。学习苏州的态度与方法，深度对接上海"五个中心"建设，更好承接上海溢出带动效应，用好上海所具备的独特功能。全力推动沪甬合作协议，推动区域规划、空间规划和有关专项规划的一体谋划。高起点建设前湾沪浙合作发展区。重点强化产业对接，积极为上海精细化工、航空航天等重点产业提供配套，协同打造数字经济、航运、金融服务业高地，探索在城市中心区设立"上海服务"集聚区。加快与上海科教资源的嫁接融合，加强人才引进、培育、开发的互动，在科技成果转化贯通、重大科技平台共享等方面强化合作。

三是唱好"双城记"，加快推进杭绍甬一体化。借鉴苏通跨江融合经验，以同心同向的战略协同为统领，搭建杭甬高层级的常态化合作平台，推动决策协同、政策协同、利益协同和工作协同。可重点探索国家制造业高质量发展试验区和全国数字经济第一城协同打造工程、海港空港联建工程、科创共同体工程、全领域智慧城市联建工程、国际一流营商环境互鉴工程等突破型、示范型项目。

（五）引入精明增长理念，建设更具文化魅力的现代都市

一是提升城市规划和设计水平。聚焦"拥江揽湖滨海"空间战略，以资源环境综合承载能力和国土空间开发适宜性评价为前提，科学布局优化城市空间，优化"一主两副多节点"城镇空间布局，加强对空间复合利用及融合发展的相关指引，提升城市综合承载力。全面落实《宁波市城市设计导则》，以保护山水城市空间格局、保留港城气魄与江南水韵相互融合的风貌特色、提升城市宜居性为导向，强化对重点区域、重点地段的空间形态、高度体量、风貌特点、交

通组织等控制引导，提升空间立体性、平面协调性、风貌整体性、文脉延续性，构建出宁波现代化滨海大都市独特的地域环境、文化特点、建筑风格。

二是更高标准打造精品板块，实施渐进式老城更新。进一步厘清各大片区功能和建设重点，推进城市片区统筹开发和功能优化，提升三江核心滨水区、东部新城、南部商务区等重点区域城市功能，高起点推进宁波空铁新城、姚江新城、东钱湖等重点区块开发建设，增强城市重大片区和重要节点支撑服务功能。在精品板块的打造过程中，加强运营策划意识，进一步突出城市界面、地标性建筑和公共空间的打造，增强文化、休闲、商业、商务、居住等多元复合功能，通过产业聚合、科技赋能、文化触媒等方式，着力打造一批具有时尚活力的复合功能都心区。在老城更新中，更多采用渐进式、小规模更新，同步实施文化遗存保护修复、历史街区改造提升、景观完善等工程，激活沉睡资产，唤醒老城活力。

三是提炼城市文化主题，加强系统性营销。文化是城市的灵魂，苏州的文化软实力是最好的例证。必须把文化建设摆在全局工作的突出位置抓紧抓实抓好，充分兑现文化的社会、城市、要素和产业功能，真正把文化自信转变为发展自信，把深厚的文化积淀转化为强劲的发展动能。要把更好地传承和弘扬城市的文化基因作为提升宁波文化软实力的关键任务来抓，加强对宁波城市文化基因、发展理念、行为精神、视觉形象的整体提炼和营销策划，努力打造凝聚区域发展、社会认同度高的主题文化。抢抓机遇培育"文化共同体"，大力促进以文化理念、产品和服务为核心要素和关键纽带的文化市场主体聚合，打造文化产业新增长极。

冯　路

经济发展篇

碳达峰碳中和背景下宁波能源及产业发展研究

推进碳达峰、碳中和目标的实现，是推进高质量发展的内在要求。宁波作为临港工业发达、整体产业结构较重的制造业城市，亟待把握"十四五"这一碳达峰的关键窗口期。为此，课题组通过多领域调研、多视角综合，客观分析宁波碳排放现状、合理预判未来五年碳排放整体态势，并以此为基础，研究提出宁波能源及产业领域发展的战略方向和可行路径。

一、能耗与直接碳排放、总和碳排放的联系与区别

考虑到能耗与碳排放在日常工作中较易混淆，同时常见的直接碳排放概念不能全面反映各行业碳排放的实际比重，首先对能耗、直接碳排放、总和碳排放的概念进行阐释。概括来讲，能源活动[①]的直接碳排放是指煤、油、气等化石能源燃烧产生的二氧化碳，能耗是指各行业生产过程中净消耗的能源，包括化石能源燃烧消耗、化石能源作为原料的净消耗、电力热力消耗。

直接碳排放 = 化石能源燃烧产生的二氧化碳

能耗 = 化石能源净消耗（燃料、原料）+ 电力热力消耗

考虑到公用电力热力行业绝大部分碳排放是为其他行业提供电力热力所产生，为全面客观体现各行业在城市碳排放总量中的比例关系，本研究同时对各行业消耗电力热力的折算碳排放进行计算，加上该行业化石能源燃烧的直接碳排放，汇总形成总和碳排放。其中，电力热力碳排放折算系数根据通行做法，参照浙江省级电网排放因子（电力——5.01 吨二氧化碳/万千瓦时，热力——0.11 吨二氧化碳/百万千焦）。

---

① 由于宁波能源活动的碳排放量占能源活动、工业生产过程、农业活动和废弃物处理四类排放源排放总量的 95% 以上，所以本研究仅分析能源活动的碳排放。

公共电力热力行业总和碳排放＝化石能源燃烧直接碳排放－其他行业消耗电力热力折算碳排放

其他行业总和碳排放＝电力热力消耗折算碳排放＋化石能源燃烧直接碳排放

二、当前宁波碳排放的基本构成与各行业对比分析

根据直接碳排放数据、电力热力消耗数据和产值数据①，对各行业的碳排放总量、万元增加值（产值）碳排放进行比对和排序，并根据产值占比、排放占比等，明确各行业在产业结构中的地位及低碳、高碳属性。

（一）宁波碳排放的基本构成

2019年宁波市能源活动直接碳排放据推算约1亿吨（9858万吨），占比高的领域分别是：公用电力热力（58.5%），石油加工（12.1%），交通运输（7.1%），钢铁（6.5%）。此外，电力调入间接排放占2.1%（见图1）。

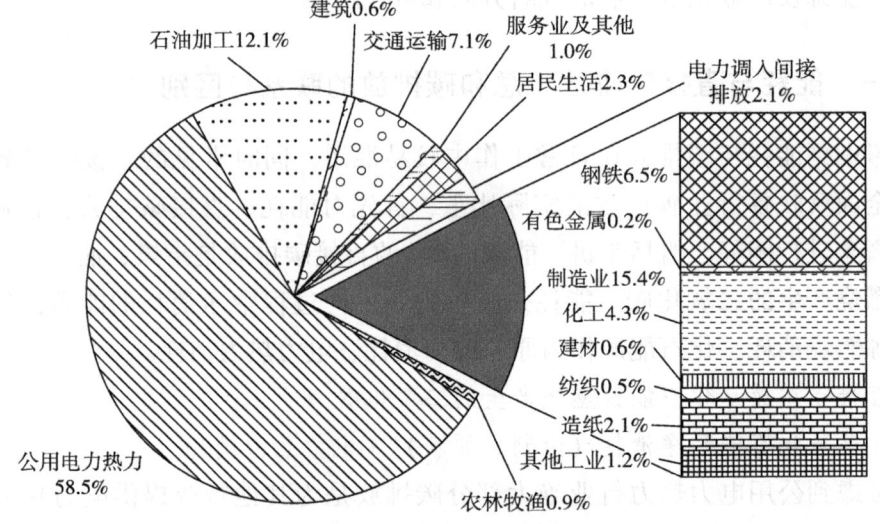

图1　2019年宁波市直接碳排放结构

按总和碳排放口径计算，化工（18.2%）、石油加工（17.4%）、其他工业（15.0%）、钢铁（7.7%）、交通运输（7.5%）比重较高（见图2、图3）。由于宁波火电比重明显高于全省，单位发电量产生的碳排放量（近7吨/万千瓦时）远超全省平均值（5.01吨/万千瓦时），而其他行业是以省级电网因子进行

---

① 本研究中各行业直接碳排放量数据来自于宁波市发展规划研究院，与市生态环保局测算数值略有不同，但各部分比例接近，其余基础数据来自于统计部门、电力部门等行业主管部门。

公用电力热力消耗折算,导致其折算排放量低于按宁波区域电网因子折算的数值,也造成公用电力热力行业扣除的折算碳排放偏低,其总和碳排放占比仍有7.9%。

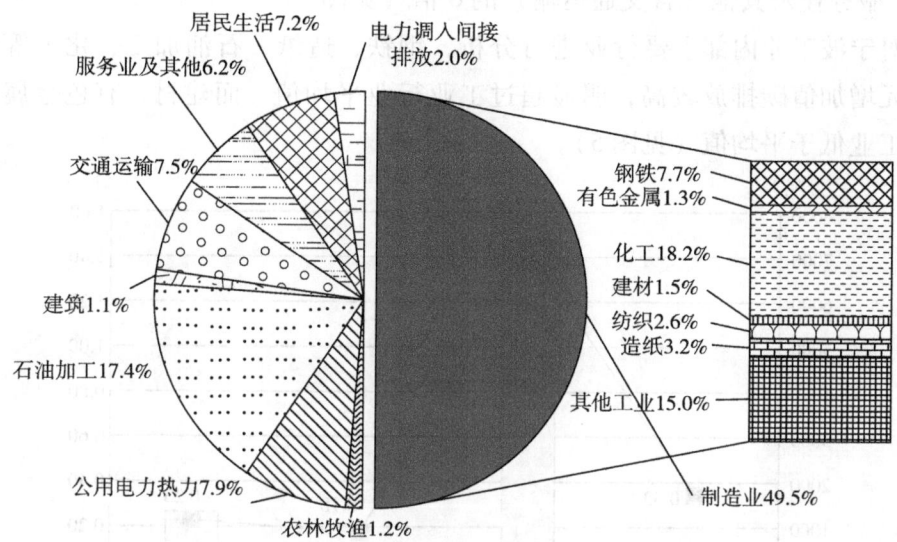

图2 2019年宁波市总和碳排放结构

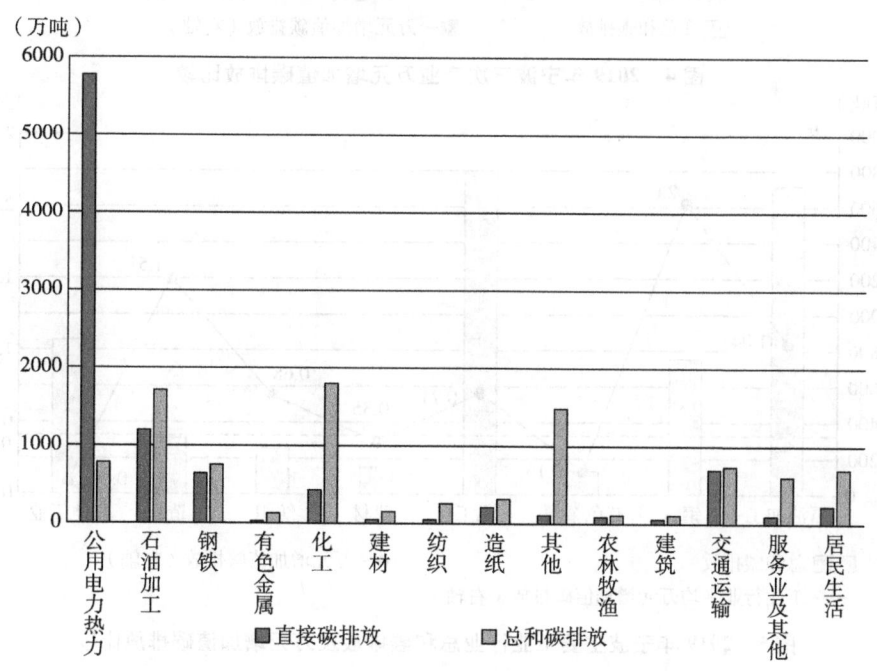

图3 2019年宁波各领域直接碳排放与总和碳排放比较

(二) 主要行业万元增加值（产值）碳排放分析

对宁波三次产业进行分析，万元增加值碳排放[①]工业最高，超过农林牧渔的4倍、服务业及其他（含交通运输）的6倍（见图4）。

对宁波工业内部主要行业进行分析，钢铁、造纸、石油加工、化工等行业的万元增加值碳排放较高，明显超过工业行业平均值，而建材、有色金属以及其他工业低于平均值（见图5）。

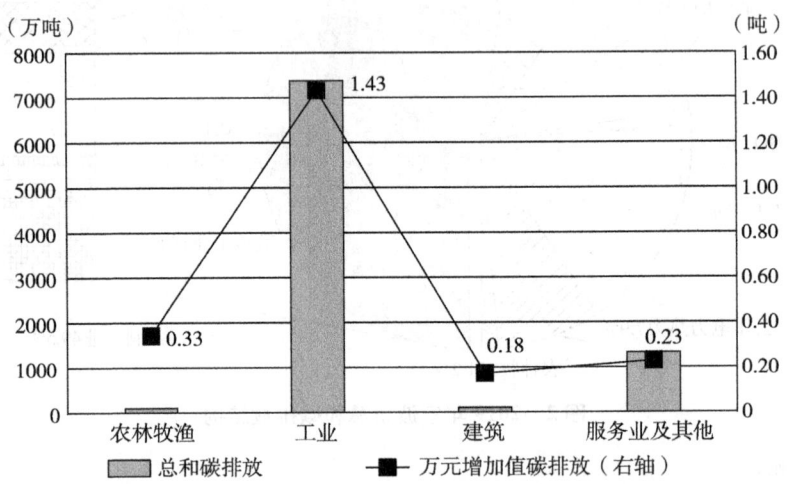

图4 2019年宁波三次产业万元增加值碳排放比较

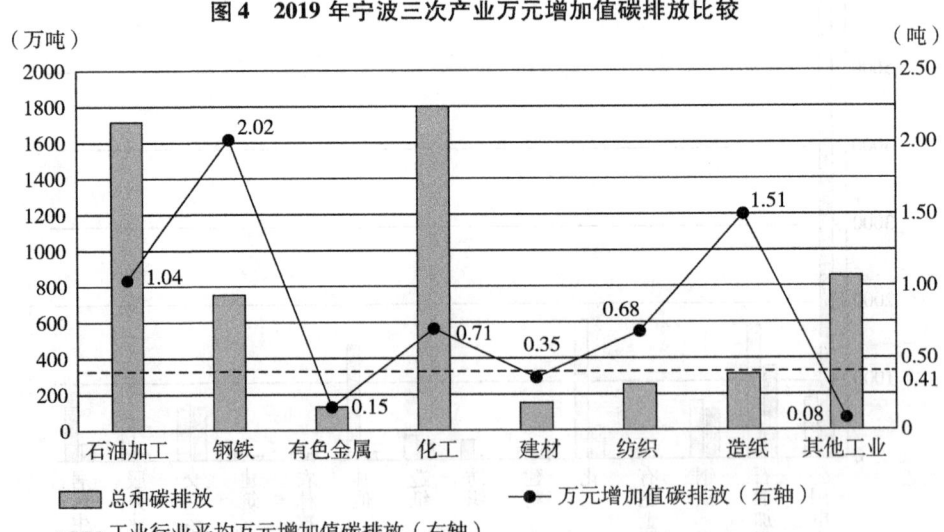

图5 2019年宁波主要工业行业总和碳排放及万元增加值碳排放比较

---

① 根据总和碳排放口径计算，本节下同。

对宁波其他工业中的高耗电行业（用电量超过10亿千瓦时）进行分析，金属制品业的万元增加值碳排放最高，超过工业行业平均值，而汽车制造业万元增加值碳排放最低（见图6）。

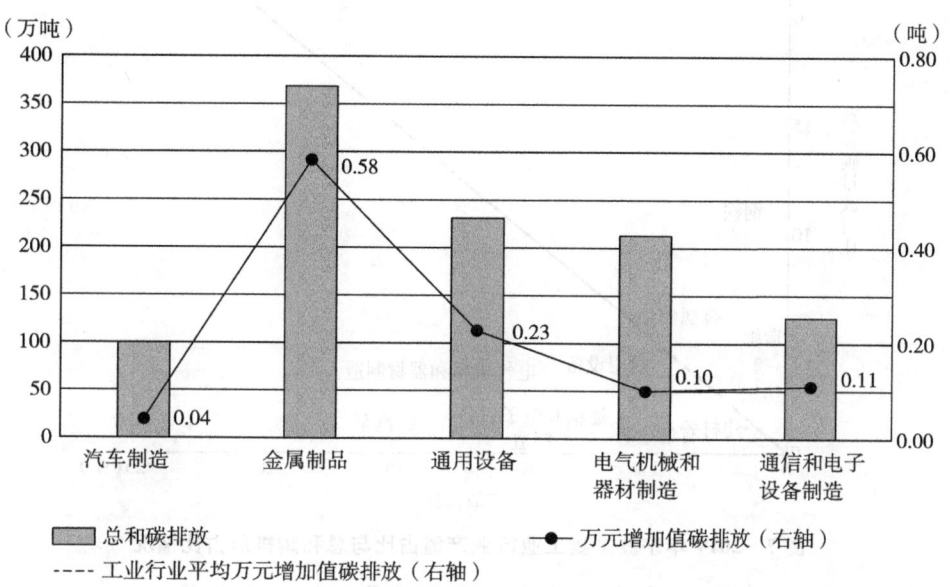

图6 2019年宁波部分高耗电行业总和碳排放及万元增加值碳排放比较

（三）主要工业行业碳排放产值贡献系数分析

对主要工业行业的碳排放产值贡献系数（总和碳排放占比除以产值占比）进行分析，化工、石油加工等行业产值占比较高且系数超过1.5，钢铁、造纸产值占比一般且系数超过3，汽车、电气机械和器材制造、通信和电子设备制造等产值占比较高且系数低于0.5（见图7）。由此可见，化工、石油加工属于产业地位重要的高碳行业，钢铁、造纸属于产业地位一般的高碳工业，汽车、电气机械和器材制造、通信和电子设备制造等属于产业规模较大的低碳工业。

三、"十四五"末宁波碳排放总量估算及减排路径

由于截至本文完成时省定目标尚未下达，根据初步推算，"十四五"末宁波碳排放总量将比预定目标超出960万～2260万吨，需及时调整能源及产业发展战略方能实现减排目标。

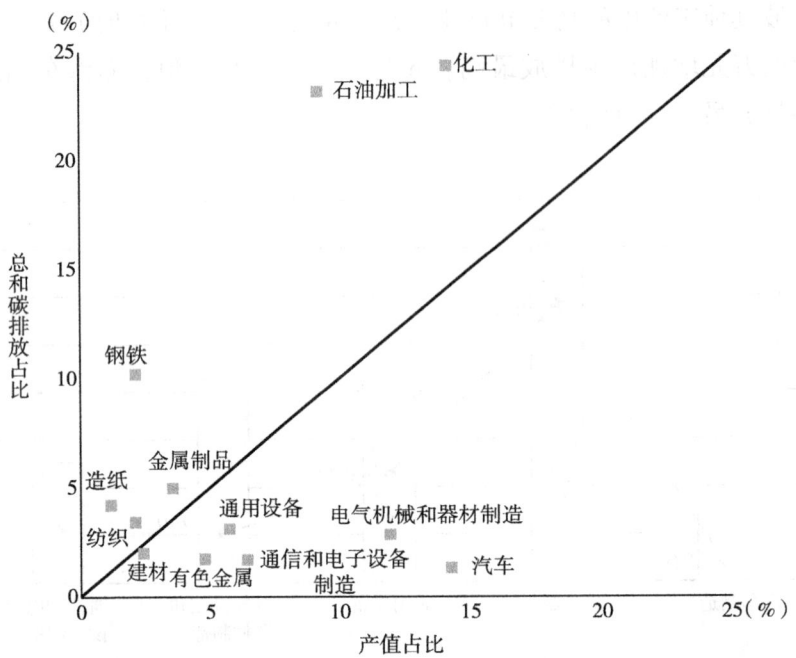

图 7　2019 年宁波主要工业行业产值占比与总和碳排放占比情况

（一）"十四五"末宁波碳排放强度及总量目标初步推算

国家"十四五"规划纲要提出，2025 年单位国内生产总值碳排放要比 2020 年降低 18%。按照年均下降速度不变推算，2025 年碳排放强度应比 2019 年下降约 21%。2019 年宁波碳排放强度约为 0.87 吨/万元，"十二五""十三五"期间宁波碳排放强度下降目标幅度均超过全省、全国[①]，"十四五"按照全国目标任务计算，2025 年宁波碳排放强度应为 0.68 吨/万元。若以 1.7 万亿元地区生产总值计算，能源活动碳排放总量上限约为 1.10 亿吨（按能源活动碳排放占地区总排放量的 95% 计算）；若以 1.9 万亿元地区生产总值计算，能源活动碳排放总量上限则为 1.23 亿吨。

（二）"十四五"末宁波碳排放总量及构成测算

据电力部门规划，"十四五"末宁波区域发电量预计达 1070 亿千瓦时、可再生能源发电量占比达到 15.6%，结合相关部门对石油加工、化工、钢铁、造纸等行业产值及货运量、客运量、常住人口数值的预测，预估 2025 年宁波能源

---

① "十二五""十三五"规划宁波碳排放强度下降目标分别为 20%、23%，全国为 17%、18%，浙江省为 19%、20.5%。

活动碳排放为13259万吨,比2019年增长3400万吨,与上述根据碳排放强度推算得出的2025年排放总量上限相比,多出960万~2260万吨。

将公用电力热力行业的直接碳排放增幅按2019年用电用热比例情况折算至各领域,加上2019年各领域折算碳排放及2025年直接碳排放,汇总可得各领域2025年总和碳排放情况(见图8)。

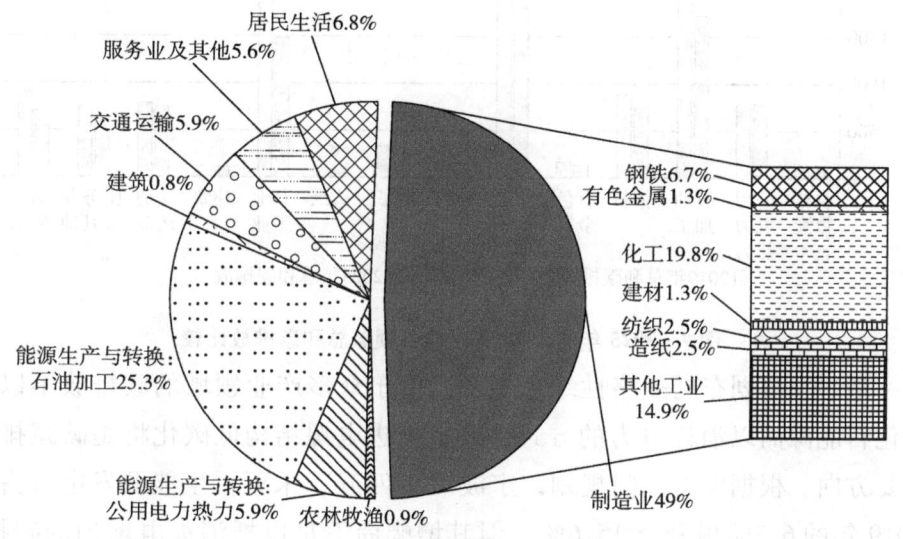

图8 2025年宁波总和碳排放结构(预测)

对比2019年及2025年总和碳排放,石油加工、化工、其他工业、居民生活等领域显著增长(见图9),其中石油加工、化工主要因产值增长较多,"十四五"期间有众多大项目上马,居民生活、其他工业等用电量增加较为显著,导致碳排放有所增长。2025年(预测)和2019年宁波各领域直接碳排放见附表。

(三)未来宁波能源及产业低碳发展策略

按目前"十四五"规划相关领域的减排举措力度,宁波难以完成减排任务,完成"十五五"目标任务的难度更大,因此,必须谋划推进碳减排的大手笔、大举措。由于这些大手笔、大举措需要一个较长期的酝酿、落地、建设、见效过程,因而必须提前谋划布局"十四五"期间的减排举措。一方面要缩小排放规模,尽早布局绿色电源,逐步推进能源生产低碳化、能源消费电力化,加快高碳行业节能减碳;另一方面要做大经济总量,全力推动先进制造、现代服务业等低碳产业不断壮大。

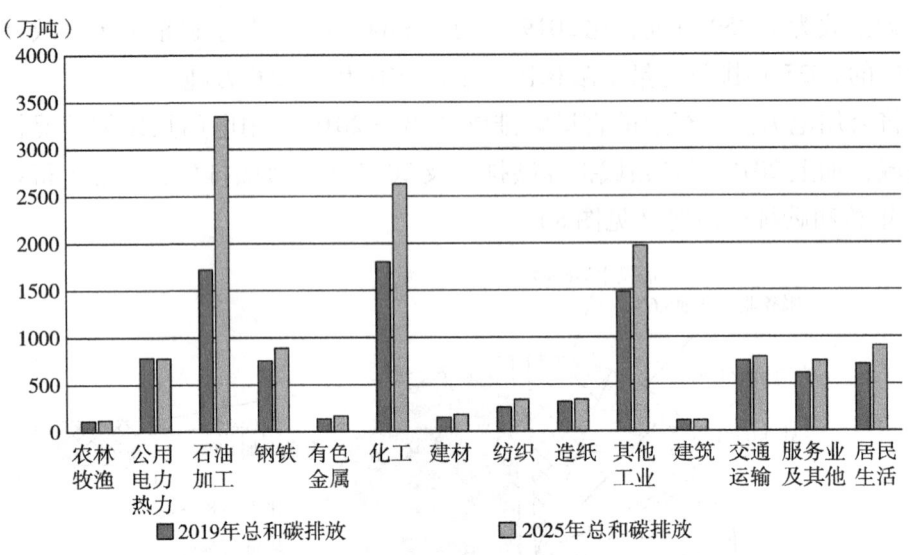

图 9　2025 年与 2019 年宁波各领域总和碳排放比较

一是尽早谋划布局战略性绿色电源。由于众多产业领域的碳排放不以直接燃烧化石能源而以消耗电力的方式体现，推进电源结构低碳化将是碳减排工作的重要方向。根据电力部门规划，宁波"十四五"末可再生能源发电量占比将从 2019 年的 6.3% 提升至 15.6%，但其增幅尚不足以抵消火电增加的碳排放，而火电燃烧效率难有较大提升，2019 年宁波省属统调电厂供电标准煤耗为 296.6 克/千瓦时，低于全国平均 10.4 克/千瓦时，已处于世界领先水平。因此，在持续支持可再生能源发展的基础上，重点考虑争取外来绿电配额，并积极探索推进核电建设。

二是全方位确立现代服务业的战略地位。现代服务业排放、能耗较低而效益较高，2019 年宁波服务业增加值与工业相当，而能源消费量仅为二产的 21%、碳排放强度不到工业的 1/6，是典型的绿色产业、生态经济。宁波人均地区生产总值已达 2 万美元，正处于服务消费快速发展阶段；同时，2019 年宁波服务业增加值占比仅为 49%，低于同类城市和全国、全省平均水平，具有较强发展潜力。此外，金融保险、研发设计、航运物流、人力资源等生产性服务业对制造业的发展具有重要支撑作用，"两业"的深度融合正催生出众多新产业、新业态、新模式。因此，要将服务业提升至与制造业同等重视的高度，实现制造业、服务业双轮驱动，支撑地区经济总量迈上新台阶。

三是下决心推进先进制造业跨越式发展。汽车制造、高端装备、电子信息等排放少、强度低、产值高，是碳达峰碳中和背景下宁波工业发展的关键领域和发展重点，要下决心汇聚多种力量、协调多方主体、倾斜多种资源，在较长一段时期内给予其跨越式发展所需的稳定支持和充分保障。石油加工、化工等虽排放总量较大、强度较高，但在国家战略及宁波产业结构中具有基础地位，应在推动节能提效的同时，全力保障产业发展所需的排放指标。钢铁、造纸不属于宁波重点发展产业，且排放强度显著超过工业平均，应予以强化减排和产能控制。

四、碳达峰碳中和背景下宁波能源领域发展路径

一方面，推进电源结构低碳化，积极争取特高压线路落地宁波，推进核电建设，增加可再生能源占比；另一方面，推进电力供应弹性化，提升储能容量，更好发挥可再生能源作用、提高整体用电效率。

一是全力争取特高压受电端落地宁波。争取在宁波落地特高压输电线路，努力扩大外购电份额，可考虑将青海、云南、四川等在建大型光伏、水电站作为潜在电源点。

二是积极探索推进核电建设方案。近期应加快推动方案谋划和选址论证，并提前做好配套产业布局。

三是持续支持风、光、水等可再生能源产业的发展。全力确保完成"十四五"规划确定的可再生能源发电目标，对规划确定且具备建设条件的光伏、风能、生物质能和小水电等发电项目加快推进。结合新一轮国土空间规划，充分摸底适宜布局新能源发电设施的资源条件，科学评估宁波相关领域发展潜力。

四是继续推动火电减排。争取在电力充裕的情况下，减少在甬省统调火电厂发电小时数，同时采取多种措施推动地方火电厂减少碳排放。

五是加快推进电力系统数字化，提高电力供应弹性。加大对配电系统的投入，改变重输轻配的现象，保持输配平衡。打造一体化云平台、数据中台，建设能源大数据中心，实现电网运行大数据之间的有效联动，灵活调节供用电平衡。加强用户侧供用电智能化、数字化改革，建设改造智能园区、智能社区、智能小区、智能商业综合体，配合全网系统性峰谷调控。

六是加快构建储能系统，有效应对可再生能源并网发电带来的不稳定性。进一步鼓励氢能产业化发展，在大中型风光发电站附近鼓励布局制氢设施。全面开展市域范围内抽水蓄能电站选址排摸，适时推进前期工作，为外电调配和

核电站建设做好储能准备。推进电池梯次利用、飞轮储能等移动式、小容量储能技术研究和应用,为电力灵活调节和精确控制提供保障。

五、碳达峰碳中和背景下宁波工业领域发展路径

立足各行业实际,以增强低碳产业动能、确保基础产业用能、压减高碳产业产能为原则,推动工业领域加快低碳化进程。

一是支持汽车制造业把握转型先机。重点支持本土整车厂加快向新能源切换,鼓励零部件企业打入新能源汽车供应链,大力招引行业巨头及具有话语权、控制权的"隐形冠军",不断夯实产业链基础,牢牢把握新形势下汽车行业转型先机。

二是继续做大做强低碳工业。继续支持高端装备、智能家电、电子信息制造、生物医药等排放少、电耗低、附加值高的先进制造业发展,扎实做好本土企业培育,精准开展招商引资,持续做大低碳工业规模,降低工业整体排放强度。

三是加快壮大减排降碳相关产业。开展减排降碳产业前瞻布局,加快引进或培育拥有碳捕集、碳封存等减排、中和技术的企业,鼓励在火电、石化、钢铁等行业开展技术应用。有效支持光伏、风能产业链发展,引导行业龙头企业和技术领先企业持续开展技术创新、加大产能投资、扩大生产规模。

四是确保石化产业增量提效。在宁波总体指标分解中留足石化产业排放额度,并积极向上争取重大项目指标单列,确保其在碳达峰背景下增量扩容。引导企业开展进一步技术改造,强化提升系统能效,充分挖掘内部低碳转型空间。

五是着力压减钢铁、造纸行业排放。强化产能压减,从严控制新增产能,加快工艺改造,提高原料、能源利用效率,必要时可考虑阶段性暂停生产运行。

六是大力开展电镀、铸造等金属制品业优化整治。电镀、铸造等金属制品业虽直接碳排放不多,但电力消耗较大,总和排放强度显著超过工业平均水平。应做好合理统一布局,变分散排放、分散处理为集中排放、集中治理,以提升能源利用效率、腾出用能用电空间。

六、碳达峰碳中和背景下宁波现代服务业发展路径

将现代服务业作为绿色低碳发展的重要引擎,切实以要素、政策支持推动

现代服务业加快发展，通过强化空间集聚、引育区域总部、激发新兴业态、加速"两业"融合等方式，不断壮大经济规模、持续优化经济结构。

一是推动产业集中布局和差异化发展。以本轮国土空间规划调整为契机，统筹布局、有效保障服务业发展空间，强化完善以三江口、东部新城、南部商务区、甬江科创大走廊等为核心的空间体系，通过规划、金融、市场等手段，加快集聚金融保险、商贸流通、信息科技、设计研发、法律服务、管理咨询等产业，充分激发服务业规模集群效应。引导各区域差异化发展，立足各自产业基础和资源禀赋，择优培育3~5个重点产业，形成区域特色优势。

二是加快区域总部引育。拿出更多真金白银支持总部基地建设，全力引进知名外企、骨干央企、龙头民企在甬设立区域总部或分支机构，鼓励本地大中型企业通过资本运营、战略合作和企业重组等途径向区域性总部转型。

三是激励新业态新模式发展。推动宁波企业或外地企业在甬开展各类商业模式、产业形态创新应用。对在宁波市域范围内注册登记、率先在甬开展新业态新模式探索且业务规模在一定金额以上的服务业企业，予以政策扶持。对在共享经济、在线经济、产业融合等领域形成一定影响力、规模位居国内同类企业前列的准独角兽企业，采取"一事一议"方式给予更大力度支持。支持节能减碳服务行业发展，积极培育一批合同能源管理、节能低碳认证、碳排放核查等第三方机构。

四是加速现代服务业与先进制造业深度融合。引导制造业企业向产业链两端延伸，加强创意设计、技术研发、营销服务等环节，提高产品的技术含量和附加值。推进新技术、新理念、新管理方法渗透融合到研发、制造、流通、售后、回收等生命周期全过程，提升每个环节的现代化水平和竞争力。强化供应链集成创新，推动生产制造企业向平台型、系统集成型企业转型，培育一批整体解决方案供应商和服务商。

七、保障措施

在碳达峰碳中和背景下低碳发展将成为长期策略，宁波应及早在指标争取、政策导向、人才培养、统计核算等方面进行调整和努力，为能源和产业领域的加快转型提供可靠保障。

一是积极争取排放指标。积极向国家及省级相关部门争取，恳请相关部门考虑到宁波省统调火电厂多、重大石化项目多的现实情况，考虑到宁波为全省、全国发展作出的巨大贡献和承担的重要责任，在碳排放总量指标上为宁波留出弹性空间，并为国家重大产业项目单列指标。

二是加快调整政策导向。顺应低碳发展大势，及时调整产业政策体系，重新审核企业奖补条款，对可再生能源发电、储能设施建设、高碳产业减排改造等予以明确鼓励，对先进制造、现代服务业等低碳产业加大扶持力度，对若干产值较高但不符合低碳发展要求的企业加快退出进度。设立重点行业投资碳排放门槛，探索产业项目碳排放备案审查制度。

三是逐步搭建人才队伍。推动在相关政府部门、重点企业内部开展系统培训，引导行政管理人员及从业者准确把握碳达峰碳中和背景下地区及企业发展方向，提高对碳减排工作重要性的认识。鼓励高校、研究院所开展定向研究和人才培养，为全社会向低碳化转型提供人才和智力支撑。

四是抓紧完善统计核算。参照能耗统计，将碳排放基础统计数据纳入政府统计指标体系。建立完善各层级、各领域及重点企业碳排放统计及核算体系，为碳减排工作及相关决策提供科学依据，并以简便易懂的方式向社会公开。统计数值除包括直接碳排放外，还应包括电力消耗带来的间接碳排放。

黄建华　陈　浩　何介强　韦风涛　杜铁奇　张　磊

附表　2025年（预估）和2019年宁波各领域直接碳排放对比　　　　单位：万吨

部门	2025年直接碳排放	2019年直接碳排放	2025年相比2019年变化幅度	2025年直接碳排放推算方法
农林牧渔*	88	91	-3	—
工业	12103	8475	3628	—
公用电力热力	7512	5762	1750	电力部门预测发电量1070亿千瓦时，其中可再生能源发电量占15.6%，火电碳强度按2015—2019年年均增速推算
石油加工	2651	1195	1456	行业产值2025年预估3945亿元、碳强度按2015—2019年年均增速推算
钢铁	729	641	88	行业产值2025年预估369亿元、碳强度按2015—2019年年均增速推算
有色金属*	19	20	-1	
化工	769	425	344	行业产值2025年预估6055亿元、碳强度按2015—2019年年均增速推算
建材*	49	56	-7	
纺织*	54	49	5	
造纸	192	211	-19	行业产值2025年预估300亿元、碳强度按2015—2019年年均增速推算
其他工业*	128	115	13	
建筑*	42	62	-20	
交通运输	719	699	20	货运量预估77030万吨、客运量10887万人，货运及客运碳强度不变
服务业及其他*	52	97	-45	
居民生活	255	232	23	常住人口预估1000万，人均碳排放按2015—2019年年均增速推算
电力调出（入）	0	204	-204	电力部门预测2025年无电力调出调入量
合计	13259	9859	3400	

注：标*的均按2015—2019年行业碳排放年均增速推算。

宁波适应城市发展新特征对策研究

"十四五"时期，我国已开启全面建设社会主义现代化国家的新征程，迈入新阶段，城市回归满足人民美好生活的人本尺度上，城市功能复合化、形态美颜化态势充分显现，城市化建设成为创新要素集聚的主要牵引，城市治理也将更有包容性、灵敏性。想实现新目标，则在城市竞争方面要求有更"硬核"的技术底牌、更融通的经济业态、更有效的区域分工。世界正经历百年未有之大变局，叠加疫情深远影响，全球化与区域化、平行化相互伴随，城市发展需要立足更稳健的内需大市场，外向型经济必须向以制度创新为核心的开放型经济升级。放眼全局，宁波必须识变、应变、求变，憧憬未来、把握窗口、充分准备，以明天的愿景投射今天的部署，以管理未来的理念安排当下的行动。

一、城市新功能：从生产导向转向生活导向

工业化早期城市功能优先服从生产需要，城市空间呈现"摊大饼式"的向外扩展特征，市民生活由穿插在工作、休憩、交通、居住等功能分区中的片段组成，职住失衡、城市病严重，市民附属于生产活动。随着产业革命、信息革命的深入推进，城市回归作为创新集聚、知识分享、社会交往、文明传承的容器的本质上。城市功能将优先服从美好生活需要，城市服务功能更加呼应民生需求、城市生产功能驱动空间兼容重组、城市创新功能搭建人才舞台、城市市场功能紧密市民社交、城市文化功能重塑区域个性，城市生态功能赋能发展方式转型。总之，人是城市的主体，要做好服务人、陶冶人、塑造人的文章，为创意创新提供基础条件，通过要素集聚和产业复合为市场主体创造价值增长空间，实现城市和产业可持续发展的良性循环。

为此，建议宁波实施城市复兴行动，提升城市综合承载能力。一是加快空间战略重组。明确城市发展核心、中心、副中心、组团节点、生态廊道和主体

功能区，确定重点区块建设时序，推动土地、能耗等指标向重点区域倾斜，实现产业、人口、土地协调耦合。确立城市向心紧凑发展的规划建设统筹机制，重点推动东部新城和南部商务区、甬江两岸、姚江两岸融合发展，可考虑构建姚江—甬江东西拓展、世纪大道南北延伸的粗十字或井字形城市核心绵延带，提升经济密度。二是加快补齐重大服务功能。立足人的全生命周期服务需求，建立面向全年龄段、全人群、全要素的教育、医疗、文化、体育、社会保障等公共服务供给体系。建设一批安居房、产业工人公寓、托育机构、中小学校、青少年宫、职工健身场馆、医院、为老综合服务体、公共停车场、新能源加能点等设施。考虑实施"教育综合体"计划，在城市枢纽地段谋划打造3～18周岁一站式教育服务城，全面满足常住人口对优质教育的需求。建设海洋水族馆、科技体验馆、亲水公园等休憩文化设施。在东部新城植入休闲、商业、民生设施，推动都市区核心区功能复合化。三是加快激活城市创新功能。围绕人才宜居宜业的全环节需要，重点在甬江两岸建设中央智力区，推动经济、公共、文化、生态、居住五大空间融合，布局孵化创意、护航创新的知识型社区。集中力量建设甬江科创大走廊，力争新引进、新建国内外高校办学点，汇聚国内外顶尖科研机构，建设领先的科学实验室、技术创新中心。积极转化月湖、东钱湖的生态人文资源，加快全球高端要素链接，建设环湖创新带、环湖时尚商圈。

二、城市新形态：从美化运动转向美学聚变

工业化中后期，诸多城市为应对急剧扩张造成的人口膨胀、城中村破旧、交通拥堵、绿化匮乏等问题，纷纷开展了以城市立面整治、拆旧建新、景观改造、亮化工程为主要形式的美化运动，客观上提升了城市的形象品质，但也带来部分地区资源浪费、特色湮灭、华而不实、千城一面等问题。反思弊端后，人们开始重唤城市人文精神回归，把城市美化运动升级为城市美学聚变，更加注重城市场景美学和城市功能的统一，更加注重城市资源禀赋的艺术转化，更加注重市民在城市审美中的深度参与，更加注重美学塑造与创新要素集聚的联动，更加注重城市形态塑造对城市发展逻辑的重塑，向市民灌注"恋地情结"。可以说，审美取向的日益彰显是一座城市向更高层级进化、生长的体现。

为此，建议宁波实施"诗意四明"行动，加快打造可行、可望、可游、可居的"现代富春山居图"、诗意栖居地。一是大尺度凸显城市绿色背景。实施抱山、揽湖、通海工程，建立中心城区通往四明山、福泉山、东钱湖、九龙湖、

梅山新城、象山港的快速路、高速路、轨道交通连接路径，让自然生态资源成为市民生活的后花园。科学划定生态带，围绕核心区布局公园、湿地、绿道，对城市主轴线、江塘水系实施景城融合，对重点景观地段实施交通下穿工程，让绿色成为美丽宁波的底色。二是高标准启动浙东唐诗之路建设。以唐诗之路建设为牵引，系统整理宁波的诗词文化、山水文化、佛道文化和名人文化，建设和提升一批文化特色小镇、文化名山景区、文化遗址公园，恢复和修缮一批古村落、古渡口、古驿站，以诗路为主轴串联全市主要旅游资源，做大做强文旅产业。三是精细化实施城乡更新。对老旧厂房、城市设施、街区街坊和近郊乡村实施微更新，通过融入文化、艺术、时尚、设计、商业、共享元素激活城市文脉底蕴、生态意境和烟火趣味。创新土地二次开发政策，制定都市工业指导目录，变更多"工业锈带"为"生活秀带""发展绣带"。四是实施城市构筑物艺术塑造。在与城市自然景观有机统一的基础上，把握好构筑物的规模、密度、轮廓、天际、比例、轴线、色调、动态等诸要素。试行土地带设计挂牌出让，建设一批承载未来社区的第四代建筑，让建筑为城市代言。增设一批融入环境的城市家具，精雕细琢公共空间，提供更多"有意思"的"点景画"。

三、城市新动力：从投资拉动转向消费驱动

2020年中央经济工作会议强调，要注重需求侧管理，意味着要更好发挥消费在国民经济中的压舱石作用，不再以高杠杆、居民内部转移财富的方式刺激经济增长，要从过去出口/投资—创收—消费的经济循环转向消费—培育创新—培育新企业—创造新产品—对外输出的新循环。2019年，全国消费、投资、净出口对GDP的贡献率调整为57.8%、31.2%、11%；分别拉动GDP增长3.5个、1.9个、0.7个百分点，宁波消费、投资、净出口贡献率约各占4成、5成、1成。总之，在高质量发展阶段，我国将步入以国内消费需求为主导的内生型增长模式。

为此，建议宁波实施内需拓市行动，推进经济发展融入国内大循环。一是发展青年经济。要重点围绕吸引青年人群实施更加积极的人口政策，建设"青年友好型"城市。在城市经济社会发展的全领域和全过程充分有效地考虑到青年人的视角、利益和需求，为青年人提供更实质的公共服务，提高城市对青年人的吸纳力和青年人对城市的创造力，培育城市本土消费潜力。二是发展流量经济。流量是新零售和新制造的核心资源，要培育一批C2M由用户反向驱动的

制造业企业，把电商直播办进工厂，提升产品适销能力和敏捷制造能力。支持电商平台规范创新发展，力争在服务业电商、农村电商、跨境电商等领域培育2～3家有重要影响的综合性消费平台龙头，推进进口商品直播、跨境直播，提升流量捕获能力。三是发展美学经济。充分运用"美学+消费"理念，提升消费地标引客蓄客效果。加快老外滩、南塘老街、鄞州水街等国家级、省级特色街区建设，依托和义大道、文创港、韩岭等街区培育一批时尚经济、首店经济，加强城市形象营销、城市旅游资源整合和服务质量标准化建设，吸引更多游客来甬旅游打卡消费。四是发展国货经济。紧抓近年来国货新潮机遇，遵循产业时尚化、时尚产业化的路径，强化创新、创意、设计、品牌的支撑力度，引导更多出口企业实施品牌自主计划，制定执行最严格质量标准，谋划打造宁波制造"地理标志"，提高消费者价值认同。淡化内外贸扶持政策界限，激励宁波企业开拓国内市场。五是发展服务经济。注重需求侧管理，加快释放服务型消费需求，改善消费结构，增强消费可持续性。推动宁波企业延伸产品价值链条，从卖商品到卖服务、从出门消费到上门服务、从价格战到价值战转变。借鉴浦东"一业一证"经验，加快服务业监管制度改革，率先探索服务业品质标准化，降低服务消费门槛，打响宁波服务品牌，推动教育、培训、健康、体育、文化、家政、低碳消费繁荣发展，更好发挥消费对城市功能完善、发展潜力培育的正向作用。

四、城市新赛道：从模仿集成转向"硬核"引领

发展硬科技、黑科技是国家科技自主、发展自主、打破科技霸权的硬道理，也是城市塑造竞合新优势的关键赛道。硬科技是指能代表世界科技发展最先进水平，对经济社会发展具有重大支撑作用或归零效应的关键核心技术。党的十九届五中全会提出要坚持创新在现代化建设全局中的核心地位，提出要支持企业牵头组建创新联合体，发挥大企业的引领支撑作用，支持创新型中小微企业成长为创新重要发源地。每一家企业都是城市中自带流量、集聚资源的发展平台，"硬核"科技城市往往是由尖端企业构筑起来的。

为此，建议宁波实施"产业针尖"行动，发展一批面向未来、解决国家战略需求、抢占产业制高点的尖端企业。一是加强力度扶持骨干企业。重点企业遴选要从重规模转向重效益、重成长、重潜力，出台哪吒企业、瞪羚企业、独角兽企业、高新技术企业梯队培育办法，科技、人才、土地、资金向重点企业

倾斜。实施城市伙伴计划，大力引进头部企业，给予更充分、更灵活的用地保障，依托头部企业构建区域性供应链。引导单项冠军企业向深度创新、进口替代进军，在高档数控机床、高档仪器装备、高端医疗设备、科研仪器、柔性电子、深海深空材料、工业气体材料、特殊产品用材、氢能利用、碳捕获等领域承担创新使命，培育若干家国家企业。二是加快进度建设尖端平台。加快推进甬江实验室建设，激活甬江科创大走廊创新极核功能。全球招聘国家实验室主任，为国内外首席科学家提供专业实验室定制服务。建立国家实验室科技创新券项目，促进国家实验室对全市中小型企业开放。三是加大力度推进军民融合。要加强与军工集团的战略合作，创新军民融合体制机制，滚动编制项目需求，打造军民两用技术对接常态化平台，力争更多军工技术在宁波转化，考虑在宁波谋划商业航天产业基地。四是加深厚度优化产业政策。加快建立更科学合理的产业政策，推动财政政策更多转向公共职能，通过优化基础设施、城市功能和营商环境增加产业政策的普惠面。限定产业补贴的适用范围、时间跨度、补贴力度、退出条件，减少政策刺激下的产能过剩现象。增强产业补贴对财政基金的反哺要求，提升产业补贴基金的可持续运营能力。完善企业减免优惠政策评估机制、违约赔偿机制和造假处罚机制，把产业补贴真正用到那些有创业能力和辐射能力的企业身上，建立更符合优胜劣汰竞争规律的公平政策体系。

五、城市新经济：从三产经济转向三维经济

产业融合是现代产业体系建设的重要特征和趋势。随着信息技术变革与模块化分工的扩散，工业和农业现代化加速推进，服务业与制造业、农业等加速融合，三次产业间和产业内部的界限更加模糊，三次产业体系开始让位于三维产业形态。三维产业是以信息技术为底层，通过产业集聚、企业联动、技术渗透、体制创新等方式，将材料、设备、资本、技术、数据、人力等要素进行跨界集约化配置，实现产品和市场融合的新经济形态，主要表现为新技术、新产品、新业态、新模式。"四新"经济既体现国际产业发展最新趋势，又包括对传统产业的改造升级，反映了一个城市的创新生态，在一定程度上代表了城市未来的经济潜能。

为此，建议宁波实施"四新"经济栽树行动，重点推进工业经济向新经济转型，加快形成具有新利润空间的生产方式。一是加快完善新基建设施。要创新投融资机制方法，加快城市大数据中心、5G网络、城市元件传感控制等

智慧设施建设，为新经济"造路修桥"、打开增量空间。二是加快发展新制造。聚焦柔性制造、云制造、共享制造等模式，鼓励企业车间、设备、管理数字化改造，强化柔性化生产能力和数字化基础支撑，提高制造业企业可视化产品展示、模块化生产重构、在线化产销实时对接的能力。深化工业互联网技术应用，加快建设阿里云制造宁波创新中心，积极打造"灯塔工厂"。三是加快推进产业融合。大力发展生产性服务业，搭建研发设计、知识产权、信息服务、检验检测、文化创意、金融、商贸、物流、会展等公共服务平台。推进互联网技术在教育、医疗、生鲜、出行、救援等生活服务业中的场景应用。激励领军制造业企业运用供应链管理、定制化服务、信息增值服务、全生命周期管理等模式，面向全行业提供总集成总承包等服务，大力支持发展服务型制造。四是支持新个体经济发展。"四新"经济引发就业模式从传统的"公司＋雇员"向"平台＋个人"转变，新职业不断涌现，一批有创意、有能力的"新个体工商户"快速成长。要为新个体经济提供更优质的社保和创业公共服务，培养更多适应"四新"经济要求的创客、极客。积极利用互联网技术改造传统作坊，使传统个体创业者更好融入全市产业创新链条。

六、城市新协同：从县域竞争转向区域一体

在相当长一段时期内，我国建立了以发挥县级单元积极性为主要目的的政策体系和经济锦标赛体制，县域经济作出了重要的历史贡献。但在后工业化和新经济时代，技术进步成为全要素生产率增长的主动力，市场、组织、制度协同创新的贡献率提高，资源配置加速突破行政区划边界，县域经济的重复建设、同质竞争、地方债务等问题更加凸显，城市作为空间和信息的复合网络节点在经济系统中的地位更加突出，区域经济必须从县域竞争转向以中心城市为依托的一体化发展模式。党的十九届五中全会提出，要优化行政区划设置，发挥中心城市和城市群带动作用，建设现代化都市圈。浙江省委十四届八次全会也提出，要培育国家中心城市，开展中心城市赋能升级行动，强化全市域统筹；要建设现代化国际大都市区；要推进长三角一体化高质量发展。深化区域体制改革创新，加快各类资源要素在更大范围内自由流动和高效配置是大势所趋。

为此，建议宁波实施全域城区化行动，完善集中力量办大事的行政管理体制，增强全市融入长三角一体化发展的竞合优势。一是优化行政区划调整。抓住国家支持中心城市做大做强的窗口机遇，加快推进区县（市）的撤、改、并工作，形成科学合理、优势互补、资源共用、利益共享、功能完善、城乡协调、开放协同的城区发展体系。二是优化市域统筹工作体制。重点理顺全市统筹发展的领导体制、财政体制、招商体制、产业扶持体系。建立科学高效、均衡公平、富有整体竞争力的经济指标分配、资源能耗指标分配、重大项目布局、利益共享机制，避免把优化市级统筹错误地理解为市区间的"争权争利"。加快建立全市一盘棋的大招商体制，建立首报首谈、市级主谈、项目流转、存量迁移机制。如明确存量企业市域内迁移不享受税惠，或者由迁出地和迁入地、注册地和经营地按期共享税收和经济指标。三是强化跨区域创新协同。加快推进陆港、海港、空港建设，尽快形成长三角城市群 2 小时交通圈、沪甬 1 小时交通圈，谋划西进、北通、南延新项目，推动轨道交通跨市域延伸。积极对接上海科创中心建设，探索技术转移新模式，推动上海科技飞地建设。探索跨行政区划经济合作区模式，加快打造前湾新区沪浙合作标杆区。

七、城市新开放：从客场开放转向主场开放

改革开放以来，我国实行"国际大循环"的经济政策，深度融入国际分工，为重工业发展和产业升级积累了资金和技术基础。但由于中国主要是承担组装中间产品的角色，在跨国公司主导的全球价值链利益分配格局当中，我国企业只能得到很少利益，产业发展面临低端锁定的风险。以美国为代表的西方阵营通过贸易摩擦、技术战等霸道手段遏制中国崛起，国际外部环境不确定因素增多。中央顺势提出构建以国内大循环为主体、国内国际双循环相互促进的新发展格局。中国的开放大门将会开得更大，但这种开放将更多地体现经济的自主能力，我们的开放将由客场开放转向主场开放。我国将以本土消费和超大市场为底盘，构建以我为主的供应链，从过去的开放吸收为主的集成创新转向自主研发创新并对外辐射。同时，将以巨大的市场潜力和优越的营商环境，吸引更多外商外资"在中国为中国"，推进以海权经济为主转向海权经济与陆权经济并重，更好统筹利用两种资源、服务两个市场。

为此，建议宁波实施再全球化行动，加快打造全球重要资源配置中心，强化创新要素高端联结，从外向型经济向开放型经济转变。一是打造制度开放创新高地。切实发挥宁波自贸片区改革试验田作用，对标上海、海南、北京等地创新标准和 RCEP、CPTPP、USMCA 等高标准经贸规则，充实改革试验任务，争取更大程度压力测试，在投资、贸易、资金、运输、人员和数据跨境流动等重

点领域实现更大突破。二是积极打造科技成果转化枢纽。加快完善科技成果转化基础设施、产业基金、中介组织、交易市场、承接平台，建设硬件最全、效率最高、成本最低、配套最全、服务最优、保护最严的转化高地，创新全球引才政策，大力发展技术贸易，探索欧洲创新—宁波转化模式，引流全球创新高端要素，弥补宁波高校资源不足等突出短板。三是打造区域产经对接中心。争取获批民营银行试点，积极引入国际金融、保险、基金公司，支持在甬金融机构开拓跨境股权投资业务和海外发债业务，健全城市金融生态。四是打造新型国际能源贸易中心。建设数字化仓储设施，构建全球化交易规则，谋划建设能源、化工等大宗商品的现货、期货交易和结算平台，推动贸易大港迈向贸易强港。五是加快推动代工企业培育自主品牌。积极顺应我国制造业从"品牌在外、市场在外"向"品牌走向全球、国内国际市场双循环"转变趋势，提升制造业国际化战略视野，支持企业打造更多国际认证的全球化产品，建立全球化的物流、运营、客服、售后体系，突破外贸利润空间持续萎缩的不利现状。

八、城市新治理：从机械有序转向智慧韧性

当前，中心城市治理的范围日益扩大、主体日益多元，同时还可能面临极端气候灾害、生态灾害、公共卫生安全事件等多重风险，这些因素都对城市治理提出了新挑战、新要求。城市作为市民命运共同体，治理内容更趋复合，治理目标也从传统的机械有序转向智慧韧性，使城市能更好满足和包容市民的高品质服务需求、更好地抵御和应对外部重大安全风险。

为此，建议宁波加入韧性城市建设行动，以提高城市自控力及自组织、自适应能力来应对和造就城市本身的"复杂性"。一是治理目标更加弹性。不能一刀切把零矛盾、零差错、零混序作为城市治理目标，造成基层治理内卷化。城市有活力就必然出现更多随机、突发、无序的问题，只有增强规则的弹性，才能更好地应对复杂风险。合理容错、容缺、容低、容慢才能吸收消化创新事物。二是治理机制更加系统。加快推进整体智治，聚焦城市治理割裂化、碎片化顽疾，推进城市治理层级整合、功能整合、公私跨界整合，重点建立"乡呼县应、一体联动"机制，解决基层治理"看得见的管不了、管得了的看不见"问题。推进工青妇团组织更好服务民生。为保险等社会力量参与社会治理提供更大的支持空间。三是治理手段更加智慧。加快建成"城市大脑"，打通、整合全市公共管理大数据，实现对全市域内人、地、物、事、组织、舆情全要素、全状态

的场景化洞察，实现对城市运行的精准分析、整体研判、协同指挥。整合精简居民、企业数据填报系统，建成指标互通、端口互通、共享共用、分级授权、安全保密的统计、调查平台。探索"政府监管平台、平台约束用户"的第四方治理模式，加强与平台型企业合作，依托平台数据支撑政府经济社会运行监测和科学决策。

汪志飞

宁波 GDP 与支撑性指标的宏观关联特征分析

GDP 目前仍是衡量一个地区经济社会发展综合实力、潜力的重要指标，是城市决策者把握发展全局的重要参考和依据，也是评价城市保障就业、满足市民美好生活能力的宏观窗口。在实践中，GDP 的统计和核算是非常复杂的专业性工作，统计公报难以满足非统计部门和普通人员及时了解经济走势的需要。但由于一个地方的产业基础和结构、投资和人力活动的利润水平等因素在一定时期内是较为稳定的或者缓慢演变的，因而在一段时间内 GDP 与相关支撑性指标之间往往会产生较为显著的函数关系。本文以近十年宁波经济社会发展数据为基础，尝试筛选、梳理 GDP 与相关指标之间的关联程度，旨在更好地反映宁波的产业个性，形成经济预测的非官方性、地方性经验资料。本文数据主要来源于宁波市历年统计年鉴、统计公报，个别数据来自主流新闻报道。

一、宁波 GDP 总量、增速、结构与支撑性指标的关系

（一）宁波 GDP 总量与财政收入之间的关系

2008—2020 年，宁波财政总收入分别为 811 亿元、966 亿元、1172 亿元、1432 亿元、1537 亿元、1651 亿元、1791 亿元、2073 亿元、2146 亿元、2416 亿元、2655 亿元、2785 亿元、2836 亿元，宁波财政总收入与 GDP 基本保持 23.4% 的占比关系，历年波动幅度极小，GDP 的收税含金量在全国主要城市中位居前列。财政收入特别是税收收入，有着严格规范的征管制度和记录，数据的可靠性极强，对于判断一个地方的经济社会发展综合实力参考意义很大。通过对 2008—2020 年宁波 GDP 与财政总收入、GDP 与一般预算收入中的税收收入进行线性回归测算，均得到相同的回归函数：$G = 4.103F + 312$，$R^2 = 0.9908$。

由于拟合度 R^2 为 0.9908，说明宁波 GDP 可被财政收入解释的可信度为

99.08%，其他随机因素占 0.92%。该函数表明财政收入与 GDP 的弹性系数为 4.103，意味着 GDP 与财政收入基本存在 4.103 的倍数关系。如 2018 年宁波财政收入为 2655 亿元，则可推测当年 GDP 名义量为 11295 亿元，当年实际值为 11193 亿元，误差率为 0.91%；2020 年宁波财政收入为 2836 亿元，GDP 推测值为 11945 亿元，实际值为 12408 亿元，误差率为 3.73%。2021 年一季度，宁波财政总收入 1111 亿元，如果按照既往一季度财政收入占全年的 35%、GDP 占全年的 23% 的经验计算，按照先求全年预计值，再求季度值的顺序，则可推测一季度 GDP 为 3067 亿元，实际名义值为 3111 亿元。

（二）GDP 名义增速与大宗商品价格关系

如图 1 所示，宁波是重工业占比较高的城市，大宗商品价格对经济波动影响较大，其中又以化工原料和黑色金属采购价格对 GDP 增速的影响最为明显。这两种大宗商品价格的走势往往是一致的，与 GDP 名义增速走势均较为同步。增速与价格指数之间的线性关系约为：$Gv = (0.357C - 25.6)\%$，C 为化工原料的工厂采购价格指数。随机抽取 2017 年为例，当年化工原料采购价格指数为 116.3，则可推测 GDP 名义增速约为 15.9%，公布的名义增速为 16.8%，尽管存在一定误差，但对预测经济走势仍然有重要参考意义。

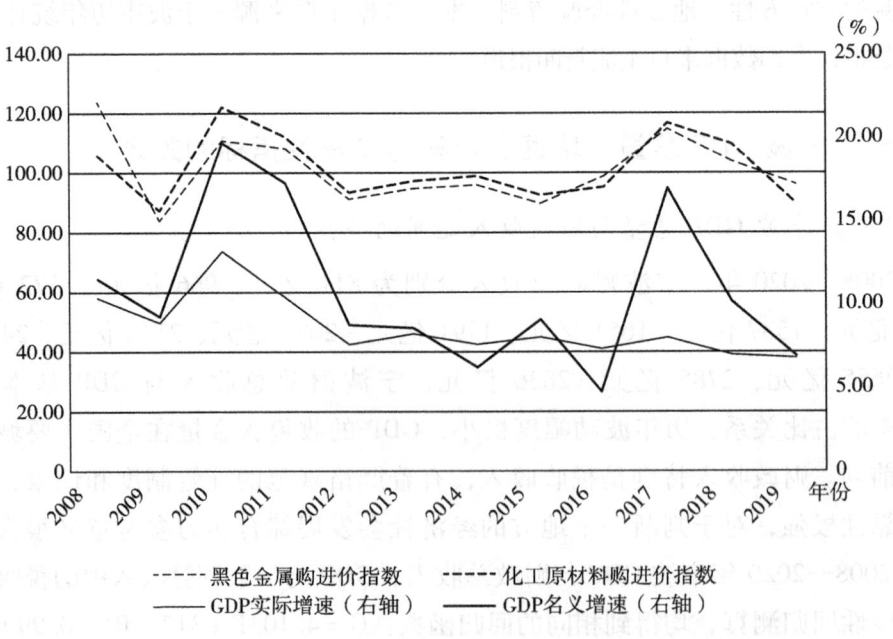

图 1　2008—2019 年宁波 GDP 增速与大宗商品价格关联

（三）GDP实际增速与价格指数的关系

GDP的实际增速与名义增速存在平减关系。GDP平减指数是名义GDP和实际GDP的比率。推测GDP平减指数也是经济研究工作中极为困难的环节。GDP平减指数反映了地区物价总水平的变化，反映了相对于基年物价水平的现期物价水平，是衡量一个区域物价水平真实波动的重要指标，对于预测地区GDP实际增速具有重要参考意义。通过梳理发现，2010—2020年间宁波GDP平减指数与工业产品当年出厂价PPI指数走势呈现较为明显的正相关性和同步性，而与消费品价格指数CPI关联性相对较弱，这也反映了宁波作为工业大市的经济特征。通过最小二乘法计算GDP平减指数（GDP_d）与PPI线性回归关系得出：GDP_d = 6.6172PPI − 5.382，R^2 = 0.89。

由于R^2为0.89，这也表明GDP_d与PPI之间的确存在某种较强的线性相关性。如果据此模型，已知2019年PPI为97.9%，则可推测当年GDP_d为109.62%，意味着当年的名义增速与实际增速不会出现过大差异，当年官方公布的名义增速为7.1%、实际增速为6.8%。2021年一季度宁波PPI为101.5%，则推测当季GDP_d为133.45%，当季GDP名义增速为26.31%，可推测实际增速为19.72%，官方公布的实际增速为19.5%，预测值与实际值非常接近。如果把CPI考虑进来，通过最小二乘法可得到三者之间的二元线性关系约为：GDP_d = 7.185PPI − 6.406CPI + 0.6145，经回归检验具有较强的印证性。

表1　2010—2020年根据GDP平减指数二元法推测GDP实际增速回归检验情况（%）

时间	PPI	CPI	推测GDP平减指数	当年GDP名义增速	推测实际增速	公布实际增速
2010年	108.90	103.70	179.594	19.70	11.00	13.10
2011年	105.90	105.30	147.790	17.30	11.70	10.30
2012年	97.10	101.70	107.623	8.70	8.00	7.60
2013年	96.70	102.20	101.546	8.50	8.40	8.20
2014年	97.80	101.90	111.372	6.20	5.60	7.60
2015年	94.00	101.80	84.709	9.00	10.60	8.00
2016年	97.70	102.10	109.372	4.70	4.30	7.20
2017年	106.70	101.80	175.959	16.80	9.60	7.90
2018年	104.20	102.20	155.434	10.30	6.60	7.00
2019年	97.90	103.00	105.044	7.10	6.70	6.80

续表

时间	PPI	CPI	推测 GDP 平减指数	当年 GDP 名义增速	推测实际增速	公布实际增速
2020 年	95.70	101.90	96.283	3.50	3.70	3.30
2021 年一季度	101.50	101.40	141.159	26.31	18.64	19.50

（四）第二产业增加值与工业用电量的关系

2010—2020 年，宁波工业用电量分别为 354 亿、389 亿、385 亿、415 亿、435 亿、435 亿、477 亿、525 亿、572 亿、590 亿、603 亿千瓦时；第二产业增加值分别为 2857 亿元、3316 亿元、3475 亿元、3742 亿元、3980 亿元、4211 亿元、4455 亿元、5119 亿元、5507 亿元、5783 亿元、5694 亿元，工业用电的经济效益约为 9.28 元第二产业增加值/千瓦时，第二产业增加值与工业用电存在极为明显的线性同步关系，二者关系可以表述为：$G_2 = 11.47W - 1030$，线性回归测算显示两者之间的解释可信度达 98.38%。如 2019 年，工业用电量为 590 亿千瓦时，推测第二产业增加值为 5737 亿元，实际公布值为 5783 亿元。考虑到这种线性关系是第二产业增加值全年数据与工业用电的关系，它不能反映增加值的季度性特征，季度预测时可以采用工业用电与第二产业增加值的比例均值直接估计。如 2021 年一季度，宁波工业用电量为 148 亿千瓦时，可以估算第二产业增加值约为 1373 亿元，实际公布值也为 1373 亿元。

（五）第三产业增加值与货物贸易总额的关系

一般而言，社零总额与第三产业增加值之间存在较为紧密的关系，2010—2016 年，社零总额与第三产业增加值存在显著同步关系。但宁波作为外贸大市，诸多服务产业都与对外货物贸易（简称"外贸"）活动存在直接或间接联系，外贸活动对服务业的影响更为深刻，特别是 2015 年以来，两者之间的关系更趋于同步。两者之间的关系可以表述为 $G_3 = 0.704T - 579$，线性关系解释可信度为 99.6%。例如 2017 年、2018 年、2019 年货物贸易总额分别为 7600 亿元、8576 亿元、9170 亿元，据此推测全年三产 GDP 分别为 4771 亿元、5459 亿元、5877 亿元，实际值分别为 4730 亿元、5384 亿元、5880 亿元。2021 年一季度宁波外贸进出口总额 2592 亿元，按照以往一季度外贸占全年 1/5 均值计算，在假设后面三个季度新冠肺炎疫情影响不加深的情况下，全年外贸总额预计约为 12960 亿元，则全年第三产业增加值预计为 8545 亿元，按照一季度第三产业增加值占全年第三产业增加值的 1/5 计，则一季度第三产业增加值约为 1709 亿元，实际公布值为 1674 亿元（见图 2）。

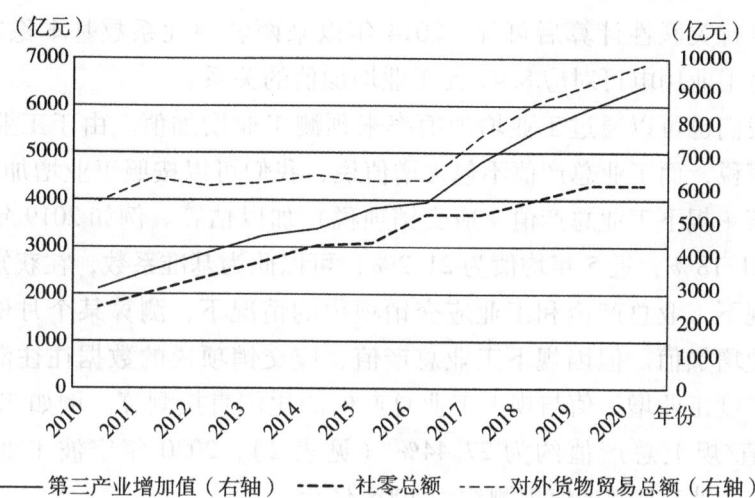

图 2　2010—2020 年宁波社零总额、外贸与第三产业增加值关系

二、生产法核算下各行业增加值的支撑性指标

目前，我国国家层面 GDP 年度核算采取的是支出法，地方政府年度 GDP 核算采用的是收入法，季度采取的是生产法，即将各行各业的总产出减去中间投入。GDP 统计上的行业划分主要根据《国民经济行业分类标准》，现行统计的行业主要包括：第一产业中的农林牧渔业；第二产业中的工业、建筑业；第三产业中的批发零售业，住宿和餐饮业，交通运输、仓储和邮政业，房地产业，金融业，信息传输、软件和信息技术服务业，租赁和商务服务业，科学研究和技术服务业，水利、环境和公共设施管理业，居民服务、修理和其他服务业，教育，卫生和社会工作，文化、体育和娱乐业，公共管理、社会保障和社会组织，共计 14 个行业。

（一）农林牧渔业增加值

考虑到第一产业一般只占 GDP 的 3% 以下，而且行业活动较为稳定，因而在推测第一产业增加值的年度和季度增加值时，可以假设其名义增长速度与上年度持平。

(二) 工业增加值

如前所述,第二产业与工业用电存在显著的线性关系,而工业增加值一般占第二产业增加值的近90%。因此也可以用工业用电量来预测宁波工业增加值,且对两者进行关联性计算后可知,2014年以来两者弹性系数基本稳定在8.41,即每千瓦时工业用电可对应8.41元工业增加值的关系。

同时我们也可以通过工业增加值率来预测工业增加值。由于工业增加值中包含了增值税,而工业总产值不包含增值税,我们可以按照工业增加值/(规上工业总产值+规下工业总产值+应交销项税)加以估算。例如2019年工业增加值率约为21.18%,近5年均值为21.2%,可以此为基准系数,在获知规上工业总产值、规下工业总产值和工业应交销项税的情况下,测算某个月份、季度或年度的工业增加值。但因规下工业总产值、应交销项税的数据往往滞后,也可以通过上年度工业增加值与规上工业总产值的比例直接测算。例如2019年全部工业增加值/规上总产值约为27.44%(见表2),2020年宁波工业总产值为17887亿元,则工业增加值推测约为4908亿元。

表2 宁波全部工业增加值率测算基础数据(亿元,%)

年份	工业增加值	规上工业总产值	规下工业总产值	规上应交销项税额	工业增加值率	工业增加值/规上总产值
2009	2110	8273	2157	1003	18.46	25.50
2010	2586	10854	2189	1337	17.98	23.83
2011	3019	12045	3383	1519	17.81	25.06
2012	3170	12155	3555	1553	18.36	26.08
2013	3378	13010	3649	1614	18.49	25.96
2014	3633	14028	3624	1650	18.82	25.90
2015	3632	13869	2899	1573	19.80	26.19
2016	3980	14500	2979	1779	20.67	27.45
2017	4621	15851	3310	2049	21.79	29.15
2018	4954	17015	2923	2311	22.27	29.12
2019	4899	17852	3292	1982	21.18	27.44
5年均值					21.2	27.9

(三) 建筑业增加值

2010—2020年,宁波建筑业增加值分别为285亿元、331亿元、347亿元、

405亿元、453亿元、469亿元、478亿元、502亿元、558亿元、626亿元、656亿元,建筑业在第二产业中的占比约为1/10,对全年和季度GDP的影响不显著,可以通过上述第二产业预测数减去工业增加值的方法加以推测。如果要单独推测,通过数据关联发现,宁波建筑业与基建投资增速线性关系不确定,但与房地产投资增速关系明显(见图3)。从绝对值的角度看,可以用 $G_{建筑} = 0.282 \times$ 房地产投资额 $+117$ 的数据关系加以测算。

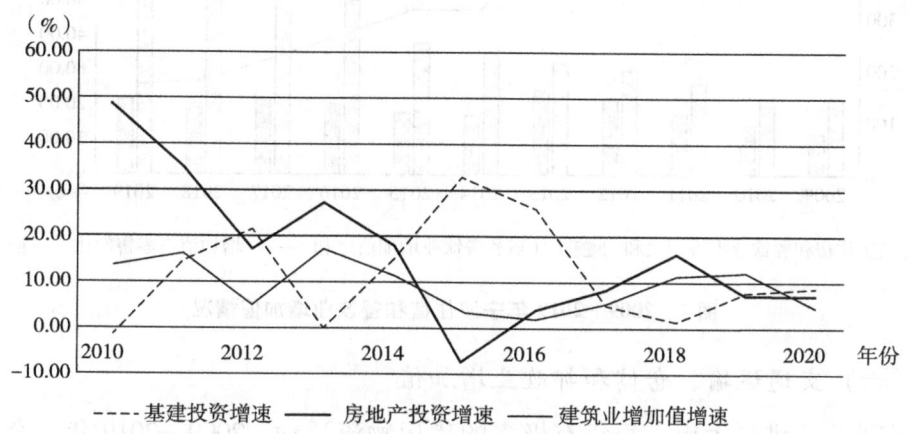

图3　2010—2020年宁波建筑业增加值增速与基建、房地产投资增速关联

(四)批零业增加值

商品销售额是批零业增加值核算的基础。2010—2020年,宁波批零业增加值分别为501亿元、622亿元、678亿元、839亿元、890亿元、893亿元、1006亿元、1077亿元、1162亿元、1352亿元、1399亿元,分别占社零总额的29.4%、30.1%、29.1%、31.8%、29.6%、29.3%、27.4%、29.3%、29.3%、31.7%、33%,其间宁波批零业增加值与社零总额的值之比基本稳定在29%左右,可以根据该比例或者上年度比例加以推测。

(五)住宿和餐饮业增加值

2009—2019年,宁波住宿餐饮业增加值分别为80亿元、96亿元、117亿元、149亿元、165亿元、114亿元、120亿元、134亿元、141亿元、135亿元、146亿元,分别占该行业零售额的54.4%、64%、66.5%、74.1%、77.5%、47.5%、47.1%、40.1%、33.7%、26.9%、25.8%。其间,住宿餐饮业增加值和住宿餐饮业零售额的比例逐年呈现下降趋势,住宿餐饮业增加值率越来越低

(见图4)。在测算该行业增加值时，可以采用上年度的比例系数作为当年度预测依据。

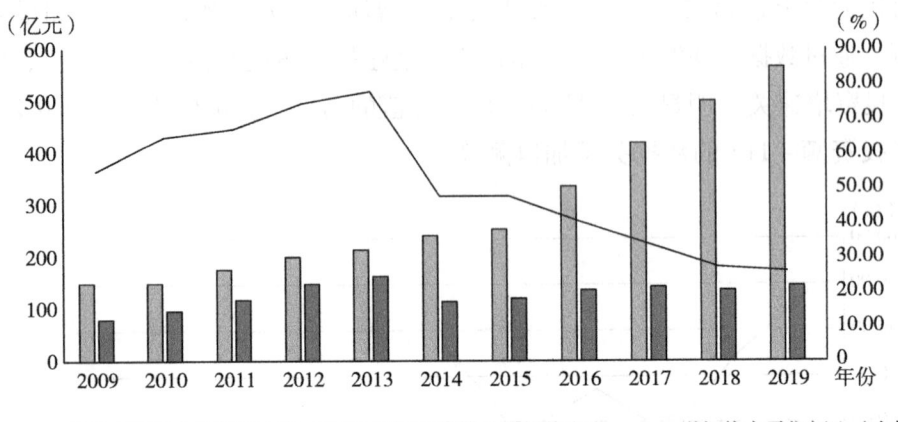

图4 2009—2019年宁波住宿和餐饮业增加值情况

（六）交通运输、仓储和邮政业增加值

宁波作为港口大市，每年有极多的货运物流活动。2009—2019年，全市交通运输、仓储和邮政业增加值分别为189亿元、234亿元、267亿元、297亿元、309亿元、344亿元、349亿元、374亿元、408亿元、452亿元、548亿元，其间增加值总额3771亿元、货运总量46.98亿吨，交通物流业增加值与货运量两者之间呈现明显的平行线性关系。经测算，可以采用80亿元/亿吨的比例关系推测交通物流业的增加值。

（七）房地产业增加值

房地产业增加值核算范围包括房地产开发经营、物业管理、房地产中介和居民自由住房服务。而该项目的核算基础是商品房销售面积增速、房地产业从业人员增速与工资总额增速。从数据的可获得性角度看，可以重点寻求房地产业增加值增速与商品房销售面积增速间的线性关系。2009—2020年，全市房地产业增加值分别为247亿元、230亿元、265亿元、370亿元、427亿元、382亿元、417亿元、482亿元、546亿元、603亿元、823亿元、858亿元；商品房销售面积为815万、694万、527万、590万、730万、726万、1007万、1337万、1544万、1624万、1715万、1858万平方米。从绝对值关系上看，房地产业增加值与商品房销售面积可以表述为：$G_{房地产} = 0.368 \times 商品房销售面积 + 83$的数据关系（见图5）。

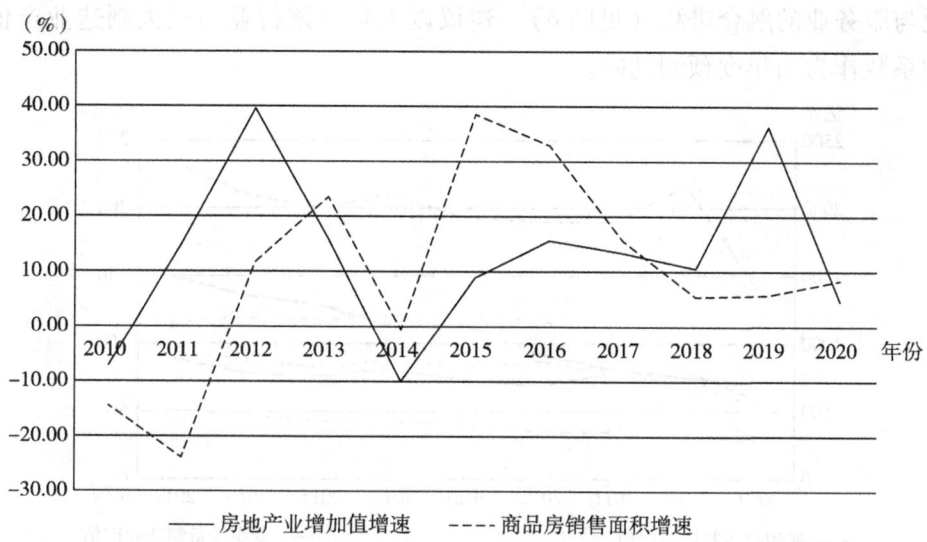

图5　2010—2020年宁波房地产业增加值增速与商品房销售面积增速关联

（八）金融业增加值

宁波的银行业增加值占金融业增加值的绝大部分，从数据关系来看，金融业增加值与人民币存贷款余额、保费收入的走势总体上是趋同的。由于银行业增加值的统计是根据人民币存贷款余额增长速度和增值税增长速度加权平均计算的，然后乘以人民银行确定的换算系数，涉及较多环节和因素，外界难以直接获知这些数据。从2009—2020年，金融业增加值占人民币存贷款余额和保费收入比例的算术平均值约为1.967%，从了解宏观经济运行的角度看，可以按此系数测算。

（九）信息传输、软件和信息技术服务业增加值

多年来该行业占宁波第三产业增加值的比重在4%上下，从宏观经济预测看，对宁波的季度、年度GDP影响不大。但从透过该行业来判断一个地区经济发展质量和潜力的角度看，应当对其加以重点关注。2018年以后宁波该行业增加值数据未写入统计年鉴，从2009—2017年相关数据看，该行业增加值与电信业务收入未能形成稳定的线性关系。由于宁波是制造业大市，信息传输、软件和信息技术服务业主要是服务本地制造业企业，故探求得到该行业与通用设备、专用设备、通信设备、计算机及其他电子设备制造业总产值关系的同步线性关

系，特别是2011年以后这种关联关系在稳定的基础上逐年略升，反映了宁波制造业与服务业的融合进程（见图6）。建议以上年度该行业与三大制造业产值的比例系数作为当年度预测基础。

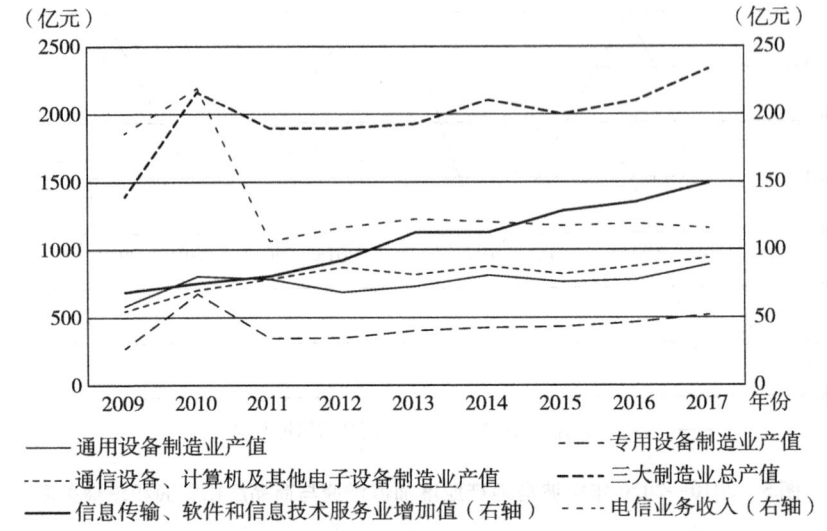

图6 2009—2017年宁波信息传输、软件和信息技术服务业增加值与相关因素关联

（十）第三产业中的其他行业增加值

从近5年第三产业增加值结构看，批零、住宿和餐饮、交通仓储邮政、房地产、金融、信息技术服务6大行业占65%左右，结构相对稳定，租赁和商务服务业，科学研究和技术服务业，水利、环境和公共设施管理业，居民服务、修理和其他服务业，教育，卫生和社会工作，文化、体育和娱乐业，公共管理、社会保障和社会组织等行业增加值可以不作特别预测。

三、宁波宏观经济核算和预测的简易参考方法

根据上述数据关系的筛选、梳理、排除、确认，我们可以在宏观上对宁波GDP核算与关键性支撑性指标建立下列联系（见表3），并结合国家经济运行趋势，对通过多种方法测出的总值进行印证、甄别、选择、综合。同时，我们还可以根据产业演变的进度，对相关公式进行滚动式更新。需要说明的事项如下。（1）宁波的GDP与支撑性指标的宏观关联具有区域特定性，这种关联系数仅与宁波的区域发展基本吻合，不能直接套用到其他地区，也不能直接套用

到宁波下属区县（市），但这种研究方法是可以借鉴的。（2）这种关联关系并不是因果关系，它仅呈现出数据的客观联系状态，不能直接揭示两者之间的深层关系，例如财政收入与 GDP 的关系，不能说财政收入越多 GDP 越高；也不能说信息技术服务行业增加值是由制造业直接产生的。（3）这种关联是宏观联系，也就是说它允许存在一定的误差，但能基本反映宁波特定时间内 GDP 的规模、增速和构成的大概率情况，这种联系主要是反映区域发展的趋势，而不是用于部门核算。（4）年度预测与季度预测要符合公式适用的条件，例如在根据财政收入与 GDP 公式预测季度数据时，必须先根据财政收入的季度分布规律，求出年度的财政规模，进而推测年度 GDP 规模，再依据 GDP 季度分布规律，倒求出季度 GDP。（5）同一个 GDP 求测目标，往往有多种预测方法，特别是工业增加值，可以按照工业增加值与第二产业增加值比例、工业用电效率、工业增加值率、工业增加值与规上总产值比例等办法测算，在这种情况下，相互间的数据应该对照检查，结合国家经济走势和区域特殊因素，选择出最为合理的数据。

表 3　　　　　　　　宁波 GDP 与支撑性指标的宏观关联

求测目标	支撑性指标	运用方法
年度 GDP 总量	财政总收入 F	$G = 4.103F + 312$，或按近 10 年财政占 GDP 的 23.4% 测
年度第一产业增加值	上年度第一产业增加值	按上年度名义增速测
年度第二产业增加值	工业用电量 W	$G_2 = 11.47W - 1030$，或按 9.28 元/度用电量测季度值
年度第三产业增加值	货物贸易进出口总额 T	$G_3 = 0.704T - 579$
年度 GDP 名义增速	化工原料（或钢铁等大宗商品）采购价格 C	$Gv = (0.357C - 25.6)\%$，或按照上述财政总收入推测得出的总量值与上年度相除
年度 GDP 平减指数	PPI 和 CPI	$GDP_d = 6.6172PPI - 5.382$ 或 $GDP_d = 7.185PPI - 6.406CPI + 0.6145$
年度 GDP 实际增速	—	用名义增速除以上述平减指数
季度 GDP 及其构成		先根据上述年度法推测出全年值，再结合过去 5 年 GDP 季度分布均值，求出季度 GDP

续表

求测目标	支撑性指标	运用方法
生产法项下 GDP		
1. 农林牧渔业增加值	上年度该行业增加值	假定名义增速不变
2. 工业增加值	工业用电量	按工业增加值占二产 GDP 90% 测，或按照 8.41 元/千瓦时用电量换算（近 8 年均值）
	规上工业总产值、规下工业总产值、规上应交销项税额总和 M	或按近 5 年工业增加值/M 的平均增加值率测（2014—2019 年为 21.2%）
	规上工业总产值	或按上年度工业增加值/规上工业总产值系数测（2019 年为 27.44%）
3. 建筑业增加值	房地产投资额 P	$G_b = 0.282P + 117$，或按第二产业的 10.5% 测
4. 批零业增加值	社零总额 X	按占社零总额 X 的 29% 测，或按上年度该行业增加值占 X 的比例测（2020 年为 33%）
5. 住宿和餐饮业增加值	住宿和餐饮业零售额 Q	按上年度该行业增加值占零售额 Q 比例测（2019 年为 25.6%）
6. 交通运输、仓储和邮政业增加值	货运量	按 80 元/吨测
7. 房地产业增加值	商品房销售面积 S	G 房地产 = 0.368S + 83
8. 金融业增加值	人民币存贷余额和保费收入	按该行业增加值占人民币存贷余额和保费收入总额的 1.967% 测
9. 信息传输、软件和信息技术服务业增加值	通用设备，专业设备，通信设备、计算机及其他电子设备制造业总产值	以上年度该行业占总产值比例测（2017 年为 6.37%）
10. 第三产业中的其他服务业增加值	—	按上述测出年度第三产业增加值的 35% 测

宁波建设能源数据交易市场的设想与建议

数据要素是数字经济和数字化社会的基础性生产资料，也是引领高质量发展和创新驱动的新兴力量。宁波作为石化产业链较为齐备、石化龙头企业较为集聚的城市，具备发展能源数据交易的良好条件，建议在全省数据要素总市场统一架构下，建设宁波能源数据交易市场，助力宁波成为浙江省乃至全国的能源数据交易中心。

一、宁波建设能源数据交易市场的重要意义

能源数据要素包括能源采掘、存储、加工、运输以及能源保险、供应链金融、期货交易交割等产业链上下游的各类数据，其数据来源较为明确，数据形态较为统一，数据供给较为稳定，适宜作为数据产品进行交易。同时，宁波拥有较为完整的石化产业，油气进口储运规模较大，重点化工品产能全国领先，大批行业龙头企业在此集聚，对接全省化工园区的绿色石化产业大脑已经上线，但行业内每日产生的海量生产数据、运营数据和监管数据尚沉淀在服务器中，亟待通过建设能源数据交易市场，挖掘数据价值，推进城市低碳发展、产业优化升级。

建设能源数据交易市场有助于宁波推动能源石化产业延链增效。石化产业是宁波重点打造的两大万亿级产业集群之一，产业规模位居全国七大石化产业基地前列，但整体价值链地位不高，优势主要集中在上游原油加工和部分中游产品，下游高技术含量的化工新材料和高端专用化学品比重偏低，标志性产品较少。通过数据交易体系及相关机制提供的存储、评估、赋值、流通、应用等一系列技术手段，可以纵向打通能源产业链上下游产品产量、技术参数、市场规模等数据资源的交换通道，为下游烯烃、芳烃、功能膜材料等化工领域的企业主体开发新产品提供必要的数据支撑，助力产业链整体效益提升。

建设能源数据交易市场有助于宁波打造新型国际能源贸易中心。当前宁波正在加快建设以油气为核心的新型国际能源贸易中心，其中推动能源贸易数字化转型是关键方向，包括建设能源交易交收服务平台、能源贸易国际结算中心、能源产品价格发布平台等，其中必然涉及海量能源数据的存储、交换、赋能、应用，建设能源数据交易市场、培育交易参与主体，便可最大化挖掘海量能源数据的价值，更为精准地把握数据背后体现的全球能源产业发展动态，提升宁波在全球油气能源配置网络中的中心地位。

建设能源数据交易市场有助于宁波达成碳达峰碳中和目标。近期《中共中央 国务院关于完整准确全面贯彻新发展理念做好碳达峰碳中和工作的意见》《2030年前碳达峰行动方案》等事关"双碳"工作的重大政策先后发布，能源石化产业成为"双碳"目标下的重点控制行业。宁波作为用能指标长期紧张的重要工业城市，若能建立较为规范的能源数据交易体系、形成一定体量的能源数据交易规模，将有助于引进和培育一批具备相当技术能力的能源数据企业、能源服务公司，有助于推动开展本地石化企业产量规模、排放数值、能耗强度等数据的深度挖掘工作，进而寻找出石化行业节能降碳减排的新方法、新路径，为宁波成功完成国家下达的节能降碳目标提供新思路。

二、宁波能源数据交易市场的初步设想

在立足宁波现状、借鉴外地经验的基础上，对宁波能源数据交易市场的组织架构、运营方式、产品功能、交易对象等进行初步分析。

组织架构方面，考虑到市场未来长期稳定发展，更好体现地方特色，建议在全省数据要素总市场统一框架下，采取独立法人制（挂牌浙江省数据要素交易市场能源数据分市场和宁波能源数据交易市场），由运营公司独立运营。

股权结构方面，目前国内数据要素交易市场的股权结构主要有国有独资、民营独资以及混合所有制三大类型，其中贵阳大数据交易所、北京国际大数据交易所、南方能源（贵州）数据中心等主要交易所均采用混合所有制，为推动市场特色化、专业化、规范化发展，更好服务地方经济，建议宁波能源交易市场运营公司采用由地方国企领投，央企、金融机构、大数据开发公司与省数据交易总市场共同参股的国资控股结构。

运营方式方面，从交易安全和隐私保护的角度考虑，严把准入关，对交易主体实行实名注册的会员制，对交易数据按敏感度分级分类管理，构建起多层

级、安全、负责任的数据交易体系。

产品功能方面，打破当前常见的数据平台撮合模式，充分挖掘数据多元价值，满足不同背景能源产业单位的需求，建议覆盖数据源和数据通道（存储服务）、数据处理和加工（技术服务）、数据成品和元件（产品服务）、数据估值和保险（金融服务）、数据分析和培训（科教服务）、数据流通和交易（全生命周期）六大方面。

交易对象方面，初期考虑以政府监管数据、行业整体数据、研发分析数据及部分龙头企业的生产运营数据为交易对象，后期随着法规完善和区块链、隐私计算等技术完善，可考虑加入能源贸易数据和个人能源消费、碳消费数据，进一步拓展业务范围。

行业领域方面，充分发挥宁波山海地理优势和制造业集群基础，初期可涵盖原油、成品油、LNG、氢能等领域能源数据，后期可逐步向热能、风电、光伏、储能、烯烃、芳烃、固体化工品等拓展，建立综合能源数据交易体系。

三、完善能源数据交易的保障体系

鉴于数据交易是新生事物，亟须在能源数据交易市场逐步建立的过程中，适度超前推进技术、制度、人才等支撑保障体系建设。

加强技术支撑。充分发挥各类天使投资、股权投资基金作用，引进和培育一批大数据、区块链、隐私计算等数据要素开发领域的优质企业。细化软件企业发展支持政策，鼓励本地软件企业提升数据分析、建模、可视化等能力，引导能源石化行业与数据技术行业建立能源数据联盟。

完善政策法规。探索更具弹性的审慎监督、准入、退出等管理制度，在数据资源开发、数据要素交易等领域探索地方立法，建立保障和规范能源数据交易体系健康发展的政策法规体系。

推动人才引育。加大对数字经济和能源产业交叉领域科研项目的资助力度，以项目为牵引，开展相关复合型人才培养和团队引进。强化产学研协作，推动高校能源石化等学科学生前往国内数据交易市场、软件技术等学科学生前往能源石化企业开展实习和研学，持续夯实宁波能源数据交易体系的人才储备基石。

陈　浩　韩淑靖　朱友君

加快宁波人工智能产业发展的对策建议

人工智能是推动社会经济发展的新引擎,已成为全球新一轮科技革命和产业变革的重要驱动力量。大力发展人工智能产业,推进人工智能同实体经济深度融合,是宁波发展数字经济、推进数字化改革、加快产业优化升级和提升城市能级的必然选择。宁波智能经济产业基础扎实,智慧城市建设走在全国前列,人工智能技术场景已有初步开发应用,并具备了一定的产业发展基础和人才项目支撑。但与国内先进城市相比,仍存在一些短板不足。

一、宁波人工智能产业发展现状

(一)强化了产业发展顶层设计

近年来,宁波相继出台《数字宁波建设规划(2018—2022年)》《宁波市新一代人工智能发展行动方案(2019—2022年)》等人工智能产业发展相关政策规划,围绕智能石化、智能网联汽车、智能光电、自主智能装备、智能家电五大特色产业链条,从打造人工智能应用场景、培育骨干企业发展、推动技术研发攻关、强化平台建设支撑、优化产业生态体系等多个方面提出发展内容和目标,构筑人工智能产业发展的基本政策框架并绘就行动路线。

(二)夯实了产业发展基础

数据是驱动人工智能产业发展的基本要素之一。作为全国第一个系统部署智慧城市建设、第一个谋划发展智能经济的城市,宁波在大数据的归集存储、智能计算、推广应用等方面基础较为扎实。在经济社会层面,随着企业两化融合、智能制造、城市智慧应用纵深推进,宁波在经济、金融、医疗、教育等领域积累了海量数据。同时,宁波城市大脑集聚"甬易办"、智慧健康、基层治理四平台、公共交通等一批智慧应用,已汇集公共数据102亿条,其中共享数据

65亿多条、开放数据3亿多条，有效推动城市各类数据互联互通和汇聚共享。

（三）引育孵化了一批企业项目

近年来，宁波涌现出一批人工智能细分领域的企业和项目。在自然语言处理、机器视觉、机器人、智能驾驶、智能制造工程服务等领域，宁波已有薄言信息科技、海视智能、均胜普瑞、吉利汽车、韵升智能等企业。在重大项目建设方面，已引进落地中芯国际宁波特种工艺集成电路芯片、百度云智·宁波大数据产业基地等，基本建成中国（宁波）芯港小镇、慈溪智能家电小镇、余姚机器人小镇等，逐步形成以集成电路、传感器、智能芯片等核心产业和智能汽车、智能水表、智能家电（家居）等终端产业为基础的人工智能产业体系。

（四）集聚了一批高层次专家团队

随着宁波工业互联网研究院、上海交大宁波人工智能研究院、宁波智能技术研究院等产业研发平台的引进和相关院士工作站的建设，一批高端人工智能专家、智能计算专家、物端智能芯片与系统领域专家来甬工作。在机器人领域，引进国家级特聘专家甘中学团队，创建了宁波智能制造产业研究院；在工业智能领域，引进国家级引才工程入选者杨鲲教授团队；在无人驾驶领域，引进中国工程院院士李德毅；等等。高端专家团队及其创新资源要素的引进为宁波人工智能产业发展提供智力保障和技术支撑。

二、宁波人工智能产业发展的问题与不足

（一）综合竞争差距较大

中国人工智能研究院发布的《中国新一代人工智能科技产业区域竞争力评价指数（2021）》报告显示，北京、上海、深圳、杭州是人工智能产业发展的第一梯队城市，普遍具备人工智能企业密集、学术生态佳、资本环境优越、国际开放度高、链接能力和政府响应能力强等特征。相较而言，宁波未进入城市排行榜单前20位，竞争力也弱于南京、成都、合肥、青岛等城市。

（二）龙头企业少且引领作用不够

胡润研究院《2019中国人工智能产业知识产权发展白皮书》显示，中国知识产权竞争力TOP 100人工智能企业分布于14个城市，其中北京55家、深圳14家、上海13家，紧随其后的杭州和广州各4家，南京2家，重庆、武汉、苏州、

济南、厦门、合肥、珠海和东莞各1家，而宁波无一家上榜。中国人工智能研究院《2021中国新一代人工智能科技产业发展报告》显示，北京、上海、深圳、广州和杭州人工智能企业分布密集，占比分别为29.7%、14.1%、14%、8.1%和7.6%，是人工智能科技产业发展的前沿城市，宁波占比不及0.8%，低于苏州、武汉、成都等城市。

（三）人工智能算力不足

算力是人工智能产业技术发展的重要支撑和基础保障。国际数据公司IDC和浪潮联合发布的《2020—2021中国人工智能计算力发展评估报告》显示，在2020年中国城市人工智能算力排行榜中，TOP 5城市分别为北京、深圳、杭州、上海、重庆，排名第6～10位的城市为广州、合肥、苏州、西安、南京，宁波未入城市算力排行榜单。此外，多个城市在自身产业优势推动下，人工智能应用取得较大进展，如东莞的智能制造、武汉的智慧医疗等，宁波人工智能的基础架构能力和应用示范效应有待加强。

（四）技术研发实力偏弱

高校、科研院所、高新技术企业是人工智能相关产品研发、技术突破的主力军和主战场。北京、上海、深圳、杭州等地既有北大、清华、上海交大、浙大等高校资源，也有模式识别国家重点实验室、上海交大—Versa脑科学与人工智能联合实验室、深圳智能机器人研究院等科研机构与院校实验室，又有百度、商汤科技、腾讯、华为、阿里等"大厂大企"，科研实力雄厚。综观宁波，高校科研院所能级不强，集聚效应较弱，人才储备不足，缺乏人工智能相关领军企业、顶尖专家、研发团队，整体技术产品研发实力偏弱。

（五）发展潜力和后劲缺乏

从人工智能行业投融资情况看，活跃的资本环境有助于人工智能初创型企业获取用户、提升技术、拓展市场，促进产业链上下游企业形成规模效应。《中国新一代人工智能科技产业区域竞争力评价指数（2021）》报告显示，在人工智能行业，浙江表现活跃的投资者包括海康威视、恒生电子、大华股份、阿里巴巴、正泰电器、新再灵科技和巨星科技，获投金额最多的4家人工智能企业是口碑、网易云音乐、合众汽车和阿里云，宁波企业无一上榜，某种程度上反映出在人工智能产业方面发展后劲和潜力还不足。

三、各地实践借鉴

（一）抢占应用场景

2018年末，上海率先在全国发布"人工智能应用场景建设实施计划"，推动人工智能新技术、新产品、新模式率先运用，首批发布"AI+学校、医院、社区、家庭、工厂、园区、交通、政务、金融、安防+大人工智能"应用场景，面向全球人工智能企业征集解决方案，破解供需两类主体对接瓶颈，为AI企业提供广阔的应用场景。北京聚焦产业升级、科技冬奥、城市管理、民生服务等重点领域以及"三城一区"、城市副中心、新首钢等重点区域，面向全球发布征集60多个人工智能应用场景和示范项目。

（二）推进区域合作

2021年4月，济南、呼和浩特等黄河流域城市群发布《黄河流域人工智能产业高质量创新发展合作宣言》，从加大产业合作力度、应用场景开放共享、产业发展赛道共建共享、赋能黄河生态保护、赋能城市治理、赋能乡村振兴六方面展开合作，共同推进人工智能产业高质量创新发展。2019年8月，上海、香港联合举办沪港人工智能场景合作对接会，汇聚科大讯飞、海康威视、中国电信等人工智能方面的平台方、技术方企业，聚焦"智慧楼宇""智慧物流""智慧零售""智慧医疗"等领域，推动两地企业共同创新以及人工智能场景落地。

（三）加快人才培育

厦门自2020年秋季起实施"人工智能进百校"计划，在100所学校建设人工智能实验教室，开展中小学人工智能教育试点，围绕构建人工智能校本课程体系、培育人工智能教育师资队伍、提升学生人工智能专业素养，促进中小学人工智能应用和普及水平稳步提升。重庆支持重庆大学、重庆理工大学等高校增设与人工智能领域相关的博士、硕士学位授权点，设立人工智能学院，建设"人工智能+学科群"，培养高水平研发人才和高素质技能人才。

（四）加速产学研合作

2017年秋，百度与浙江大学签订人工智能等领域校企战略合作框架协议，联合开展人工智能相关学科研究及构建综合科学研究平台，围绕人工智能相关学科联合培养综合创新型人才，共同开展人工智能领域创新创业。注册在上海的松鼠 AI 先后与斯坦福研究中心进行联合技术开发，与中科院自动化研究所成立平行 AI 智适应教育联合实验室，并与卡内基梅隆大学成立联合实验室，开发机器学习、认知科学和人机界面技术等人工智能领域新方法，产学研合作进程逐步加快，成为国内第一家 K12 中小学教育领域的人工智能教育品牌。

四、加快宁波人工智能产业发展的对策建议

（一）产学联合，推动产学研用合作

以甬江实验室、甬江科创大走廊、北高教园区等为核心区域，谋划建设人工智能特色产业园，集聚一批创新研究机构和高新技术企业，营造产学研用融合发展的人工智能生态体系。支持本地龙头骨干企业与市外高校、科研院所开展产学研合作，联合开展核心算法、智能信息材料、智能器件、智能软件和系统集成等关键核心技术攻关。开展人工智能新技术新产品认定，对认定为人工智能领域新材料首批次、新装备首台（套）、软件首版次等新技术新产品给予一定补助。鼓励政府部门和企事业单位使用本地人工智能新技术新产品。

（二）跨界融合，以应用促进产业发展

注重人工智能和制造业的结合，提升制造业智能化水平，推动制造业企业应用工业互联网平台加快数字化、智能化升级，在骨干企业分类分步推进离散型、流程型、个性化定制等智能制造新模式，加快智能生产线、数字化车间、智能工厂建设。注重人工智能和现代服务业的结合，围绕智慧亚运、未来社区建设，聚焦服务型制造、港航、商务、金融、交通、文体等领域，广泛培育智能化现代服务业。注重人工智能与民生的结合。做大做强宁波城市大脑，合规有序开放共享政务数据、公共数据、企业数据、互联网数据等数据资源，打造行业应用场景示范样板。

（三）点面整合，细化优化产业发展规划

优化产业空间布局，加快推进高新区智能硬件园区、余姚智能新业港、宁海智能汽车小镇、北仑智能芯片基地、鄞州智能家电基地等产业平台建设，打造全国人工智能产业集群引领区。聚焦细分领域发力，围绕智能家电家居、智能装备、智能汽车、智能信息终端、智能芯片等领域，进一步完善和优化政府扶持政策环境，加快形成行业应用示范。分类强化金融支撑，加大"财政＋金

融"服务支撑力度,设立人工智能产业发展基金,重点支持人工智能初创企业;畅通天使投资引导基金、创投引导基金及股权投资等多种资本市场融资渠道,引导社会资本支持人工智能龙头领军企业发展。

(四)引育结合,加快储备人工智能人才

人社部联合阿里巴巴发布的《新职业在线学习平台发展报告》指出,目前人工智能人才国内供需比例为1∶10,到2025年人才缺口将超过1000万。宁波要加大人工智能人才储备引育力度。一方面要支持宁波工程学院、宁大科技学院等宁波高校做大做强人工智能学科,鼓励龙头企业高级研发人员参与高校人工智能相关课程教学与研究生培养,支持企业、高校、研究院所共建培训研发基地,联合开展订单式人才培养;另一方面,依托"顶尖人才""甬江引才""海外工程师"等人才引进专项,引进一批人工智能领域创新创业人才。

徐 毅

宁波发展空天信息产业的机遇和路径研究

空天信息产业是大国竞争和我国实现科技赶超的重要产业阵地，也是迈入全互联时代支撑经济社会数字化转型的新兴产业形态，为地方政府开辟产业新赛道、寻求转型新突破、塑造竞争新优势带来机遇。北京、上海、广州、深圳、杭州等城市加快布局空天信息产业，深入实施军民融合发展战略，加强与航空航天强校强所强企合作，积极谋划重大产业项目。宁波所处北纬30度，适宜火箭发射，还具备火箭海运和残骸落海的区位条件，可以说发展空天信息产业地理优势明显。因此，宁波应紧紧抓住建设国际商业航天发射中心这一重要机遇，立足基础优势，补齐短板，创新机制，加快打造特色鲜明的北纬30度空天信息产业生态圈，催生新的万亿级产业集群。

一、空天信息产业迎来高速发展窗口期

空天信息产业是指运用空间基础设施和技术手段，收集、存储、处理和分析来自空天领域的信息并提供多样化服务的新兴产业，主要由卫星火箭制造、天基运营、地面平台和通信导航遥感等下游终端应用等环节组成，具有技术层级高、产业链条长、关联度大、市场前景广阔等特点。当前，发展空天信息产业迎来诸多机遇。

一是国家支持政策密集出台。空天信息产业发展政策环境逐渐向好，《关于创新重点领域投融资机制鼓励社会投资的指导意见》《关于经济建设和国防建设融合发展的意见》等文件的关注点逐渐从卫星制造扩展到空间基础设施，参与主体从国有资本到鼓励民营资本参与商业航天行业。《长江三角洲区域一体化发展规划纲要》等文件提出，要加强卫星导航等新技术研发应用，实现卫星导航定位基准服务系统互联互通。《浙江省航空航天产业发展"十四五"规划》提出，建设杭州、宁波航空航天科技创新区，布局航空运营服务网和空天数字服

务网。

二是市场前景十分广阔。美国卫星工业协会数据显示，2020年全球商业航天总收入达3850亿美元。据中国卫星应用产业协会预测，到2025年，国内拟发射超过3000颗商业卫星，卫星总重量超过400吨。以长征三号乙火箭7000万美元/次的发射成本估算，预计到2025年，国家发射需求将突破2100亿美元，商业航天行业市场空间巨大。

三是低轨卫星系统等关键技术壁垒取得突破。在以"东方红"系列为代表的中小容量、中大容量、超大容量卫星公用平台产品体系的支撑下，我国卫星研制的体积、重量、成本逐年下降，可靠性、集成度逐年提升。同时，可重复使用运载火箭的开发使得低轨卫星星座的大规模部署初具先决条件。

四是产业整体处于起步角逐阶段。目前，国内卫星发射服务供不应求。2020年，我国卫星发射次数和载荷质量均位列全球第二。根据国内已经部署的星座计划，未来5~10年，我国每年将有80~100颗低轨道商用卫星的发射需求量。此外，我国承担的国际发射任务逐步增多，这为宁波这样区位优势良好、配套产业较为完善的城市提供了发展空间。

二、宁波发展空天信息产业的基础和挑战

2016年，致力于建设国家未来产业示范基地和国际航天港的宁波航天智慧科技城启动建设，拉开了宁波发展空天信息产业的帷幕。发展至今，宁波相关的产业集群、人才科教、民营经济配套等优势不断凸显。

一是空天制造业基础扎实。宁波与空天信息产业高度相关的高端装备、关键基础件（元器件）、新材料、电子信息产业等均走在全国前列，已初步形成空天制造业发展格局，涉及企业、科研院所百余家，产品涉及新材料、电子元器件、机械制造、航空航天、通信装备等领域，部分单位参与"神舟"系列、嫦娥二号等项目的生产配套服务。

二是空天产业格局初步形成。宁波已初步形成"一城多点"的产业发展格局。"一城"即宁波航天智慧科技城，目前已储备一批航天产业链项目，涵盖运载火箭及航天器研制、商业航天运维和数据接收、发射服务、航天新材料等领域。"多点"即各区县（市）及其相关企业可为国家航天发射、航天器研制提供多样化服务和产品。

三是空天产业平台持续壮大。2016年，浙江省政府与航天科工集团签订战

略合作协议，共同推进宁波航天智慧科技城建设，在航天项目引进、商业航天发射场选址、基础设施建设等方面取得初步成效，象山航天发射场已初步通过相关技术、选址论证。2018年，宁波引进北京航空航天大学宁波创新研究院。

但是，宁波空天信息产业尚处于起步阶段，发展过程中仍有一系列问题亟待解决。一是全市统筹需突破。市级层面缺乏整体协调推进机制，市、县两级联动不够紧密，尚未形成统一管理、统一建设、统一规划的顶层设计。二是整机型、领军型企业需攻关。宁波企业大多只能为"神舟""嫦娥""天宫"系列和商用飞机等提供零部件或配套服务，在系统集成、维修保障、运营服务、研发设计等高端环节少有企业涉及。三是集聚发展水平需提升。缺少重大平台载体，企业大多"单兵作战"，人才和技术储备不足，自主创新能力较弱，布局较为分散。四是产业环境需优化。发射场建设进度不及预期，专业人才、金融资本以及通用机场、低空空域等要素、设施短板有待补齐。五是央地合作需升级。与航天科工集团、航天科技集团两大央企的合作还不够紧密，本土企业普遍面临信息渠道不畅、准入限制较多等难题。

三、打造航天与智慧产业融合发展产业生态圈

建议宁波以国际商业航天发射中心项目为抓手，以火箭研制、发射、回收三大核心功能为龙头，以运营、信息配套服务为重点，依托宁波国际航天港、空天信息大数据创新中心和宁波前湾新区卫星研发制造基地三大空间载体，加快聚焦空天信息关键产业环节，积极拓展航天数据应用，完善布局关联服务产业，推进开发"宁波一号"卫星星座计划，打造航天与智慧产业融合发展的北纬30度空天信息产业生态圈。

（一）实施"宁波一号"卫星星座计划

把握卫星低轨道和频段资源日趋稀缺及我国加快卫星互联网建设的发展趋势，参考"吉林一号""珠海一号""青岛西海岸号"，鼓励国有企业带头，联合民营企业和商业卫星企业，共同开发以城市命名的"宁波一号"遥感卫星星座计划，形成由视频卫星、高光谱卫星、雷达卫星、高分光学卫星和红外卫星等数十颗卫星组成的卫星组网，实现全天24小时对地观测并向地面接收站反馈海量数据，为工业互联网、深海探测等产业领域，车联网、卫星直播等消费领域，国土测绘、公共安全、应急救援等城市治理领域提供精准的卫星大数据，

为产业发展和社会治理提供重要支持。全力冲刺宁波国际商业航天发射中心项目，力争由本土发射场完成"宁波一号"卫星星座组网。加大航天航空产业招商引资力度，鼓励社会资本参与卫星星座全产业链投资，逐步形成以卫星制造、卫星发射为上游，以地面设备、卫星运营、卫星应用为下游的产业链。

（二）锻造四大空天信息产业"硬核"力量

一是引进培育空天信息核心产业。围绕运载火箭、人造卫星两大商业航天产业核心内容，重点形成集"设计、制造、试验、发射、服务"五位一体的军民融合发展产业格局。争取筹划建设可完成中小型固体和液体火箭的研制、总装、测试全部工序的火箭制造工厂，尽快实现运载火箭本土化制造。引进中国电科10所、20所、54所，航天科技商业遥感卫星公司等多类型卫星载荷及平台单位，开发气象、资源、海洋等对地观测卫星和星载设备。

二是积极拓展空天信息应用产业。加快构建泛在互联、融合高效的天地一体化信息网，在车联网、船联网、物联网、智慧城市、智慧海洋等重点领域开展卫星导航与位置服务示范应用。在资源调查、经济普查、灾害监测、环保监测等领域发展低空无人机遥感系统。支持企业发展电子政务空天信息软件、大众生活智能终端App等产品。加快搭建基于卫星大数据资源开发处理的服务平台、软件平台、交易平台和数据应用研究中心。

三是发展空天信息关联制造产业。大力发展与航天相关的新材料、装备及电子元器件、生物和环境等为主导的高新技术产业。依托甬江实验室、中科院宁波材料所等创新平台，大力发展高性能材料。突破关键机载电子设备系统集成、地空通信、人机智能交互、基础元器件材料及工艺和适航取证等核心技术障碍。支持相关企业做大航天光学组件规模。发展生物医药、生物保健品和育种制种业，空天环境控制及资源再生产业。

四是完善布局空天信息延伸产业。重点布局文旅和科教两大影响力长远、带动性较强的产业板块。在航天文旅服务方面，建设象山航天文旅小镇。可参考肯尼迪航天中心，筹划建设国家航天主题公园、中国航天博物馆、大型航天发射观赏平台、虚拟航天体验中心、航天主题动漫产业园、国际航天影视基地、航天科教文化基地等重点项目。谋划举办世界宇航大会、航天科技会展、中国航天科技大会等博览会。在航天教育服务方面，争取清华大学、北京大学、南京航空航天大学、北京邮电大学等高校在宁波建立分校。

（三）构建"一港一中心一基地"的产业空间布局

"一港"即宁波国际航天港。尽快落地宁波国际商业航天发射中心项目（象山），打造年发射规模100发的商业航天发射基地和千亿级的航天配套产业基地，开展火箭回收试验和商业航天发射活动，逐步建设成为国际领先、国内一流的商业航天发射场、航天科技产业创新港、航天云制造示范基地。

"一中心"即空天信息大数据创新中心。利用甬江科创大走廊建设契机，依托基于卫星通导遥等空天信息技术应用所产生的海量数据，择址建设空天信息大数据创新中心。大力引进空天信息大数据处理、分析、应用及云计算企业，面向市场提供空天信息大数据分析结合人工智能应用的整体解决方案及服务。近期，重点建设国家北斗导航位置服务浙江（宁波）分中心和宁波遥感应用中心。

"一基地"即宁波前湾新区卫星研发制造基地。在宁波前湾新区组建宁波市卫星互联网公司，积极争取中国卫星互联网工程试验星项目落地，集聚发展中小微卫星整星生产制造，打造具有强集聚、广辐射和应用示范效益的长三角卫星研发制造基地。依托宁波前湾新区数字经济产业园，围绕车联网、智能家居、智慧海洋等领域的应用需求，发展卫星综合通信产品、遥感遥测技术、车用船用卫星设备等相关配套产业。

（四）创新产业发展保障举措

一是加强组织领导。建立市空天信息产业发展联席会议制度，由市发展改革委牵头，在市发展改革委设立联席会议办公室，由宁波市战略性新兴产业发展领导小组办公室一并负责，承担日常协调等职能。建立宁波市空天信息产业专家委员会，聘请有关专家为产业发展提供咨询和技术支持。

二是健全工作推进机制。按照职能部门对口原则和责任分工，加强与国家国防科工局等主管部门及航天科工等军工央企的紧密衔接，力争已签项目落地。借宁波自贸片区建设机遇，争取商业航天领域开放试点，鼓励国内甚至国外商业航天企业在宁波商业航天发射场自建自有工位，适度放开商业卫星进出口限制等。

三是加大政策扶持力度。将空天信息产业作为今后全市战略性新兴产业的重点领域，加大对核心企业的招商力度，对龙头企业和配套企业给予政策支持。完善军民两用领域的投资回报机制，推广实施PPP等模式，拓宽融资渠道。

四是完善土地、人才等保障。在产业集聚区建设一批可租可售的创新型产业用房。做好与新一轮国土空间规划对接，对重大项目区域内的沿海生态防护林进行相应的规划调整。实施空天信息专项人才引育政策。推进产教融合发展，支持与宁波合作的高校在甬加强航空航天学科专业建设。

汪志飞　管如镜　陈旭钦

加快宁波生物降解塑料产业发展壮大的建议

国家"十四五"规划纲要指出,要构建绿色技术创新体系,实施绿色技术创新攻关行动,开展重点行业和重点产品资源效率对标提升行动。同时,国家和各地纷纷出台"限塑令",环保观念深入人心,环保消费需求更加时尚、旺盛,绿色将成为新时代发展的底色。绿色材料是绿色经济的基石,生物降解塑料作为新型材料,在治理"白色污染"、节约国家能源等方面将大有作为。宁波在材料领域的科技创新有扎实基础,应当顺势而为推进生物降解材料产业发展,在关键领域扛起科研攻关、打破核心技术国外垄断的责任,推进生产和消费绿色转型,助力全省打造美丽中国先行示范区。

一、生物降解塑料的应用前景

(一)生物降解塑料的基本原理

生物降解塑料,是指废弃后可由自然界存在的微生物作用而完全分解为无害物,实现自然界碳循环的一种塑料材料。可降解材料根据降解机理分为光降解、生物降解和水降解等,生物降解塑料应用性最强,通过堆肥即可达到降解目的。生物降解塑料主要有生物基塑料和石油基塑料,前者如聚乳酸(PLA)、聚羟基脂肪酸酯(PHA)、聚丁二酸丁二醇酯(PBS)、新型生物高分子3-羟基丁酸酯和3-羟基戊酸酯的共聚物(PHBV)等;后者如己二酸丁二醇酯和对苯二甲酸丁二醇酯的共聚物(PBAT)。PLA、PBAT具有完全可降解属性,材料性能良好,应用场景丰富。PLA以玉米等含淀粉生物质或秸秆纤维素为原料,被认为是未来有望撼动石油基塑料和石油基化纤传统地位的新材料。

(二)生物降解塑料的应用价值

传统塑料在自然环境中降解一般需要数百年甚至上千年。截至2019年底,中国的初级形态塑料产量已累计达到10亿吨，废弃塑料量也居世界前列。作为石油资源高度依赖进口的塑料消费大国，中国在"塑料治理"方面的需求较全球大多数国家更紧迫。国家统计局、发展改革委等数据显示，我国每年农用薄膜产量、商品塑料包装、快递废纸、废旧纺织品规模分别达8.5万、160万、900万、2000万余吨，食品容器、农用薄膜、物流包装、纺织服装等领域是生物降解塑料最大的替代领域。此外，医疗、居家、卫生、装饰、农林牧渔、建筑、家电等领域都有极大的应用潜力。如该类材料可用于制造外科手术的缝合线、人造皮肤、骨固定材料以及体内药物缓解剂等医用产品。随着人们环保意识和能源危机意识的不断增强，生物降解塑料必将进入人们日常生活，在各领域得到广泛应用。

（三）生物降解塑料的政策体系

全球已有近70个国家加入"限塑"计划，其中至少14个国家已经禁止使用塑料袋。如自2021年起欧盟全面禁止成员国使用饮管、餐具和棉花棒等10种一次性塑料制品，要求到2025年一次性塑料瓶回收率达到90%。中国自2007年国办发布首个"限塑令"以来政策不断加码。2020年国家发展改革委发布《关于进一步加强塑料污染治理的意见》，禁止生产销售超薄塑料购物袋、超薄聚乙烯农用地膜，分步骤禁止生产销售一次性发泡塑料餐具、一次性塑料棉签、含塑料微珠的日化产品，分步骤、分领域禁止或限制使用不可降解塑料袋、一次性塑料制品、快递塑料包装等。随后全国各省区市陆续推出禁塑政策。浙江省发布《关于进一步加强塑料污染治理的实施办法》，限、禁塑力度更大，将进一步缩减传统塑料使用空间，为可降解塑料产业发展创造了政策机遇。

二、生物降解塑料的产业情况

（一）生物降解塑料的产业链条

上游主要是基础原料产业，PLA等生物基塑料以玉米等农作物为主要原料、以丙交酯技术为核心。丙交酯纯化技术具有较高的技术壁垒。目前，掌握高质量丙交酯制备技术且形成聚乳酸生产规模的企业全球仅有几家，主要有NatureWorks（美国）、法国道达尔和浙江海正公司。国外的丙交酯产品停止外售，浙江海正可实现部分自给。国内PBAT等石油基产品生产技术已经达领先水平。中游主要是原材料的加工改性，生产制成可降解的基础塑料材料。下游主要是可降解塑料的应用,如在包装、电子、汽车、运输、消费品、纺织、农业、涂料、3D打印、现代医药、建筑等领域生产替代部件。

(二)生物降解塑料的供需情况

从供给端看,欧洲生物塑料协会2019年9月数据显示,全球生物塑料年产能为211.4万吨,其中生物降解塑料为117.4万吨,产能分散、市场集中度不高。国内PBAT生产工艺已经较为成熟,合计产能规模已经超过国外。截至2019年底,海外主要PBAT生产商德国巴斯夫产能为6万吨,而国内金发科技已具备7.1万吨产能。2019年我国可降解塑料的产能达61.7万吨,产能增速达37%,占全球总产能的45.3%,实际产量约为26万吨。国内PLA因丙交酯技术尚处在突破阶段,仍面临较为严重的原材料短缺风险。据IHS Markit数据显示,欧洲是可降解塑料的主要市场,占全球55%,亚太地区占全球25%,北美需求占19%,中国占12%,全球生物降解塑料需求量增速保守估计约28%。2018年我国可降解塑料市场消费规模仅为4.2万吨,但按照年25%替代率计算(2019年主要一次性塑料消耗约800万吨),未来5年可降解塑料市场需求将超200万吨。

(三)生物降解塑料的产能分布

PBAT方面,国内产能最大的是金发科技(广东),其他主要生产企业包括新疆蓝山屯河、杭州鑫富、山西金晖兆隆。根据海通证券等机构资料,广安宏源科技、重庆鸿庆达、万华化学、山东睿安等企业也相继进军该产业,16家主要材料企业在建PBAT产能超110万吨。江苏恒力石化投产和在建PBS类生物降解塑料项目产能超过93万吨。PLA的生产壁垒仍然较高,产能扩张速度较慢。浙江海正目前产能约为4.5万吨,浙江友诚、安徽丰原、河南金丹也在布局PLA产业链。宁波家联目前是全市规模最大的可降解塑料产品生产企业,2019年销量为846吨。

三、宁波发展生物降解塑料产业的基础和难点

(一)宁波发展生物降解塑料的基础

1. 具备较好的科技支撑。近年来,宁波新材料产业发展迅猛,2018年产业规模超2000亿元,占全市工业总产值的12.1%,正在努力建设全球新材料创新中心。根据宁波材料所的专利检索报告,中国是生物材料技术专利的主要申请

地区，江苏、广东和浙江专利申请最多，三个省份的专利申请占全国总量的近40%，浙江大学、中科院宁波材料所是全球生物材料技术的重要申请主体。

2. 具备较实的产业支撑。全市石化产业结构持续完善、产业链条不断延伸，在发展绿色石化、环保材料方面积累了技术和产业基础，培育、引进了宁波天安生物材料、宁波家联、宁波百福得环保、昌亚新材料、宁波万华等一批具有生物降解塑料研发、生产能力的投产企业和潜在企业。在上游领域，宁波天安生物材料有限公司有年产新型生物高分子降解材料PHBV 2000吨的能力。在中游领域，宁波家联科技、宁波百福得环保科技等公司已具有PLA等材料研制生产技术，家联科技还参股了安徽丰原PLA项目。在下游领域，昌亚新材料、慈溪和达、宁波环球生物、浙江博硕倍生物等在一次性塑料制品和医用材料等方面具有可降解材料应用生产能力，并占据了一定的市场份额。此外，浙江逸盛石化、浙铁江宁化工等企业还具备生产PBAT材料的能力。

3. 具备较足的市场支撑。宁波是全国塑料产品原材料和制成品的主要供给地区，在当前禁塑越来越严的政策环境下，以生物降解材料逐渐替代原先塑料本身具有巨大的市场空间。2019年全市橡胶和塑料制品产值477亿元、占全省的17.8%，2020年全市快递业务量11.5亿件、占全国1.4%。同时，PBAT等石油基可降解材料的原材料需要PTA、BDO，随着国内各地大炼化企业陆续投产，宁波未来PTA、BDO将进入产能过剩期，抢占可降解材料先机有利于宁波消化既有产能。

(二) 宁波发展生物降解塑料的难点

1. 上游关键原材料供应不足。国内仅有海正生物等极少数企业具备PLA量产能力，浙江友诚在宁波象山的生物基可降解新材料产业基地等项目的投产时间未定，医用领域的高端降解材料研发投入薄弱。部分技术虽已有中试技术或工业化装置，但产品质量与欧美企业还有一定差距，有些生物可降解材料离工业化还有较远距离。可降解塑料属于化工新材料产业，环保审批严格，项目的土地和环评手续严格、周期较长，制约了产业布局和建设进度。

2. 产品生产成本控制能力不足。可降解塑料价格显著高于传统塑料，如PLA、PHA、PBAT的价格分别在1.6万~3万元/吨，4万元/吨，1.4万~2.5万元/吨，约是PE价格的2~5倍，PCL的价格甚至达到7万元/吨，是PE价格的9倍，较高的生产成本是可降解塑料推广的主要障碍。使用传统塑料袋成本是0.3元/个，可降解塑料袋的成本至少0.6元/个。2021年浙江省消费者权益保护委员会《禁塑令调查体验评价报告》显示，被调查的310家商场、超市、药店、书店、农贸市场、外卖企业中，44.8%的企业仍在使用不可降解塑料袋。

3. 行业标准体系和检测支撑不足。依据GB/T19277.1、GB/T19277.2、GB/T19276.1、GB/T19276.2、GB/T28206等检测方法，生物降解率达到90%以上即被认为"全"降解。国际标准化组织、欧洲标准化委员会、美国生物降解制品研究所对此也有自己的标准。我国20世纪八九十年代制定的标准如QB2461等目前仍在沿用，将半降解塑料也定义为降解塑料，生物降解塑料的标准体系有待完善，相关产品功能参差不齐。同时，可降解塑料检测机构数量少，长三角地区尚无相关机构，产品送检期最长竟达3年。

4. 后端处置和管理机制保障不足。生物降解塑料并非是在自然环境下可迅速降解的材料，需要先进行配套的分类回收，然后在恒温恒湿严格控制的工业堆肥条件下进行后端处理。理想情况下，生物降解塑料产品应投放到湿垃圾桶，随后运往垃圾处理厂进行堆肥处理。而目前后端收运和处理的发展速度，还跟不上生物降解塑料推广应用的脚步。

四、加快发展生物降解塑料产业的对策建议

（一）加快产业发展规划

一是明确打造生物降解塑料产业发展高地的定位。根据国内外绿色发展趋势要求，瞄准全球技术前沿，积极发展壮大生物降解塑料这一新时代的"工业粮食"产业，确立打造国内外领先的生物降解塑料研发创新中心、绿色塑料制造中心、环保材料质量检测中心、低碳消费示范区，建成具有世界领先水平的生物降解塑料产业基地。二是加快明确产业基地布局。按照充实现有产业园区、靠近原材料和市场、优先考虑配套成熟区块的原则，以宁波石化经济开发区、宁波大榭开发区等园区为重点，加快石油基生物降解塑料产业，以宁波生物基可降解新材料产业基地等为重点推进一批PLA产业项目集聚发展。三是编制生物可降解材料发展行动方案。科学测算市场需求和供应潜力，编制年度产能产量、传统塑料替代比例任务、应用目标和要素保障措施。

（二）积极培育产业链条

一是加快产业链重点环节项目引育。编制全市可降解塑料产业招商地图，实施产业链招商，与国内外龙头企业建立联系，分类制定招商引资方案，优化

项目审批、落地流程，加快传统石化产业园区向可降解塑料产业上游端布局产能。支持企业用好资源、综合利用税收优惠政策。二是鼓励塑料生产企业绿色转型。支持企业调整结构，改建可降解塑料生产设施，培育一批可降解塑料和制品生产骨干、示范企业。对转型企业给予绿色金融贷款等支持。三是帮助企业开拓国内外市场。抓住当前可降解塑料市场布局渗透的关键时期，支持市内企业积极参与"双循环"新格局构建，引导市内企业与国内外汽车、纺织、医疗、农资、物流、包装等头部企业合作，创新商业模式，加快生物降解塑料应用场景开发，抢占市场，锁定机遇。

（三）促进产业协同创新

一是加快生物降解塑料关键核心技术突破。对标国内外先进水平、不同应用领域的可降解材料，对标更理想的可降解技术路线，深化材料科研人才引育政策，加快突破一批关键核心技术、共性技术，发展具有自主知识产权、真正具有生态友好性的创新产品、生产工艺。统筹整合市内材料研发力量，依托甬江实验室、中科院宁波材料所等研究机构，浙江友诚、宁波家联等重点企业，推进产学研联合攻关，鼓励双向交叉任职，提高技术成果转化成效。二是完善可降解塑料标准体系。严格执行国家相关标准和规范，推广生物降解塑料技术和产品。加快制定生物降解塑料制品相关地方标准。大力支持企业参与制定、修改行业标准、国家标准和国际标准，鼓励生产企业采用国际先进标准。三是优化公共服务体系。完善产品检验检测及监测体系，满足产业发展公共服务需求，促进产业标准化、规模化发展。重点完善生物降解塑料制品检测认证制度，建立产品可追溯体系，坚决防止"伪降解"以"全降解"名义进入市场。依托宁波国家新材料测试评价平台浙江区域中心，加强与国内外权威的全生物降解制品质量检测认证机构对接，与重点企业合作建立可降解塑料检测评价中心，开展性能检测、质量评估、模拟验证和检测认证等公共服务。四是保持创新体系的开放性。对环保新材料的研发，要以"环境友好性"论英雄，实施环保材料创新的"揭榜挂帅"，在产业政策上保持高度的开放性，对其他降解率高、成本低的降解材料同样给予足够支持，推动全市降解材料研发、生产始终走在前列。

（四）完善闭环管理体系

一是建设垃圾堆肥处理设施。可降解塑料不能通过自然填埋、焚烧等方式形成环保闭环,可采取政府引导下的市场化运作,分阶段布局并推进工业堆肥设施建设,在重点开发区块提前布局相应的环保设施,避免"邻避效应"。二是完善塑料废弃物的回收利用体系。推行垃圾分类制度,构建由政府、企业、民众共同参与的塑料制品废物回收利用体系,实现源头分类、末端无害化处理及再利用的循环经济,适度延伸生产者回收处置责任。三是支持塑料废弃物资源回收利用企业发展壮大。统筹布局规划全市再生资源回收网点和项目,引导和扶持一批塑料制品废弃物回收处理企业,服务全市塑料制品的资源化回收利用,壮大"无废城市"建设的市场力量。四是强化市场监督执法。严格落实浙江省2020年9月印发的《关于进一步加强塑料污染治理的实施办法》,强化对列入禁止名录的塑料制品和生物降解塑料制品生产、销售、使用和废物资源化利用工作的督导检查,严禁违规产品进入市场,严厉打击非法倒卖一次性塑料制品等行为。

（五）加大宣传推广力度

一是加大重点行业生物降解塑料的推广力度。对已经研发成功并经过市场认可的新型环保材料产品,全市有关部门应积极推广,为新产品打开市场营造氛围。特别是在党政机关、事业单位、学校、国企、景区、超市、商场、酒店、民宿、医院、展会等场所提供生物降解塑料制品,鼓励大型食品企业、农产品加工企业、快递企业、机场、航空公司等主体加快对传统塑料包装的替代。二是加强绿色消费理念的宣传教育。把绿色塑料消费纳入全市节能宣传周、科普活动周等主题宣传教育活动,利用新媒体开展广泛的减塑动员,在部分社区、企业、学校等地开展相应的主题宣教活动,巩固和增强全民绿色消费的自觉性。三是利用数字技术完善绿色消费体系。完善质量认证机制,推出集中、统一的绿色证明性商标,增强绿色商标的公信力,为绿色采购提供财政税收和融资支持。加强扫码服务、区块链技术在产品信息溯源、产品全生命周期处理流程中的应用。

汪志飞

宁波发展甲醇汽车产业大有可为

2021年8月26日，工业和信息化部装备工业发展中心在北京发布了《中国汽车产业发展年报（2021）》。该年报指出，2020年，虽然全球汽车市场大幅萎缩，但新能源汽车市场发展势头强劲，销量达307万辆，其中中国新能源汽车销量达136.7万辆，同比增长10.9%，连续三年超过100万辆，继续位居全球第一。

从全球发展角度来看，能源和环境压力不断加大，一次能源资源日益减少。所以，减少传统燃油车是应对石油问题的唯一选择。目前，多个发达国家、地区以及知名汽车品牌已经明确公开禁售、停产燃油车的时间表，传统燃油车或将被逐步淘汰，发展新能源车是未来的趋势。2019年3月，工信部等八部委联合印发《关于在部分地区开展甲醇汽车应用的指导意见》，鼓励有条件的城市、地区逐步推进甲醇汽车应用，并研究把甲醇汽车纳入新能源汽车管理。

宁波是中国沿海最大的液体化工产品中转港之一，是华东地区理想的甲醇集疏基地，具有发展甲醇汽车产业的比较优势：宁波汽车产业基础雄厚，可成为甲醇汽车生产中心；港口资源优异，可成为华东甲醇集疏运枢纽；石化煤电风能等资源集聚，可形成甲醇产业链。笔者认为，宁波应抓住甲醇汽车发展的机遇，加快研究甲醇汽车产业规划，出台产业扶持政策，充分发挥宁波石化、汽车产业优势，加快谋划以甲醇汽车为主、纯电乘用车为辅的新能源汽车产业体系。

优化产业布局，把宁波打造成全国重要的甲醇汽车生产中心。鼓励和引导吉利汽车在宁波前湾新区设立"液态阳光经济总部"，确立宁波作为吉利甲醇汽车的全球生产研发中心地位。加快谋划前湾新区甲醇汽车整车生产基地，合理布局甲醇汽车量产空间需求。引导甲醇汽车相关零部件生产企业集聚，形成高效的生产协同体系。

推动技术研发，把宁波打造成甲醇汽车相关核心技术高地。由政府发起，甲醇汽车及燃料生产经营企业、金融资本等社会资本参与，共同设立甲醇汽车产业投资基金。扶持甲醇汽车科技重大项目，着力突破甲醇高效能量转化机制、低排放控制、长寿命低成本耐腐蚀材料等共性关键技术。支持企业、高等院校、科研院所联合攻关，围绕燃烧系统、电控系统、耐醇部件和后处理系统，突破关键共性技术。鼓励和支持企业研发甲醇混合动力汽车、甲醇增程式电动汽车、甲醇燃料电池汽车产品，加快甲醇汽车科研成果转化及产业化应用。

加快相关产业配套，把宁波打造成甲醇制造储备和交易中心。充分利用进口甲醇的价格优势，以及宁波得天独厚的港口区位优势，为全国甲醇燃料的运输和供应链配套提供重要保障。打造国际甲醇交易中心。争取在宁波建立服务全国的甲醇燃料检验准入核准体系，加快发展宁波绿色循环低碳的甲醇制造产业。研究论证宁波氢气及二氧化碳产甲醇项目可行性，在甲醇生产领域实现突破，引导和鼓励民营资本参与投资运营。

加大政策扶持力度，把宁波打造成甲醇汽车普及率全国领先的新能源示范城市。宁波应积极向国家申请成为试点城市，努力发展成为我国甲醇汽车推广应用的示范城市。构建立足宁波、服务全国的甲醇燃料加注体系，加快将甲醇加注站建设、改造纳入城市综合交通和建设规划当中，科学确定建设规模和选址分布。加快推动港区物流卡逐步向甲醇汽车转变，加快出台燃料补贴、购车补贴和限行政策，解决港口集疏运重型车尾气污染严重、利润低微的弊端。

宋宇宇

企业创新篇

新发展格局下甬企更需提速创新发展

由宁波市企业联合会、宁波市企业家协会、宁波市工业经济联合会共同推出的2021宁波综合百强、制造业百强、服务业百强和竞争力百强企业排行榜已经揭晓。在国际政治经济格局动荡变幻、新冠肺炎疫情肆虐影响全球产业链供应链的特殊背景下，2020年宁波百强企业经受住了各类负面因素的冲击，在体量规模、发展效益等方面呈现出积极向好的态势，但也暴露出新旧行业间、头尾企业间有所分化的问题。具体而言，有以下四方面特征。

总体来看，甬企体量规模稳步壮大，发展效益持续提升。2020年宁波综合百强企业营业收入达到1.67万亿元，较上年增长2.26%，在特殊的内外环境下，取得这一成绩殊为不易。同时发展效益也较为喜人，在减税降费等一系列政策支持下，综合百强企业净利润达到797.93亿元，较上年增长16.67%，扭转了2017—2019年连续三年的下降态势，而资产负债率则从2016年的66.58%降至57.50%，企业债务负担持续减轻。

从第二、第三产业对比来看，制造业仍是主体，服务业快速增长。综合百强中制造业企业55家，仍占据主体地位，服务业企业31家、建筑业企业14家。制造业百强企业营收10016.03亿元、利润616.72亿元，增速分别为0.53%、7.20%，增幅较上年（15.20%、16.81%）有所下降，服务业百强企业营收4813.54亿元、利润134.47亿元，体量显著小于制造业，但增速分别达到4.52%、82.98%，增幅较上年度（2.65%、0.62%）加大，总体上呈现出制造业企业体量占优、服务业企业增速较快的特点。

从新旧领域对比来看，传统行业优势稳固，新兴力量亟待壮大。此次综合百强榜单传统行业仍有较为明显的优势，商贸（24家）、石化（9家）、针织服装（8家）、机械汽配（8家）、有色冶金（7家）等行业企业成为主体，新能源新材料（3家）、电子信息（2家）、光学仪器（1家）、生物医药（1家）等战略性新兴产业领域的企业数量与上年持平。可见宁波还需培育更多身处新赛道、新航道的龙头型、领军型企业。

从头尾企业对比来看，榜首位置首次变换，头尾企业效益分化。本次榜单的一大变化是雅戈尔以1048.11亿元的营收，取代镇海炼化位居首位，这也是自2013年榜单设立以来，榜首位置的首次变动。金田铜业以同样超千亿元的营收占据榜眼位置，镇海炼化退居第三。这其中固然有国际油价持续低位徘徊的原因，但也说明宁波民营龙头企业在复杂多变的市场环境中保持着稳健发展的良好态势。同时，在营收普遍提升的情况下，头尾企业间效益分化显著，利润超5亿元的综合百强企业从35家增至38家，净利润占总额的87.25%，较上年度83.30%的比重有所提升，而利润不足1亿元的企业则从31家增至33家，表明相关企业还需持续提升盈利能力。

当今世界正经历百年未有之大变局，各类"黑天鹅""灰犀牛"事件接踵而至，特别是中美贸易摩擦、新冠肺炎疫情等百年不遇的大事件对正常的经济运行秩序、日常的企业经营活动造成深远影响、构成严峻挑战。在此形势下，对宁波企业而言，身处新阶段、面对新挑战，要将创新发展牢牢摆在首位，不断增强核心竞争力，筑牢技术、市场"护城河"，以应对日趋复杂的国内外市场竞争环境。应重点做好以下几点。

加快理念创新。相较于以往"两头在外、大进大出"的发展思路，新发展格局更强调内需引领、自主创新以及以我为主的高水平对外开放，对此，宁波企业应进一步摆脱重生产轻品牌、重市场轻研发的传统发展模式，创新发展理念，根据自身行业属性、产品特征，宜内则内、宜外则外，对内要注意更好挖掘广阔的内需市场，适应不同地区的内贸环境，对外要持续向价值链高端攀升，提高自身配置国际资源、占领国际市场、把控国际产业链的能力。

加快技术创新。近年来宁波企业的技术能力已有显著提升，一大批深耕细分市场领域的单项冠军脱颖而出，但仍需面对本地生物医药、航空航天、人工智能等新技术领域基础研究能力较为薄弱的问题。一方面要加强与国内外创新网络的联络，广泛搜罗创新资源、创新人才为我所用，加快相关技术的转移转化和大规模应用；另一方面要积极推进企业研发机构的建设，提高自身应用基础研究的能力，不断争取和强化在创新链中承上启下的关键地位。

加快产业和赛道创新。当前国内外规模增长较快的企业均身处新能源汽车、互联网创新应用等新产业赛道，而这方面宁波企业虽有布局，但收效尚不显著，独角兽企业数量相较杭州、合肥等城市有不小差距。因此，宁波产业经济要想在稳定增长的同时获得新的爆发点，一方面需要有企业稳固主业、扎牢基本盘；另一方面也需要有更多企业从新产业、新赛道中破壳而出，成为宁波新的金名片。

加快模式和业态创新。目前网红经济、体验经济、共享经济、直播经济等新业态新模式已在国内许多城市蓬勃发展，成为内需市场的重要组成部分，宁波也有相关企业开展探索并取得一定成绩，但规模还不够大、名声还不够响，相对同类竞争企业处于相对靠后的位置。而这些领域往往奉行胜者为王、赢家通吃的原则，一旦抢占先机往往一路领先，因此，宁波企业和企业家应考虑积极尝试模式创新、业态创新，争做先行者、领跑者，不断壮大百强榜上的新兴力量。

陈　浩

进一步强化企业产教融合主体作用的对策建议

自2019年入选首批国家产教融合型城市试点以来，宁波制定出台深化产教融合的实施意见，推进"五个一批"建设，充分激发企业、高校、行业协会等主体作用，产教融合工作取得了良好成效。近期，宁波市政府发展研究中心联合宁波职业技术学院，对宁波84家百强企业，以及13家高校产教融合情况开展了专项调研。调研显示，宁波企业参与产教融合起步早、形式多、范围广，但也存在"校热企冷"、企业主体作用不突出等问题，需要进一步激发企业的参与热情。

一、宁波企业参与产教融合现状

（一）产教融合起步较早，参与度较高

宁波产教融合探索实践早，校企参与度较高，先后建成石油化工、纺织服装等应用型人才培养基地，汽车制造、现代模具等11家产业特色学院，涌现出吉利汽车、公牛电器、海天塑机等一批产教融合先行企业。80%以上的样本企业开展了产教融合工作，这些企业均与5家以上市内外院校建立企校合作关系，92.9%的企业希望与高校建立紧密的长期合作关系。

（二）企校合作形式多样

宁波产教融合不断打破传统形式，积极搭建"引企驻校""引教入企"的新平台。"举办实训实习基地""开展科技项目合作"的占比分别为78.3%、53.6%；"举办订单班""联合建设研发中心"占比均为30%以上；"举办产业学院""建设技术技能（职业教育）培训中心"的占比均超20%（见图1）。

（三）企校合作内容广泛

宁波企业与高校合作的内容较为广泛，包括提供实习实训、承诺提供学生就业岗位、企业技术人员参与教学等10个方面。为合作院校学生"提供实习实训机会""承诺提供学生就业岗位"占比最多,均达80%左右;"企业技术人员参与教学""开展科技项目合作""制订人才培养方案"占比均超过50%;企业在"构建课程体系""开展在职员工培训"等方面的参与率均超过33%(见图2)。

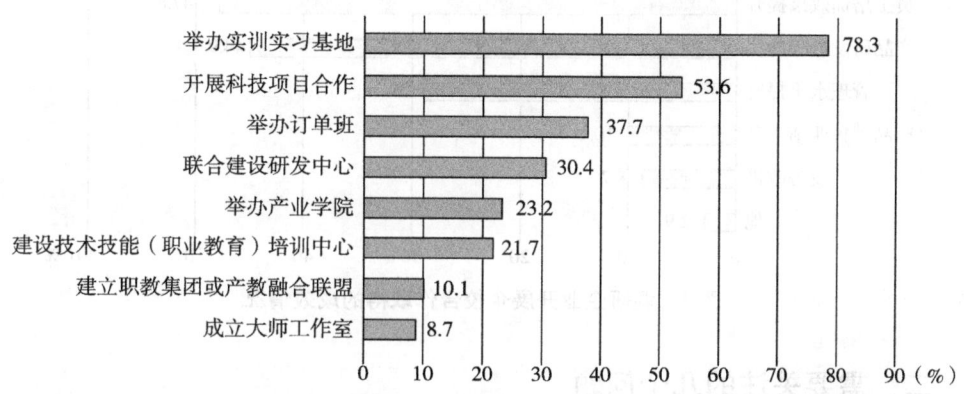

图1 调研企业开展产教融合的主要形式

资料来源:根据调研数据计算,下同。

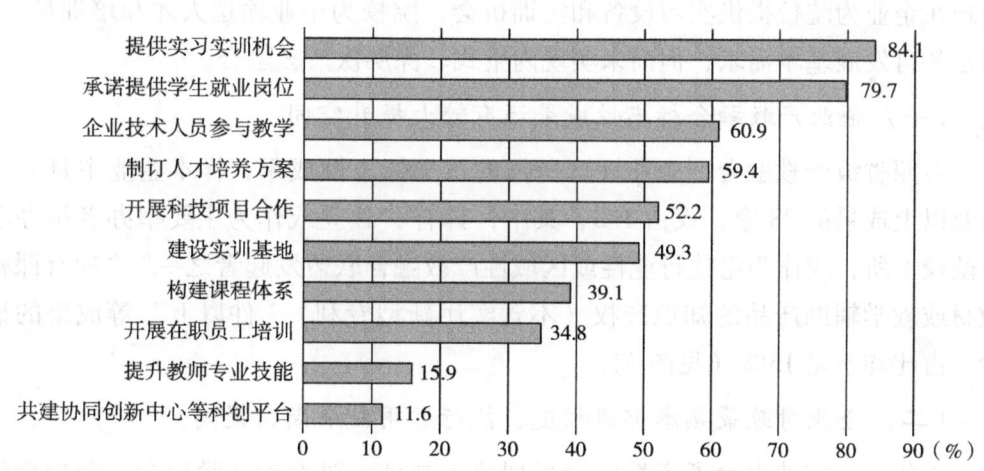

图2 调研企业开展企校合作的项目内容情况

(四)企校合作成效不断提升

认为企校合作整体效果"比较有成效"及"很有成效"的企业占比为71%,仅有5.8%的企业认为"成效不明显"。具体来说,认为促进了企业

"人力资源结构优化""品牌和企业文化输出""技术研究水平提升"的占比居前，均超50%；认为推动了"员工培训效果提升"和"产品研发进程加快"的将近50%（见图3）。

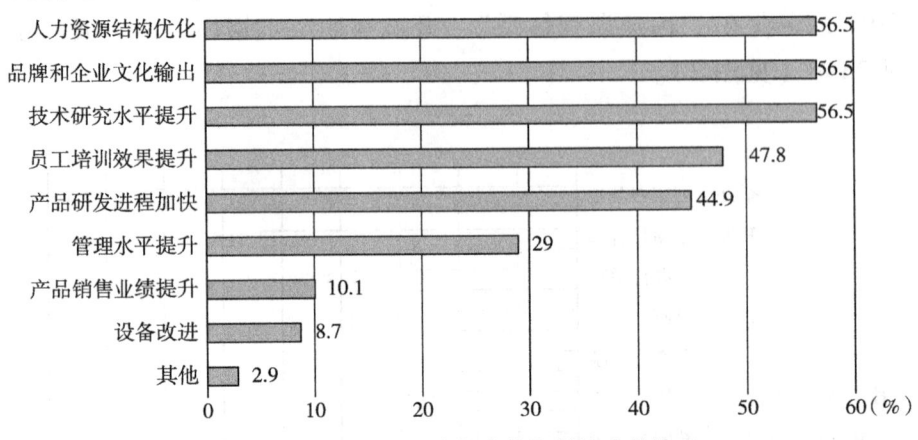

图3　调研企业开展企校合作取得的成效情况

二、需要关注的几个问题

调研发现，宁波大部分产教融合、企校合作还处在协作式融合阶段，更多表现在企业为院校提供实习设备和实训机会，院校为企业输送人才和培训员工，满足各自发展基本需求，但尚未实现内生式、深层次产教融合。

（一）企业产教融合标志性成果还有较大提升空间

对照省级产教融合型企业评选所需的八项标志性成果，样本企业中具有三项及以上成果的28家，仅占1/3，其中，具有"独立或作为主要举办者举办职业院校1所，或作为组建行业性或区域性产教融合联盟发起者之一""拥有课程教材或教学辅助产品的知识产权（不含实用新型专利）3件以上"等成果的最少，占比均不足15%（见图4）。

（二）企业对政策熟悉重视程度、执行运用效果尚需提高

近年来，宁波出台了产教融合系列政策文件，对推动产教融合、企校合作发挥了较好作用，但也存在企业对政策了解程度不深入、执行效果不理想等问题。调研发现，企业对最新的产教融合政策了解不深入，"非常了解"的仅占1.4%，开展职业教育办学投资的企业偏少，只有2家企业已填报抵免当年应缴教育费附加和地方教育附加，占比仅为2.4%。

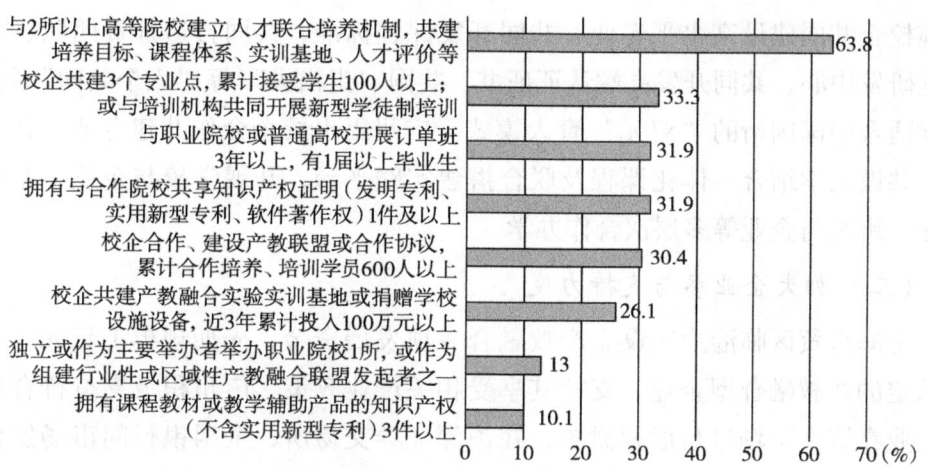

图4 调研企业开展产教融合所获成果情况

（三）企业内部组织保障有待加强

绝大多数调研企业未成立独立部门和配备专职人员负责产教融合工作，"既无独立部门又无专职人员"的超过50%。仅14.5%的企业"有负责产教融合的独立部门和专职人员"。

（四）产教融合对企业技术研发的促进作用有待提升

近3年来，每家调研企业合作研发项目年均仅0.73个，共享知识产权证明年均不足0.4个。

三、相关城市推动企业深入参与产教融合的举措

（一）拓宽企业参与途径

合肥推动产教融合型企业建立"工程师工作站""技能大师工作室"，规定规模以上企业按照不低于企业职工岗位5%的比例设立学生实习和教师实践岗位，并对企业实习指导教师给予薪资报酬补助。深圳在全国率先探索"政府出补贴、企业出场地、校企共建共享"的建设模式，推动建成产教融合实训基地200余个。苏州鼓励规模以上企业安排专门机构和人员参与职业学校、高校人才培养，支持行业龙头企业建设企业大学，围绕企业及行业需求开展技术技能培训。

（二）推进产教协同育人

深圳推动华为、比亚迪、平安科技等行业龙头企业建设一批特色产业学院，

实施校企共同建设高水平专业、共同开发课程标准、共同打造师资团队、共同设立研发中心、共同开发高端认证证书、共同"走出去"等"六个共同"行动，探索适合中国国情的"双元"育人模式。广州提出校企合作共建专业、共编教材、共设工学结合一体化课程及联合搭建实践平台，开展学校与企业、专业与企业、班级与企业等多层次合作办学。

（三）加大企业参与支持力度

上海自贸区临港片区设立产教融合专项发展资金，先期规模1亿元，对通过认定的产教融合型企业，支持其享受相关产业政策。广州积极支持符合条件的企业在资本市场进行股权融资，在沪深证券交易所、全国银行间市场发债融资，加大产教融合实训基地项目投资。青岛建立全国第一批产教融合型企业申报平台，在全市范围内组织有意向企业进行申报，同时筛选符合条件的实训基地上报国家，向上争取资金支持。

（四）促进产教供需双向对接

厦门上线制造业数字化产教融合平台，通过大数据技术、人工智能算法匹配产业端的用人需求和教育端的人才供给，打通产教两侧的人才、技术、项目、科研的交流合作通道。上海鼓励企业建设产教融合信息服务平台，提供行业动态发布、人才需求与预测、学校资源等信息服务，推进产教供需精准对接。

四、强化宁波企业产教融合主体作用的对策建议

（一）开展产教融合型企业建设培育试点

建议由市发展改革委和市教育局牵头，会同市经信局、市财政局等部门，围绕宁波市重点建设的10条标志性产业链，在"大优强"企业名单中遴选一批产教融合型企业开展建设培育试点。对试点企业在项目审批、政府购买服务、人才配套、用地政策等方面予以优先支持。推荐试点企业优先申报国家产教融合型企业，激发企业参与动力。

（二）支持企业建设产教融合标志性平台

推广宁波工程学院杭州湾汽车学院、宁大科院慈星智能产业学院等建设经验，支持宁波市行业领军企业与在甬院校共建产业特色学院。支持宁波市重点行业协会牵头，行业领军企业、高校等主体积极参与，组建一批产教融合示范

性联盟，探索产教融合工作机制创新。对企业参与建设特色产业学院和示范性联盟的，综合考虑企业投入额度、人才培养效果等因素，给予相应补助，并在"大优强"企业评选、技术改造补贴等方面予以倾斜扶持。

（三）强化企业参与产教融合正向激励

借鉴深圳等地经验，设立产教融合企业专项支持资金，支持企业加大产教融合设备、师资等投入。对产教融合工作成效明显的，可根据接收学生数量、订单班学生留用率及职业技能水平等情况，给予企业相应奖补。面向急需、紧缺岗位、工种，探索实习实训岗位政府购买、企业承接模式。强化土地要素支持，将企业新建实训基地、职业学校用地视为教育科研划拨用地，予以优先保障。

王明荣　徐　毅　马苗金

宁波百万劳动者技能学历提升对策建议

劳动者技能培训是指培养、提高劳动者职业素养和职业能力的培训活动，主要包括就业前培训、在职培训、再就业培训及创业培训等。劳动者学历教育主要包括成人中等学历教育和成人高等学历教育，本文以低学历劳动者接受中等学历教育为重点。劳动者技能学历提升是缓解企业用工结构性矛盾的根本举措，对提高城市核心竞争力、促进经济高质量发展、提高劳动者收入水平具有重要意义。目前，宁波城乡劳动者尤其是外来务工人员群体技能学历总体处于相对较低水平，与经济高质量发展要求还有较大差距。为此，宁波要在积极引进人才的同时，更加重视大规模提升存量劳动者技能与学历水平，为高质量发展奠定坚实基础。

一、劳动者技能学历提升的重要意义

劳动者技能学历提升是有效缓解企业用工结构性矛盾的根本途径。目前宁波企业技能人才招工难问题依然存在，特别是在制造业智能化改造加速推进、服务业结构持续优化趋势下，宁波企业对具有一定学历基础的技能人才特别是高技能人才的需求更加旺盛，供需矛盾进一步凸显。一方面技能人才总量不足，据相关调查显示，在高技能人才中，宁波技师、高级技师的求人倍率分别达到6.31和7.79；另一方面存在现有技能人才达不到企业用人标准的情况。为此，要大力推进劳动者技能学历双提升，全面提高劳动者素质能力，建设一支高素质的产业工人队伍，有效缓解企业用工需求。

存量劳动者技能学历提升是有效缓解企业用工结构性矛盾的关键。人才引进是提升整体劳动者素质的重要方式，但是目前城市之间人口竞争日趋激烈，国内大部分二、三线城市对技能学历人才基本实现零门槛落户。对沿海城市来说，外来务工人员回流中西部地区的趋势更加明显，人才引进的规模受到较大限制，仅仅依靠引进人才已无法满足企业技能劳动者用工需求。为此，宁波要在积极引进人才基础上，提升存量劳动者技能学历水平，进一步扩大技能劳动者规模，促进存量劳动者技能学历跃升，从根本上缓解企业用工的结构性矛盾，加快推进产业高质量发展。

劳动者技能学历提升是提高城市核心竞争力的重要因素。人是生产力中最活跃的因素，是城市发展的最根本动力，劳动力尤其是高素质劳动力已成为城市竞争中关键的生产要素。劳动者技能学历提升是宁波加快形成城市核心竞争力的助推器。在城市核心竞争力构成诸要素中，高素质劳动者是至关重要的要素，提升劳动者技能学历有助于形成一支高素质劳动者队伍，促进城市竞争力要素优化组合，最终决定一座城市的核心竞争力。劳动者技能学历提升是宁波打造创新型城市的必然要求。当前城市的创新发展越来越依靠劳动者素质和能力的提升，尤其是规模庞大的一线产业工人的技术水平和创新能力直接决定和影响创新型城市的建设水平。因此，大规模提升劳动者技能学历水平，将为宁波城市创新转型发展提供可靠的人力资源保障。

二、劳动者技能学历提升现状

近年来，宁波重视劳动者技能学历培训，全面推进技能学历提升行动，取得显著成效。但是目前劳动者尤其是外来务工人员的技能学历总体仍处于相对较低水平，劳动者技能培训和学历教育的针对性、有效性不够强等问题依然存在，总体规模和质量有待进一步提高。

（一）职业技能培训基本情况

1. 组织实施机制初步建立。《宁波市职业技能提升行动实施方案（2019—2021）》（甬政办发〔2019〕78号）明确将全市职业技能培训工作纳入市就业创业工作协调机构工作范围，具体负责职业技能培训的协调、指导和督促。人力社保部门承担政策制定、标准规范开发、资源整合、培训机构管理、质量监管、统筹协调、督促落实等工作。市、区县（市）各有关部门结合实际制定技能提升年度工作计划，建立工作情况及培训数据报告制度及工作督查制度。此外，工会、共青团、妇联等群团组织以及行业协会积极参与职业技能培训工作（见表1）。

表1　　　　　　　　宁波市职业技能提升组织实施机制情况

部门或机构	主要职责或任务
市就业创业工作协调机构	负责职业技能培训的协调、指导和督促
人力社保部门	承担职业技能培训政策制定、标准规范开发、资源整合、培训机构管理、质量监督、统筹协调、督促落实等工作
财政部门	确保就业补助资金及时足额拨付到位
教育部门	组织各类学校承担培训任务
住建、农业农村、退役军人事务、应急管理、民政、卫生健康等部门	负责组织本行业本领域职业技能培训工作
工会、共青团、妇联等群团组织以及行业协会	积极参与职业技能培训工作

资料来源：根据互联网资料整理。

2. **资金保障机制逐步健全。**职业技能培训资金来源主要包括：失业保险基金或就业专项资金等财政补贴资金及企业职工教育经费等。财政资金补贴方面，根据人力资源市场职业（工种）紧缺程度、技能复杂程度、等级高低，制定发布培训补贴目录清单和补贴标准，积极实施差异化补贴，提高补贴针对性、精准性。同时积极拓宽培训补贴范围，积极推行"互联网+职业技能培训"，加大对贫困家庭子女、贫困劳动力、"两后生"、农村转移就业劳动者、下岗失业人员等重点群体的支持力度。2020年共补贴资金5.17亿元，其中以工代训补贴3.3亿元，常规培训补贴1.87亿元。

企业职工教育经费方面，要求企业按照国家《关于企业职工教育经费提取与使用管理的意见》的规定，提取工资总额的1.5%~2.5%作为职工教育经费，其中60%以上用于一线职工培训，可用于"以师带徒"导师津贴补助。目前宁波大多数企业提取了职工教育经费，但是这部分资金大部分用于企业高管、车间主任等管理层的培训教育，真正用于一线工人的比例相对较小。

3. **培训平台体系加快完善。**发挥公共培训平台引领性作用。打造11家市级高技能人才公共实训基地，年实训20000余人次，建成100家市级以上技能大师工作室，广泛分布于全市多个产业（见表2）。发挥职业院校技能培养中坚作用。目前全市有高职高专院校7所，在校生6.7万人；中等职业（技工）院校40所（人社部门主管8所，教育部门主管32所），在校生人数8.05万，其中中职学校6.8万人、技工院校1.25万人。围绕全市产业需求，统筹优化职业院校布局，动态调整专业设置。积极探索现代学徒制（企业新型学徒制）等多种校企合作方式，努力培养高素质技术技能人才。支持市场化培训机构发展。鼓励支持行业部门、社会团体、企业和个人开办各类职业培训机构，以市场需求为导向开展职业技能培训，目前全市有民办职业技能培训学校190余家。2020年宁波技能人才总量达180.15万人，高技能人才55.13万人，高技能人才占技能人才比例由"十三五"初期的25.2%提高到目前的30.6%（见表3）。

表2　　　　　　　　截至2020年末宁波职业技能培训主体

培训主体	中等职业院校	高职高专院校	培训机构	市级公共实训基地	市级以上技能大师工作室
数量	40所	7所	190余家	11家	100家

资料来源：宁波市人社局提供。

表3　　　　　　　　2020年宁波技能人才基本情况

年份	技能培训人数	技能人才总量	新增高技能人才	累计高技能人才	高技能人才占技能人才比例
2020	18.8万人	180.15万人	5.89万人	55.13万人	30.6%

资料来源：宁波市人社局提供。

（二）劳动者学历教育基本情况

1. 办学主体情况。劳动者学历教育主要包括成人高等学历教育和成人中等学历教育。成人高等学历教育办学主体主要是普通高校附设的成人（继续）教育学院和独立设置的成人高等学校。2020年，全市高校成人本专科毕业生为17747人，当年成人本专科招生27773人。成人中等学历教育主要是重点推进的"双证制"成人高中教育，其办学主体以乡镇成人学校、社区学院和职业学校等为主。"双证制"成人高中学历教育由文化课与技能培训两部分组成，线下教学一般利用业余时间，学制一年以上或采取学分制。学员符合毕业条件由宁波市教育局统一办理毕业审核、验印，并由注册学校颁发宁波市成人高中毕业证书。2020年"双证制"成人高中毕业生5789人，2021年计划招生4581人（见表4、表5）。

表4　　　　　　　　2016—2020年宁波"双证制"成人高中毕业人数

年份	2016	2017	2018	2019	2020
人数	9597	9295	9405	9017	5789

资料来源：宁波市教育局职成教教研室提供。

表 5　2021 年"双证制"成人高中教育招生学校名单和招生计划

市、区县（市）	招生学校	招生计划（人）
市本级	宁波市职业与成人教育学院	1000
海曙区	海曙区社区教育学院，鄞江镇、古林镇、高桥镇成人文化技术学校	188
江北区	江北区慈城镇、庄桥街道成人文化技术学校	110
镇海区	镇海区招宝山街道社区教育中心，九龙湖镇、蛟川、骆驼、庄市成人中等文化技术学校	300
北仑区	北仑区白峰、霞浦、大碶、梅山、柴桥、小岗、新碶成人文化技术学校	300
鄞州区	鄞州区云龙镇、城南、横溪镇、姜山镇、东钱湖镇成人文化技术学校	230
奉化区	宁波广播电视大学奉化分校、莼湖街道、溪口镇成人文化技术学校	225
慈溪市	慈溪市古塘街道等 3 个社区教育学院，龙山镇等 16 个成人中等文化技术学校	543
余姚市	余姚市朗霞街道等 11 所成人中等文化技术学校	460
宁海县	宁海县长街镇等 7 所成人中等文化技术学校	470
象山县	象山县社区教育学院，西周社区教育学院，丹西街道等 6 所成人文化技术学校	730
高新区	宁波国家高新区成人文化技术学校	25
总计	74 所	4581

资料来源：根据互联网资料整理。

2. 组织管理机制。成人高等学历教育方面，国家教育部主要进行宏观管理，省级教育行政部门进行统筹指导和监管服务，市、各区县（市）承担属地监管责任，各高校具有较大办学自主权。成人中等学历教育方面，按照独立办学、分级管理、属地负责的原则，成人中等学历教育的办学布局、办学单位资质审核和招生计划安排等由市和区县（市）教育局负责。同时与人社、农业农村、民政、总工会、妇联等部门和各行业协会建立协调联络机制，由成人学校、社区学院和职业院校等具体组织实施。

3. 资金补贴政策。成人高等学历教育方面，宁波市总工会积极落实《浙江省"农民工学历与能力提升行动"实施意见的通知》（浙总工发〔2019〕74 号），出台市级补贴政策，获得专科或本科学历的在职职工可报销学费 2500 元/人，劳模先进可报销总学费的 50%。成人中等学历教育方面，"双证制"成人高中教育培训中的文化课培训坚持公益性。市财政按200元/人标准补助给区县（市）定点学校，当地教育行政部门根据实际情况落实好配套经费，确实有困难的地区和特别有办学吸引力的学校可向学员收取学费，其标准不得高于培训成本费（见表6）。

表6　宁波劳动者学历教育补贴政策基本情况

主管部门或组织	劳动者学历教育类型	主要内容	补贴政策
各区县（市）教育行政部门	中等学历教育	"双证制"成人高中教育培训和成人中专教育	"双证制"成人高中教育培训市财政按200元/人补助区县（市）定点学校，当地教育行政部门根据实际情况落实好配套经费
宁波市总工会	专科或本科层次学历继续教育	行政管理、机械设计制造及自动化等18个本科专业面向专科及以上学历职工；行政管理、人力资源管理等35个专科面向高中（含中专、职高、技校）及以上学历职工	职工学历提升班毕业学员报销学费2500元/人；劳模先进学历提升班毕业学员报销总学费的50%

资料来源：根据互联网资料整理。

（三）存在的主要问题

1. 劳动者参与培训积极性不够高。产业一线劳动者尤其是一线外来务工人员整体技能素养不够高，劳动者自身对职业发展的意识和规划不够清晰。以作为宁波劳动力主力军的流动人口为例，2018年流动人口中劳动年龄人口（16周岁以上）有近400万人，其中，初中及以下文化程度人口占81.77%，总量达327万人；初中文化占比超过60%，超过240万人。这部分低学历劳动者多数生存压力较大，平时工作时间较长，对技能学历培训认识不足，对参与技能学历提升的积极性也不高。主要是由于部分企业作为用人单位，在招录一线员工时往往从实用性出发，对学历没有较高要求，也并未将初级的职业技能资格证书与工资津贴挂钩，导致劳动者参加技能学历提升的动力不足。而且一般的职业技能资格证书和学历证书的认可度相对较低，并不能真正满足企业的个性化需要。

2. 企业主体作用发挥不够充分。企业对职工技能学历培训培养的主体责任意识还不够强。部分企业负责人忽视职工队伍的长期建设，担心企业培养的人才外流，长期依赖外部引进人才。内部培训培养机制不健全。企业对职工技能学历提升缺乏统筹规划安排，尤其宁波绝大多数中小企业没有设立职工教育培训专门机构，技能学历提升与职位晋升、劳动报酬及奖金福利待遇互动的激励机制也不健全。企业对职工技能学历培训培养的投入不足，部分企业未足额提取职工教育经费，部分企业未达到60%的职工教育经费用于一线职工的要求。企业参与校企合作的积极性不够，校企合作实质激励机制缺失，税收、土地、金融等组合政策难以落实，产教融合缺少实质性推动项目。

3. 职业院校适应区域发展能力不足。当前宁波职业院校存在专业布局和结构缺乏整体规划的科学性和协调性、与产业结构联动机制还不够完善等问题。高水平的"双师型"师资数量不足，职业院校面向行业企业师资引进渠道不畅，缺乏相应的专门经费支持，企业工程技术人员、高技能人才与职业院校教师双向流动机制不灵活。职业院校服务社会创收奖励等激励机制不够健全，服务社会积极性有待提高。职业院校社会培训经费投入缺乏长效机制，教学设施、实训场地等还不完善。

4. 统筹管理体制机制不够健全。主要是职业技能培训资源比较分散，统筹协调管理体制机制需进一步理顺。宁波职业技能培训的资源主要分散在人社部门、教育部门及其他行业主管部门。目前的统筹协调机制层级和功能有待进一步升级，职业技能培训资源缺乏统一规划和协调，部门之间信息互动不够畅通，重复培训和补贴现象依然存在，政府、企业与培训主体三者整体的培训效率未得到充分发挥。

三、对策建议

"十四五"时期及未来更长时期，宁波要加快培养高素质劳动者和技能人才，促进低学历劳动者技能学历大规模、高质量提升。为此提出如下对策建议。

（一）明确具体目标

坚持以需求为导向开展"双证制"成人高中学历教育。鼓励支持乡镇成人学校、社区学院和中等职业学校等针对初中学历产业一线劳动者，尤其是初中学历外来务工人员开展"双证制"成人高中学历教育。坚持教育培训的需求导向，积极培育教育培训需求。大力发挥中等职业学校的引领作用，提高"双证制"成人高中学历教育规模和质量。

扩大职业技能培训规模。"十四五"时期要实施新一轮技能提升行动。针对有就业创业意愿和技能提升需求的城乡各类劳动者，尤其是产业一线低技能劳动者，通过产教融合、校企合作、线上线下结合、工学兼顾等培训教育模式，力争到"十四五"末期，大部分产业一线低技能劳动者技能都能提升一个层次，特别是要大幅提升高技能人才占技能人才的比例。

（二）提升教育培训质量

推动职业院校教育高质量发展。提高职业院校教学能力与水平。发挥职业院校专业设置对接市场灵敏度高的优势，根据产业发展需求，健全完善专业动态调整机制，重点培育紧缺专业和社会发展急需专业。加大职业院校布局力度，强化专业集群建设，提高人才培养质量，推动优质办学资源向产业园区延伸。深化"三教"改革，落实"岗课赛证"综合育人要求，内涵发展、特色发展、错位发展，探索符合宁波职业教育特点的评价办法，提升教育质量。落实"中等职业学校生均公用经费达到当地普通高中2倍，市属高职院校、技师学院高级工和技师段生均预算内拨款水平不低于当地本科院校标准"的政策。

探索组建混合所有制职业教育机构。聚焦绿色石化、汽车等重点行业需求，建立一批由政府引导、企业主导、职业院校参与的混合所有制职业教育机构，引入企业实质性参与职业教育办学过程，充分利用骨干企业技术专家队伍、设施设备，校企共建实训基地、研发中心等，校企共同实施"双元制"协同育人。建立健全理（董）事会决策、行政负责人组织执行、监事会监督、专家治学的管理运行机制，面向市场建立灵活完善的薪酬分配机制，优化薪酬结构，充分调动教职工和管理队伍积极性。

（三）调动多方积极性

发挥企业主体作用。全面落实企业职工教育经费税前扣除限额提高至工资薪金总额8%的税收政策。加大政策宣传力度，引导企业依法足额提取使用职工教育经费，并将企业职工教育经费执行情况纳入本市产业工人队伍建设改革重点关注内容。同时积极探索建立企业职工教育经费提取与财政补贴有机衔接配套机制，对职工教育经费制度执行较好的企业，加大财政补贴激励力度。

提高劳动者主动性。推广北仑实施的免费职业技能培训券，劳动者凭培训券可在本地公布的培训机构清单内自主选定培训机构，自愿选学职业（工种）。

引导企业强化一线员工工资收入分配的技能学历价值激励导向，引导企业在一线员工工资结构中设置体现技能与学历价值的工资单元，引导企业建立针对技术工人的补助性津贴制度。在对市流动人口进行积分落户评价时，承认"双证制"成人高中学历。

提升培训教师收入待遇。研究落实职业院校社会化培训工作量可按一定比例折算成全日制学生培养工作量的政策要求，比照全日制生均拨款方式，使得职业院校社会化培训可享受更多生均拨款。积极推进职业院校教师绩效工资改革，明确将职业院校教师绩效工资总额核定系数最高可提高到事业单位人员工资基准线的5倍，明确职业院校开展社会化培训所得收入可提取50%以上用于教师劳动报酬，不纳入绩效工资总量管理。

（四）创新教育培训模式

推广产教融合新模式。积极试点推广第三方专业机构作为产教融合"中间人"模式。政府负责搭建平台，确定实施服务的第三方专业机构；院校与企业负责安排学生与岗位提供实训，第三方专业机构辅助对接有培养意愿的院校与企业，为相关企业提供个性化人才培养方案，为实训学生设计针对产业特点的"标准化"课程设置并协助进行管理。政府、企业、院校、第三方专业机构"四方联动"促进劳动者技能学历教育与企业社会需求紧密连接，有效减少各方投入成本、降低培养风险，提高整体产教融合培训效率。

创新人才培养模式。引导行业企业参与制定专业群课程规划，对接产业链发展急需的工作岗位技术模块，优化相关的课程设置，探索实施现代学徒制人才培养模式，量身定制个性化的人才培养方案。加快职业教育融合，由高等职业院校和应用型本科院校牵头，组建中高本一体化联盟，制定中高本一体化专业标准体系，推进职业教育"中高本硕一体化"衔接。由全市中高职、普通高校、社会优质培训企业共同组建市级职业培训联盟，打破校际、校企、校社边界，分阶段、多形式聚集优质培训资源，建成具有示范性、引领性的地区职业技能培训集聚港。建立民办职业学校与公办职业学校相互委托管理规范。

探索试点技工教育集团新模式。引导支持本市技工院校、重点企业、优秀职业培训机构组建技工教育集团，联合打造招生平台、教育管理平台、师资调配平台、科研创新平台，着力构建技能人才培养层次规模与经济社会发展更加匹配、社会服务功能更加健全的现代技工教育机构，进一步提高技工院校招生规模，提升技能人才培养质量。

（五）健全管理体制机制

强化统筹协调。将劳动者职业技能学历提升作为人才开发的重要组成部分纳入人才工作体系，建议由市人才工作领导小组承担全市劳动者职业技能学历提升的统筹协调管理职责，强化规划统筹、政策协调和资源整合。进一步整合人社部门下属单位职业技能培训管理相关职能，将职业技能鉴定职能纳入人才培训机构，由人才培训机构对职业技能培训进行统一的全过程管理。

推进数字平台集成应用。在职业技能培训方面，将宁波市职业技能鉴定工作网、宁波职业培训公共服务网等平台进行合并，并整合宁波人才公共服务平台，建立人才一体化综合服务平台，实现职业技能培训与鉴定、人才服务、就业等业务系统的集成统一。在劳动者学历教育方面，将宁波成人教育平台整合纳入宁波终身学习公共服务平台，并与人才一体化综合服务平台系统实现互联互通。通过数字化平台资源整合推进"国家学分银行"建设工作落地实施，推动学历证书和职业技能等级证书互通衔接。

费孟云　农贵新　傅叶挺　唐平原　张小兰

宁波加快培育壮大市场主体的对策建议

加快培育壮大市场主体是提升经济内生动力、促进区域经济发展的主要抓手，也是宁波争先进位的主要支撑。特别是在经济发展面临需求收缩、供给冲击、预期转弱三重压力的宏观背景下，更应该高度重视市场主体。"十三五"时期，宁波市场主体呈现良好发展态势，总量净增加 32.6 万户，年平均增长 8.3%。截至 2021 年 6 月底，全市在册市场主体 115.4 万户，其中内资企业 47.3 万户、外资企业 1.4 万户、个体工商户 66.7 万户。尽管如此，宁波市场主体总量在浙江省 11 个地市中仅列第 4，总量、增速、创新水平在全国 15 个副省级城市中则处于靠后位置，迫切需要采取针对性措施，加快引育、繁荣、壮大各类市场主体，激发创业创新活力和高质量发展动力。

一、宁波与相关城市市场主体的对比分析

近年来，城市之间的市场主体发展质量竞争日趋激烈。通过省内 11 个地市和全国 15 个副省级城市的横向比较，宁波市场主体发展与先进城市已有一定差距，具体体现在总量、增速、结构、创新能力四个方面。

（一）总量上，列省内第 4、副省级城市第 10

截至 2021 年 6 月，宁波市场主体总量列省内第 4，被金华和温州超越，与杭州相差 33 万户，主要是内资企业数量相差 30 万户。与排名第 2 的金华相差 22 万户，主要是个体工商户数量相差 27 万户（见图 1）。截至 2020 年底，宁波市场主体总量列 15 个副省级城市第 10，不到深圳的 1/3，与成都、广州、西安的差距都在 130 万户以上，与青岛、南京的差距也在 40 万户以上（见图 2）。

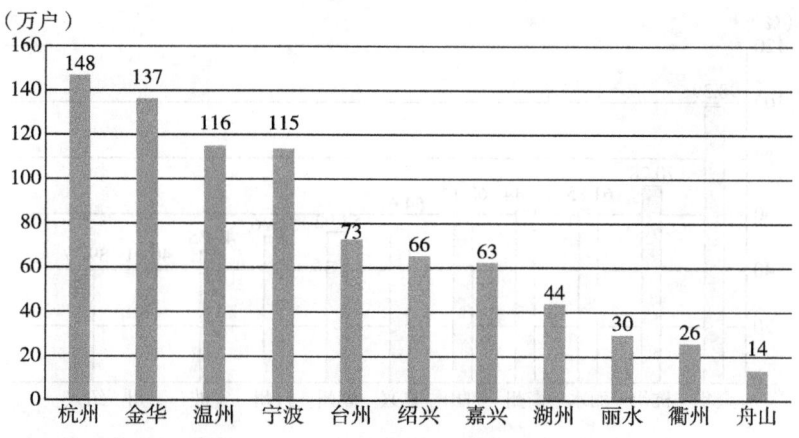

图 1　2021 年 6 月底全省 11 个地市市场主体总量

资料来源：根据各城市市场监管部门发布统计数据整理，下同。

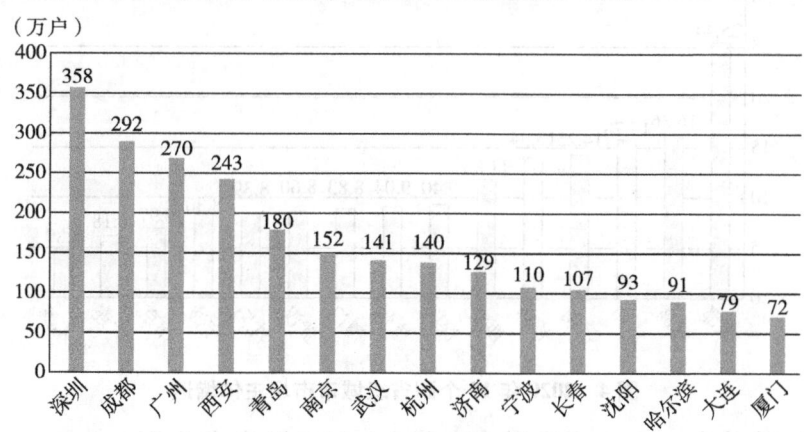

图 2　2020 年底 15 个副省级城市市场主体总量

（二）增速上，列省内第 9、副省级城市第 12

"十三五"期间，全省 11 个地市中金华市场主体净增长最快，达 98.39%。宁波净增长 47.35%，低于全省平均净增长率 10 个百分点，排名倒数第 3（见图 3）。2020 年，副省级城市市场主体增速最快的是成都 25.44%，宁波 8.30% 排名第 12，增速不到成都的 1/3。按照这样的增速，宁波市场主体总量排位还可能继续下滑（见图 4）。

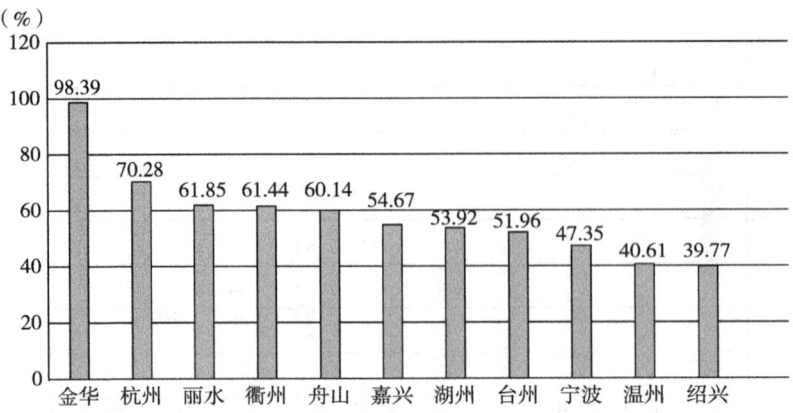

图 3 "十三五"期间全省 11 个地市市场主体净增长率

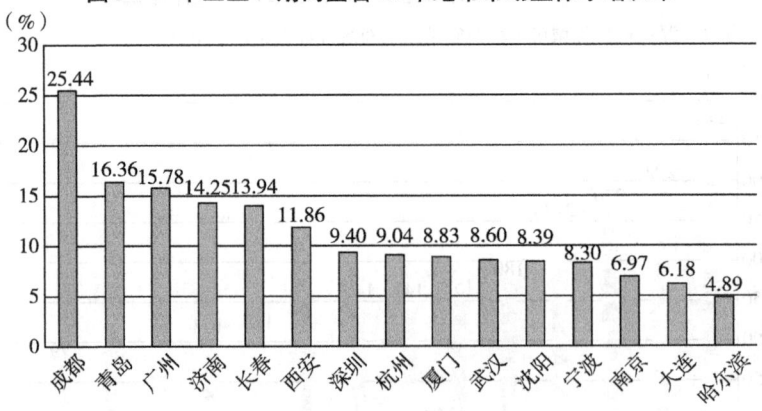

图 4 2020 年 15 个副省级城市市场主体增速

(三) 结构上，企业占比列省内第 2、副省级城市第 7

市场主体结构分布能够反映一个地区市场主体的质量。一般来说，市场主体中企业比重越高，主体质量越好。截至 2021 年 6 月，宁波市场主体中企业占比为 41.0%，居全省第 2 位（见图 5）。在副省级城市层面，宁波列第 7，约比深圳低 22 个百分点，约比杭州低 12 个百分点（见图 6）。

(四) 创新水平上，列省内第 2、副省级城市第 9

高新技术企业数量和有效发明专利数是反映市场主体创新水平的重要指标。从这两项指标数据来看，截至 2020 年底，宁波居全省第 2 位，但与第 1 位的杭州差距较大，高新技术企业数量和有效发明专利数都不到杭州的一半（见表1）。副省级城市中，宁波高新技术企业数量和有效发明专利数均居第 9 位，与头部先进城市差距较大（见表2）。

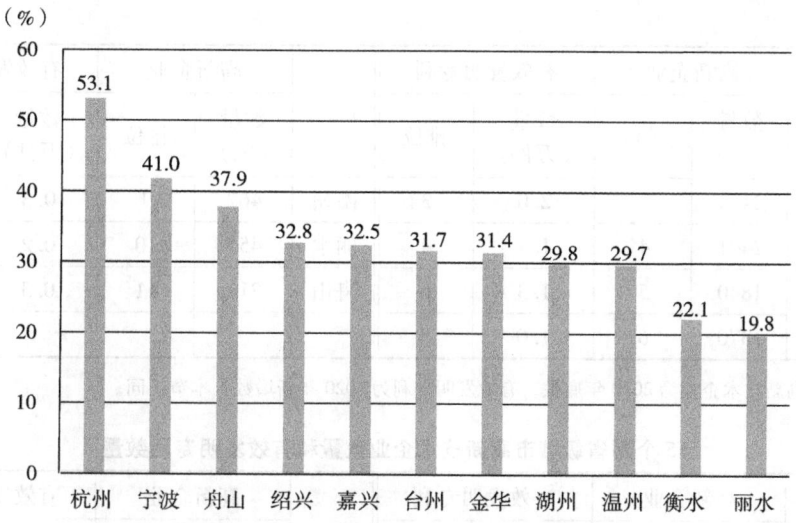

图5 2021年6月底全省11个地市市场主体企业占比

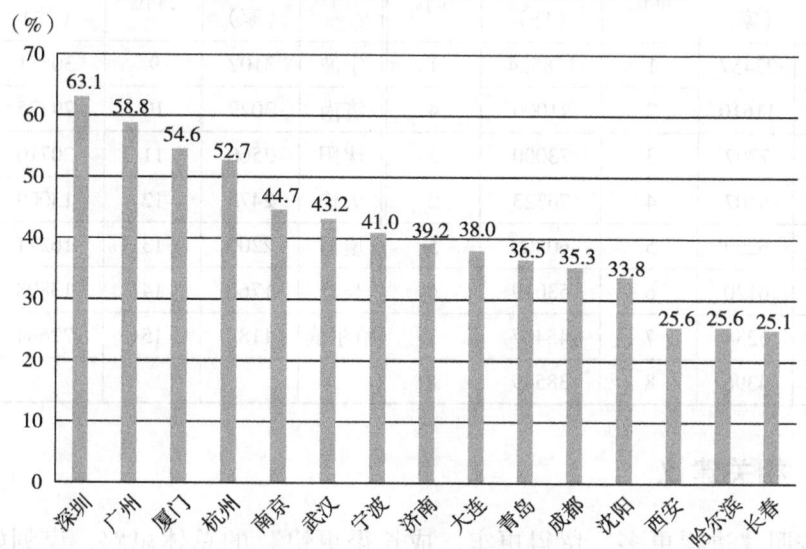

图6 2021年6月底15个副省级城市市场主体企业占比

表1 全省11个地市高新技术企业数量和有效发明专利数量

地市	高新企业 数量（家）	排位	有效发明专利 数量（万件）	排位	地市	高新企业 数量（家）	排位	有效发明专利 数量（万件）	排位
杭州	7707	1	7.3	1	台州	1188	7	1.5	5
宁波	3102	2	3.1	2	湖州	1144	8	1.2	7

续表

地市	高新企业 数量（家）	排位	有效发明专利 数量（万件）	排位	地市	高新企业 数量（家）	排位	有效发明专利 数量（万件）	排位
嘉兴	2414	3	2.0	3	衢州	467	9	0.3	9
温州	2401	4	1.7	4	丽水	455	10	0.2	11
绍兴	1840	5	1.3	6	舟山	211	11	0.3	9
金华	1370	6	1.0	8					

注：高新技术企业为2020年底数，有效发明专利为2020年新增数，本节下同。

表2　15个副省级城市高新技术企业数量和有效发明专利数量

地市	高新企业 数量（家）	排位	有效发明专利 数量（件）	排位	地市	高新企业 数量（家）	排位	有效发明专利 数量（件）	排位
深圳	23457	1	138534	1	宁波	3102	9	30551	9
广州	11610	2	71000	4	济南	3029	10	29325	10
杭州	7707	3	73000	3	沈阳	2560	11	20710	12
南京	6507	4	76323	2	大连	2475	12	13009	15
武汉	6259	5	60800	5	厦门	2200	13	16271	13
成都	6120	6	53019	6	长春	1766	14	13898	14
西安	5234	7	45407	7	哈尔滨	1182	15	22684	11
青岛	4396	8	38549	8					

二、相关建议

要按照"进得更多、留得更牢、成长得更快"的总体思路，谋划好主体引育、难题破解和梯度培优的政策和工作部署，持续优化营商环境，增强市场主体活力和竞争力。

（一）抓市场主体引育，力争总量五年翻番

确立市场主体总量五年倍增目标。力争到2025年，全市市场主体总量达到220万户，实现翻番，年均增长14.9%。其他城市若保持"十三五"时期增速不变，到"十四五"末，宁波市场主体总量可以列到省内第3、副省级城市第8，较"十三五"末分别提升1位和2位。

以同类城市最优为目标，深化"放管服"改革。以更大力度推进"证照分离"改革，按照直接取消审批、审批改为备案、实行告知承诺、优化审批服务等方式分类推进审批制度改革，优化企业开办"一件事"，扩大自贸片区改革试点。对准入要求逐项查证，向先进城市的要求看齐，如隐性的市场主体取名限制、"一址多照"限制、股权投资合伙企业前置审批，以及"增资"视同"股权转让"的税收政策等。

以更精准的要素保障，吸引初创企业落户。深入实施小微企业"增氧计划"和金融服务"滴灌工程"，鼓励金融机构开发适合小微企业特点的融资模式，发展融资担保、风险投资、知识产权质押、股权质押等金融产品和服务。加快盘活工业用地存量，整合零碎工业用地建设小微园区，支持小微园区进一步开发利用周边闲置厂房和工业用地，以灵活、弹性和优惠方式满足小微企业用地需求。加大对新产业、新业态、新模式的支持，推进全市政策协同，适时出台制造业新政。

创新"以企引企""以企育企"机制。更好发挥龙头企业作用，促进产业链供应链协同发展，建设一批专业产业园，培育壮大关联产业集群。大力发展企业主导的创业孵化平台，探索政府孵化器与龙头企业、平台企业和企业孵化器的多元合作路径，孵化成效视同招商引资。鼓励中介机构特别是知识密集型专业服务企业开展招商服务，对引进符合产业导向企业和项目的，按实际贡献给予奖励和表彰。

（二）抓企业难题破解，建设中小企业友好型城市

打造"中小企业友好"服务品牌。坚持大企业和中小企业"两手抓两手硬"，全力以赴把"中小企业友好型城市"打造成为城市营商环境的吸睛品牌。以中小企业全生命周期贴心服务为导向，以企业难题及时精准破解为重点，建立健全涵盖市场准入、国际贸易、生产经营、创业创新、政务服务、法治保障、人居生活等的中小企业服务体系。

高水平建设8718宁波企业综合服务大平台。面向数字孪生技术，系统整合各层级各部门的惠企政策和管理服务功能，打造"数字化企服链"，建立健全企业在线办事和反映问题常态化机制，使得企业需求特别是中小企业需求更加"易办、易找、易问、易查"。强化政策精准推送，迭代升级"甬易办"，健全"免申即享"政策清单，更高水平实现惠企政策精准落地、应享尽享。

强化企业纾困帮扶快速响应机制。在持续做好大企业跟踪服务的同时，不

断健全中小企业运行监测预警机制，强化问题发现和纾困帮扶。对大宗商品价格波动、全球供应链不畅、贸易保护主义抬头等宏观环境变化和有序用电、疫情防控等政策实施带来的影响，开展持续跟踪调查，及时应对。积极化解融资难融资贵、三角债等长期性难题。在这方面政府项目应起到带头作用，并监督国有企业、大型企业及时向中小企业支付账款。

着力破解企业留才用才突出矛盾。更好发挥行业协会和基层政府作用，深入推进人才政策宣传和服务"进园区、进校区、进院区、进社区"。支持企业柔性引用人才，支持高校院所科技人才到企业兼职创新，健全人才诚信档案。加大灵活用工试点推进力度，降低企业用工成本。完善劳动者职业伤害、养老、医疗等保障制度，鼓励保险机构推出更多单险种工伤保险、重点群体互助保障保险等，加快推进非户籍劳动者就地参加职工基本养老和基本医疗保险改革，有序放宽落户条件。加快推进职业技能提升行动，拓宽职称评定行业专业领域，重点探索新经济、新业态领域的职称评定办法，给予获评职称劳动者相应的人才政策支持，加大荣誉表彰力度。

（三）抓梯度培优机制，构建"雨林型"创新生态系统

建立完善梯度培优机制。建立分类分级、动态调整的企业梯队培育清单，根据不同阶段的差异化需求，强化精准施策。对小微企业和初创型小企业，严格落实国家的相关优惠政策，并研究实施以降低地方税费为主的激励政策，"放水养鱼"，强化临规、升规、稳规跟踪指导服务。对加速成长期中小企业，以加大成长激励和创新激励为政策设计思路，引导企业健全现代企业制度，强化创新能力，壮大高新技术企业集群。深入推进"凤凰计划"，推动有条件的企业借力资本市场加速做大做强。对大企业特别是行业龙头企业，以保障土地、资金等要素供给，服务企业品牌打造、兼并重组、技术收购等跨越式发展行为为政策设计思路，帮助企业提升在产业链、创新链、供应链中的地位，增强行业话语权。

坚持不懈建设制造业单项冠军之城。用好宁波制造业优势，加强专精特新企业群体培育，创新成果转化与应用、数字化智能化改造、管理咨询和培训、市场开拓等服务，让更多"小巨人"企业成长为单项冠军企业。按照"关键核心技术—产品—企业—产业链—产业集群"和"关键核心技术—材料—零件—部件—整机—系统集成"的培育路径，推动单项冠军企业向冠军（平台）企业转型，拓展产业链，牵头组建产业联盟，带动产业链上下游集聚发展。

以重大创新赋能龙头企业高成长。深入实施"科技创新2025"重大专项，发挥产业技术研究院作用，加快突破一批关键核心技术和战略创新产品，加速成果转移转化。支持行业龙头骨干企业牵头，与科研院所合作攻关关键核心技术、产业化项目和产业战略咨询。支持更多企业建设工程（技术）中心、企业研究院、重点实验室、院士工作站、博士后工作站等高水平研发机构，提升关键创新能力。

扶持壮大创新型企业集群。建立中小企业高质量发展基金，按制造业单项冠军和国家级专精特新"小巨人"企业等比例配套奖补。加大中小企业技术进步和技术改造资金支持力度，落实研发费用加计扣除和固定资产加速折旧等政策。聚焦重点产业领域，增设一批"小而专"的产业投资引导、创业投资引导和天使投资子基金。

傅叶挺　倪永品

"亮点工程"推动宁波制造业更新、更优、更靓

制造业作为宁波的立市之本、强市之基，在宁波经济转型升级和高质量发展中承担关键使命、发挥基础作用，是宁波建设现代化滨海大都市、共同富裕先行市的重要依托。制造业的这一特殊地位，在此次"精特亮"创建中也有充分体现。目前，各区县（市）已经发布的两批共170个"亮点工程"中，制造业项目据初步统计有54个，占项目总数近1/3，在各领域中占比最高，若加上与其关联紧密的科技创新平台、物流园区、配套服务基地等生产性服务业项目，将接近总数的一半。对"亮点工程"的这些制造业项目进行综合分析，可以发现，总体上都紧扣宁波制造业技术更强、结构更优、效率更高、路径更绿的高质量发展要求，具体而言，展现下述三大特点。

一是突破关键技术难题、加快成果产业化的重要体现。在国际产业链供应链受世界政治风云变幻影响、国产替代需求更加迫切的当下，宁波制造业企业义无反顾、迎难而上，特别是一些单项冠军企业，结合自身技术优势和外界创新资源协同，在新材料、海工装备、光电信息等领域攻克技术难关、突破"卡脖子"难题，并通过此次"亮点工程"项目，将其掌握的产业链关键环节的先进技术产业化、市场化，为国内产业链供应链的稳定作出宁波企业的贡献、体现宁波企业的担当，也为日后相关产业领域中国企业的快速崛起、内需市场的持续壮大提前做好了技术和产品储备。

二是顺应产业发展态势、激发增长新动能的重大举措。在此次"亮点工程"54个制造业项目中，涉及高端装备的项目有12个、新材料9个、汽车及零配件9个，合计占据制造业项目总数的半数以上，这一方面体现了宁波制造业以汽配、装备制造等为主导产业的特点，另一方面也体现了宁波多年以来对新材料、高端装备等战略性新兴产业的培育已卓有成效。而在其中，还有不少项目属于新能源汽车、新能源相关装备、化工新材料等潜力巨大、正处于爆发式增长前

期的热门新兴行业，这些项目一旦投产放量，将会给宁波产业发展带来持续而稳定的巨大增量，同时给宁波未来的产业生态、产业结构带来不可小觑的正面效应。

三是推进全域产业治理、提升要素利用率的重点阵地。当前宁波正在推动全域产业治理，加快推进"腾笼换鸟"、淘汰落后产能、提高亩均产出。在已发布的产业项目中，有14个属于产业平台类别，是单一类别中比重最高的，其中不少是小微企业园区建设项目、传统产业园区提升改造项目。这些平台项目的建设和投用，将会对全域产业治理工作产生积极的促进和推动作用，有助于加速中小企业集聚，有助于提高土地等资源要素利用率，有助于转换传统发展模式、扮靓产业整体形象，助力宁波制造业走好走稳绿色低碳发展之路。

当然，针对宁波制造业存在的战略性新兴产业比重不够高、业态模式创新不够丰富、品牌形象不够新潮亲民等问题，在今后各区县（市）以及相关主管部门在谋划"亮点工程"时，可以考虑领域更加多元、模式更加丰富、产品更加贴近终端消费者，推动建设生物医药、电子信息制造等更多新领域产业项目，探索更多先进制造业与现代服务业融合模式，同时更加着力培育宁波本土的终端消费品品牌，让宁波制造业长久地站稳国内第一方阵行列，不负广大甬城老百姓的期许。

陈　浩

推动专业性会展项目发展的建议

专业化是全球会展业发展的重要方向之一，突出表现为会展项目内容的专题化，以及组织服务、展客商、场馆功能的专业化，从而带来更加紧密的产业关联性和更强的产业乘数效应。推动专业性会展项目发展，已经成为宁波抢抓机遇、兑现优势，打造会展业发展新引擎的迫切需要；是有力推动会展经济与城市经济联动发展，放大会展产业乘数效应，提升优势产业话语权和城市资源配置能力的关键之举。应聚焦城市经济的重点领域和特色环节，加快引育一批在细分类别具有核心竞争力的专业性展览和专业性会议。

一、专业化是宁波会展业争先进位并精准赋能城市经济的重大机遇

经过多年的努力，宁波会展业已形成相当规模，2020年全市举办各类会展项目329个，包括115个展览项目、105个会议（论坛）和109个节庆活动，中东欧博览会、国际文具礼品博览会等项目颇具影响力。但是，发展瓶颈与问题日益显现，特别是会展项目业态偏老、规模偏小、影响力偏弱，缺少专业领域的高等级会展项目，缺少一线会展企业；与城市经济的关联度不高；在上海"虹吸效应"和与杭州、南京、成都等城市同质化竞争"比较劣势"的双重影响下，后劲不足。宁波会展业竞争力排名已滑至国内城市第22[①]，亟待创新转型。

发展专业性会展项目有助于因时制宜、因地制宜地打造会展业发展新引擎，为提升会展业竞争力、建设国际会展之都提供关键支撑。会展业专业化发展已在全球范围成为大趋势。国内起步虽晚，但科技创新与产业进步带来新的巨大需求，许多领域又亟待摆脱国外项目、争取更强话语权，为会展业专业化发展

---

① 详见中国会展经济研究会《2020中国城市会展业竞争力指数》。

开启了黄金窗口期。从宁波情况看，会展企业规模虽然普遍偏小①，但是民营经济的灵活性和坚韧性特点明显，非常适宜发展专业化会展项目，2020年"1+3"专业场馆②已举办贸易类展会42个，国际文具礼品博览会、塑博会等先行先试项目取得了巨大成功。若能进一步挖掘集群经济亮点多、港航物流强、产业门类齐等区域优势，则有望取得更大突破。旗帜鲜明地发展专业性会展项目，就是鼓励支持会展企业更加专注地深耕某个领域，充分发挥民营经济特点，更充分地把区域优势转化为发展胜势，不断提升会展企业和项目的核心竞争力，从而也跨越式提升城市会展业的影响力和美誉度。

发展专业性会展项目有助于深化会展经济与城市经济的联动发展，为重点产业发展精准赋能，进一步提升会展产业的乘数效应。会展业是城市经济发展的重要引擎。传统展览会表现出1:9的经济增长综合拉动系数；专业性会展项目具有更强的区域辐射力，能提高城市在某一专门领域的知名度，提升区域经济在特定行业的影响力，引擎作用更为突出。例如，中国（上海）国际电子电路展、中国（北京）国际海洋工程技术与装备展等展览会有力推动了龙头企业的爆发式增长和产业链的整体发展，所在城市也得到了国家部委的鼎力支持。对宁波产业，特别是"246"和"3433"产业而言，迫切需要这类平台的"赋能"，提升空间巨大；同时，龙头企业的加入也会有力反哺会展业发展。所以，发展专业性会展项目，就是打造服务龙头企业和产业集群展示实力、吸引资源、促进合作的高能级平台，有力拉动产业链上下游协同发展和创新突破，高水平实现会展企业、龙头企业和城市经济的共赢。

二、需破解的主要症结

专业性会展项目对资金投入、会展企业硬实力、"政会企"合作、展客商、知识产权保护、场馆、物流等方面的要求要高于传统项目，失败风险也更高。从现状看，宁波会展业在机制和政策保障上还有一些难点堵点亟待破解。

一是会展业统筹协调不足，不利于凝心聚力支持专业化发展。从会展业整体看，市服务业局指导、市级部门和区县（市）齐抓共管的会展业统筹协调机

---

① 宁波最大的会展企业——星程展览有限公司，营业收入连续几年停留在2000万元上下；国内一线会展企业营收普遍过亿元。

② 宁波国际会展中心和慈溪会展中心、余姚中塑国际会展中心、宁海国际会展中心。

制还不顺畅,规划难创新,政策难统一。特别是市级会展业专项资金由服务业、商务、科技等多个部门支配,不少市级部门还有自己支持的会展项目,难以形成合力。

二是政策支持上限还不够高,不利于引育一流专业化会展项目。宁波每年投向会展业的资金补贴不少,但单个市场性项目的补贴上限却不高,仅有150万元,与成都、厦门、西安的800万元、500万元、400万元差距较大。"一展一策"由于缺少实施细则,尚难以落地。另外,一些具备自担风险、自负盈亏条件的项目仍然依赖政策补贴,特别是一些政府性项目不愿转为市场化运作,占用不少政策资源。

三是政策支持覆盖面还不够广,不利于专业化会展项目攻坚克难。当前的会展业政策主要集中在事后补贴上,对于项目起步期会遇到的资金需求大、场馆功能和档期安排不理想、物流组织贵、展客商出入境慢等问题,以及快速成长阶段会遇到的知识产权保护难、办巡回展难、本地缺少高水平的咨询服务机构等困难,政策服务还跟不上。盲点的叠加正在加剧负面影响,2021年第8届宁波中小工厂展(全国首创)的规模已经被首届上海中小工厂展超越。

四是龙头企业办展办会难以得到支持,不利于促进"政会企"三方合作。专业化会展项目要想办好,非会展企业特别是龙头企业的深度参与至关重要。目前,龙头企业获得会展业补贴的条件很苛刻,抑制了其办展办会的热情与投入。例如,专业性会议的主承办单位必须是"未获取本市各级其他财政资金补助的",而龙头企业大多已有其他渠道的财政资金补助(不包括会展补助),故没有资格申请。此外,非会展企业普遍缺少办展办会的经验,需要示范性、标杆型项目引领。

三、相关建议

会展业专业化发展过程中,先发者的优势非常明显,后发者的进入难度和费用会大大提升,发展空间受限,失败风险很高。必须加快谋划、精准选择细分领域,全力以赴抢先机、树标杆、强龙头。力争到"十四五"末,打造出若干个细分类别龙头实力的专业性展览和专业性会议,精强型会展企业集群和专业化会展项目集群支撑宁波成为拥有强大竞争力和独具魅力的国际会展之都,会展产业乘数效应取得关键性突破。

（一）建立健全与专业化发展相匹配的会展业工作机制

第一，市服务业局牵头，强化统筹协调和顶层设计。把机制创新作为推动会展业专业化发展的先导性和关键性任务来抓。市级部门定期召开会展业管理的联席会议，统一市级层面的会展业政策和会展业专项资金使用管理办法，明确将专业化作为"十四五"时期全市会展业发展重点。加强行业统计，理顺市与区县（市）的跨部门协调机制。

第二，强化政府性会展项目管理。建立政府性会展项目的第三方绩效评估制度，系统分析项目的综合成效、投入产出效率、成长空间、对市场性项目的影响等因素，指导督促项目提升、转化、退出。健全政府性会展项目的立项管理制度，以评估结果为依据，加快转退不合时宜的项目，为专业化发展腾出空间、腾出资源。

第三，深入发掘行业协会的平台作用。优化行业协会招展引会的激励机制，着力引入专业化会展项目来强化"示范效应"和"鲇鱼效应"。探索行业协会牵头建立健全会展企业和项目的跟踪服务机制，重点帮助专业化会展项目尽快建立优势、守住优势。探索行业协会牵头的会展业实用人才评定机制，参照高技能人才给予政策扶持。

（二）创新会展业专业化发展的激励政策

第一，提高专业会展项目的奖补力度。提高项目奖励标准，完善"一事一议""一展一策"实施细则，力争单个项目最高补贴金额突破500万元。另外，对评估为可以自担风险、自负盈亏的其他会展项目，力争通过1~3年的时间实现无补贴发展。

第二，创新专业会展项目的奖补方式。建立专业会展项目专项评价体系，重点衡量项目的行业影响力、产业带动力和发展潜力，大幅降低项目规模、展客商数量等指标的权重，以评价结果确定奖补力度。对成长为具有细分类别龙头实力的专业性会展项目，予以重奖。将会展企业、参展商、会展场馆运营商的相关创新投入列入补贴范畴。对非会展企业参与举办专业性会展项目的，视同会展企业给予奖补。

第三，加强对专业会展项目的"全生命周期"服务。更高水平保障专业会展项目对会展场馆档期安排、物流组织、展客商出入境便利化等要求得到满足。有力支持会展品牌商标注册，加强知识产权保护。对进行巡回展的企业，帮助对接开展城市。配套发展本土咨询服务机构，支持组展企业采取国内合作、收购兼并等模式增强组展实力。

(三) 加快突破三类示范性项目

一是做强做精一批本土优秀会展项目，力争成为细分类别的头部项目。综合考虑会展项目竞争力、成长空间等因素，国际文具礼品博览会、高分子新材料新装备博览会、中小工厂展览会、机器人智能加工与自动化展览会、国际LED照明展览会，以及筹划中的海博会等，可作为近期扶持重点，积极培育全国巡回展。

二是围绕城市经济特色领域大力引育专精特新项目。以汽车零部件展、精细化工展、高端模具模型展、海工装备展、光学展等为突破口，积极推进会展企业与龙头企业、行业协会、产业研究院、咨询服务机构的合作，构建"行业影响力+专业技术+资源配置+项目组织"的复合型优势。

三是聚焦未来产业不断谋划推动新的专业化项目。在新材料、新能源、大数据、人工智能等前沿领域，加强对接国内外会展巨头，争取战略合作。

黄建华 冯 路 吕 鹏 滕 众

关于加快宁波实验室体系建设的建议

实验室是前沿研究、核心技术、未来产业的源头，是集聚培养高端人才的重要平台，也是城市创新能力的重要标志。当前，国家正推进国家实验室体系建设，部分城市大手笔建设实验室。近期，宁波国家重点实验室实现"零的突破"，但实验室数量少、层级低、基础弱的局面没有根本改观。为此，要更加重视实验室体系建设，加强前瞻谋划，加大投入和改革力度，完善政策制度，力争宁波实验室体系建设尽快实现新突破、迈上新台阶，为当好"重要窗口"模范生提供更有力的科技支撑。

一、要更加重视城市实验室体系建设

（一）实验室是建设创新型城市、打造科技创新策源地、布局未来产业的源头

一方面，建设国家实验室体系是实现产业和科技自主创新的关键。我国与发达国家在部分科技创新领域已齐头并进，发达国家与我国高科技领域合作的限制越来越严，必须把科技自立自强作为国家发展的战略支撑。国内外实践证明，基础研究的原始创新、"从0到1"的源头创新必须依靠实验室、大科学装置等"硬核"力量。例如美国能源部国家实验室、英国卡文迪什实验室、我国正负电子对撞机等都成为科技创新发展的重要源头。另一方面，建设实验室体系是宁波实现目标定位、扛起使命担当的内在要求。宁波市委十三届八次全会提出，要加快建设高水平创新型城市，打造优势领域科技创新策源地，力争在省级实验室和国家重点实验室等方面取得新的突破。宁波市"十四五"规划和2035年远景目标蓝图中明确提出要布局未来产业。对宁波而言，无论是实现高水平创新型城市的目标定位，还是适应新发展阶段、贯彻新发展理

念、融入新发展格局，从而实现高质量发展，或是与杭州共同唱好"双城记"，展现"重要窗口"模范生的新作为，扛起国家赋予的使命担当，都需要更加重视实验室体系建设，努力增强科技创新的支撑力、引领力。

（二）"十四五"将是国家实验室体系建设的集中推进期，宁波要增强机遇意识、使命意识，抢抓发展机遇

中央在加强基础研究、国家实验室发展等方面出台了一系列政策，其主要导向如下。一是完善体系。聚焦国家目标和战略需求，在重大创新领域组建一批突破型、引领型、平台型国家实验室，成为国家战略科技力量。二是优化布局。从学科和依托单位两个维度优化布局，整合全国创新资源，大幅度提升重点实验室原始创新力、国际学术影响力、学科发展带动力、国家需求和社会发展支撑力。三是创新稳定支持机制。对国家重点创新机构，给任务、给机制、给支持、给条件，增强重点实验室独立性和自主权，加强企业国家重点实验室建设，支持企业与高校、园所联合共建实验室。宁波要增强机遇意识、使命意识，把握国家、省实验室体系重组完善的契机，聚焦重大战略需求，瞄准产业转型需要，积极培育建设若干高能级实验室，优化完善实验室体系，进一步夯实筑牢科技创新能力。

（三）国内诸多城市正大手笔推进实验室建设，宁波要强化危机意识、争先意识，在区域创新竞争中迎头赶上

2017年以来，多个省、市大力推进区域实验室建设（见附表）。目前，共有20个已建、筹建或试点的国家实验室，实验室建设已成为区域创新竞争的重要战场。一是战略决心大。各地以争创国家实验室为目标，以未来产业、前沿领域和科技制高点为布局方向，省、市主要领导亲自挂帅，聘请世界顶级学术大咖担任实验室负责人。二是投入规模大。在资金、土地等方面大力投入，例如苏州姑苏实验室投资200亿元，总部规划用地500亩，深圳鹏程实验室投入135亿元。三是改革力度大。各地大力建设新体制实验室，民营企业成为实验室建设的新兴力量，创新质量和学术贡献成为实验室评估核心指标，开放式创新成为实验室建设新路径。如浙江省之江实验室采用政府、高校、龙头企业三方共建模式，上海重点考核实验室关键共性技术攻关、科研成果转化及培养创业人才等。宁波要强化危机意识、争先意识，更加重视实验室建设，在重点创新领域前瞻布局，力争在新一轮创新竞争中争先进位。

二、宁波实验室建设基础较弱亟待突破

截至2020年底,宁波共拥有部级以上重点实验室8家、省级重点实验室25家、市级重点实验室60家。近期,宁波实现了国家重点实验室"零的突破"。但总体上看,基础弱、层级低、数量少的现状没有根本改观。

(一)宁波实验室体系具备一定基础

1. 重点实验室聚焦主导产业。宁波实验室主要围绕"246"万千亿级产业集群建设布局。8家国家相关部委批复的重点实验室主要布局新材料领域;25家省级重点实验室80%瞄准"246"万千亿级产业集群,主要布局新材料、高端装备等领域;60家市级重点实验室主要聚焦于生物医药、新材料、节能环保、电子信息等领域。

2. 大院大所成为实验室建设依托主体。中科院宁波材料所、宁波大学、第一医院等宁波高校、科研院所是宁波重点实验室建设的中坚力量和依托主体。例如,8家省部级实验室全部集中于中科院宁波材料所和宁波大学2家单位;25家省级重点实验室共依托11个单位建设,其中依托中科院宁波材料所、宁波大学占16家;60家市级重点实验室主要依托高校、科研院所和医院建设,其中32家依托10所高校、18家依托8所院所、10家依托8家医院。

3. 重点实验室创新推动作用显著。一是先进技术研发取得一批创新成果。如冲击与安全工程教育部重点实验室拥有国家自然科学基金项目35个,其大型桥梁防船撞关键技术与装备具有国际先进水平。省石墨烯应用研究重点实验室研发的护目镜石墨烯防雾贴膜在新冠肺炎疫情防控中效果良好。二是重点实验室成为人才集聚培养"蓄水池"。如省海洋材料与防护技术重点实验室拥有中国工程院院士1人、"杰青"1人,入选国家级、省级"人才计划"13人。三是重点实验室成为产业创新培育重要策源地。例如省零件轧制成型技术重点实验室与企业合作创建联合研发基地,中科院磁性材料与器件重点实验室与希磁科技、宁波韵升等企业合作项目近40项。

(二)存在的主要问题

1. 高能级实验室数量少。目前,宁波仅有1家国家重点实验室,与同类城市差距明显——深圳有14家、武汉有27家、南京有29家。省级重点实验室数量仅占全省6.3%,不到杭州数量的1/10。主要原因在于宁波高端科教资源相对

匮乏，导致承建重点实验室的高校院所基础较为薄弱。

2. 领域布局不尽合理。宁波重点实验室领域集中于新材料、生物医药等，实验室布局与产业发展匹配度不高、前沿领域缺乏布局。例如，绿色石化、汽车等重点产业尚无1家市级以上重点实验室，人工智能、量子通信、生命科技等未来前沿领域尚无实验室布局。

3. 企业在重点实验室建设中缺位。市级以上重点实验室中，以企业为依托主体的占比较小。25家省级重点实验室中由企业建设的仅2家，60家市级重点实验室没有一家依托企业。而深圳、青岛等地依托当地龙头企业建设了大批高能级实验室。

4. 实验室建设管理机制有待完善。宁波重点实验室评估体系仍然沿用《宁波市重点实验室评估办法》（甬科计〔2005〕173号），对评估结果的运用不足，不利于激发实验室建设运行的积极性，人才培养、项目管理、薪酬机制等管理机制也不够灵活。

三、加快宁波实验室体系建设的思路与建议

当前，要紧扣区域创新发展规律特点，抓住国家优化完善实验室建设体系的战略机遇，坚持需求导向、问题导向，加快推进宁波实验室体系建设。

（一）重点培育建设若干高能级实验室

1. 加快建设甬江实验室。按照《甬江实验室建设方案》，高标准、高起点、高定位加快建设进度，加强要素资源保障，加大领军科学家招引力度，完善创新建设、运营、考核评价等体制机制，力争早建成早见效，早日跻身国家实验室建设"预备队"。

2. 谋划培育新的国家实验室。梳理现有市级以上实验室，依托高校、科研院所和优势企业，按照基础较好、实力较强、影响力较大的要求，选育若干家实验室予以重点支持，大力引进领军人才，加大经费、设备等支持力度，创新运营管理机制，力争"十四五"时期列入国家实验室体系。

3. 力争浙江省筹建的国家海洋实验室落户宁波。据了解，浙江海洋经济发展"十四五"规划提出要筹建海洋领域的国家级重点实验室。宁波是全省海洋经济发展的重点区域，正谋划建设全球海洋中心城市，建设海洋重点实验室基础较好、需求迫切。建议加强对省里的汇报，以部、省、市、校、所多方合作

共建等方式，全力争取落户宁波。

4. 加强与国家有关部委的衔接跟踪。目前，国家正推进国家重点实验室布局重组。建议与科技部、中科院等加强衔接，跟踪最新工作动态，紧密结合宁波基础条件和发展需求，力争新的国家重点实验室布局宁波。

（二）鼓励支持建设新体制实验室

1. 加大前沿领域实验室布局。以三大科创高地建设为契机，以72家产业技术研究院为基础，在工业互联网、关键基础件等前沿科技领域，按照未来产业发展要求，选择若干领域建设国家、省级实验室，进一步加大与院士等学科领军人才、国内知名高校院所的合作力度，推动地校双方合作共建国家实验室，充实国家实验室储备库。

2. 支持企业建设重点实验室。以"246"优势产业为方向，依托龙头企业、"单项冠军"等优势企业，以现有企业工程技术中心、研发中心为基础，在汽车、石化、光电一体化等领域，支持企业与高校院所合作共建一批实验室，开展面向产业共性的应用基础研究。鼓励支持申报市级重点实验室，并成为培育省级、国家级实验室的储备库。

3. 建设重点实验室联盟。推动组建"宁波市重点实验室联盟"，加强市内各实验室之间的开放共享，打造协同创新共同体。支持实验室设备、资源、人才等开放共享，向市内外企业和研究机构提供服务。

4. 探索建设"区域重点实验室"。在奉化、宁海、象山等创新基础相对薄弱区块，依托当地产业技术研究院和龙头企业，通过市和区县共建模式，布局建设区域实验室，解决部分区县科技创新基础相对薄弱、创新引领作用不强等问题。

（三）改革完善实验室管理制度

1. 分层分类培育扶持。梳理宁波现有体制内外各类实验室资源，分层分类列出培育扶持清单，实施清单化管理，实施针对性精准培育扶持，推动增量实验室高标准建设、存量实验室持续提质。

2. 制定实验室发展支持政策。结合国家和省级实验室建设的要求，尽快修订《宁波市重点实验室管理办法》，及时制定出台《宁波市重点实验室专项行动计划》。进一步理顺市科技局、实验室依托单位和实验室三方职责，明确市级重点实验室分类与认定标准。

3. 加强实验室体制机制改革。在项目管理方面，对项目甄选、立项、运行予以全程督导和资源赋能，进一步加大科技成果转化收入分配对一线科研人员的激励力度。在人才引用方面，深入实施"揭榜挂帅·全球引智"行动，面向全球招引实验室负责人，设立"首席科学家"制度，支持科研事业单位人才通过双向挂职、项目聘任等方式任职实验室。在经费使用方面，探索赋予重点实验室自主制定经费使用监督规定的权限。在考核评估方面，建立分类考核评估体系，适当调整各项考核指标权重。例如，学科类重点实验室侧重考核基础研究、应用基础研究等原始创新成果；企业类重点实验室侧重考核科技成果转化、科技企业孵育等产业贡献情况。

金 戈 王明荣 廖绍云 徐 毅 王 刚

附表　　　　　　　部分省市实验室建设情况

省份	实验室名称	成立时间	研究方向	经费投入	负责人信息
上海	张江实验室	2017年	光子科学、生命科学和信息技术	—	时任上海市领导和中科院院长白春礼任实验室管委会主任，李儒新院士任主任
安徽	量子信息科学实验室（合肥）	2017年	量子通信和量子计算	一期投入70亿元	—
浙江	之江实验室（杭州）	2017年	智能感知、大数据区块链、智能系统	5年100亿元	省领导任理事长，浙江大学教授朱世强任主任
浙江	西湖实验室（杭州）	2020年	代谢与衰老疾病和肿瘤机制研究	5年100亿元	西湖大学生科院院长于洪涛任主任，其他专家有施一公、许田、裴端卿
浙江	良渚实验室（杭州）	2020年	重大疑难未诊断和血液与免疫疾病	5年100亿元	刘志红院士任主任
浙江	湖畔实验室（杭州）	2020年	数据科学与应用	5年100亿元	阿里巴巴技术委员会主席、达摩院院长张建锋担任主任
江苏	网络通信与安全紫金山实验室（南京）	2018年	网络通信与安全	—	省市领导担任理事长，刘韵洁院士实验室主任，邬江兴院士任副主任
江苏	姑苏实验室（苏州）	2020年	电子信息材料、生命健康材料等	200亿元	郑有炓院士任战略咨询委员会名誉主任

续表

省份	实验室名称	成立时间	研究方向	经费投入	负责人信息
广东	松山湖材料实验室（东莞）	2017年	生命、能源、先进制造、人工智能等	120亿元	王恩哥院士任理事长，赵忠贤院士任实验室学术委员会主任，汪卫华院士任实验室主任
	鹏城实验室（深圳）	2017年	网络空间科学与技术	135亿元	深圳市领导任理事长，高文院士任实验室主任
	再生医学与健康实验室（广州）	2017年	再生医学与健康	—	中科院院士徐涛任主任，裴钢院士担任首任理事长
	季华实验室（佛山）	2017年	先进制造科学与技术	10年100亿元	首任理事长和主任由科技部原副部长曹健林担任
四川	天府实验室（成都）	2020年	前沿医学、能源互联网、航空航天等	—	—
河南	黄河实验室（郑州）	2020年	流域水资源——水生态承载力	20亿元	省领导任理事长

关于建设宁波超算中心的设想和建议

新基建是当前推进产业数字化、数字产业化,促进经济社会发展的重要抓手,有利于扩大有效投资、促进产业升级和带动就业创业。宁波市"十四五"规划纲要提出,要"前瞻部署算力基础设施。以数据中心为重点,加快构建'边缘计算+智算+超算'多元协同、数智融合的算力体系"。超算中心作为算力基础设施的重要组成部分,对宁波抢抓疫后新基建发展机遇、推动产业高质量发展具有重要意义。

一、建什么:什么是超算(中心)

超算,又称高性能计算,是通过并行计算提高运算速度,解决大规模科技计算和海量并发的数据处理问题。我国超级计算能力位列全球前列,现已达到P级水平(1PFLops,千万亿次计算,即每秒可执行10^{15}次双精度浮点运算),相继研发出"天河""曙光""神威"等系列超算机组,其中由国家并行计算机工程技术研究中心研制、现部署在国家超算无锡中心的"神威·太湖之光"算力已达到亿亿级。超级计算作为计算机科学的前沿性分支和国家创新体系的重要组成部分,是衡量一个国家综合国力和科技竞争力的关键指标,也是提升国家安全、科技创新、产业发展、社会治理能级的有力支撑,目前中国、美国、日本、欧盟等国家和地区都瞄准E级计算(百亿亿级)水平发力布局。

超算中心作为超级计算公共服务平台,具有鲜明的公共性、动态性、自治性和开放性,在科学研究、能源开发、气候气象、生物医药和工业制造等领域应用广泛,如在传统制造领域,大飞机、高速列车、汽车等产品在研发、设计、实验各阶段均需要超算作支撑,以提高产品性能、缩短研发周期、降低设计成本;在材料科学领域,以超算为基础的计算材料学已成为发现新功能材料、提高材料性能的重要手段。据国家超算无锡中心有关负责人介绍,该中心为国家科研项目、地方制造及能源类等企业提供过超级算力服务。

二、为什么建：宁波超算中心建设的必要性

（一）国家有鼓励政策

国务院 2017 年颁布的《新一代人工智能发展规划》提出，要"建设高效能计算基础设施，提升超级计算中心对人工智能应用的服务支撑能力"。科技部 2019 年出台的《国家新一代人工智能创新发展试验区建设工作指引》提出，要"加强网络基础设施、大数据基础设施、计算基础设施建设，提升传统基础设施的智能化水平，形成支撑新一代人工智能广泛应用的基础设施体系"。

（二）其他城市有行动

一是国家有规划。目前，全国共建成运营天津、济南、长沙、深圳、广州、无锡、郑州、昆山 8 家国家超级计算中心，并且呈现逐步从主要城市市区向周边地区布局的趋势。二是地方有推动。上海早在 2000 年就投资建设超级计算中心，为上海各行业提供大量高性能计算应用服务，在气象预报、药物研制、汽车、新材料、航空航天、船舶等多个应用领域取得了一批重大成果。《上海市推进新型基础设施建设行动方案（2020—2022 年）》提出，要"采用阶段性滚动扩容方式，建设新一代高性能计算设施和大数据处理平台""推动相关企业建设人工智能超算设施"。重庆联合中国移动、国家超算无锡中心、新加坡 MGN 公司等打造中国第一个纯商业超算中心项目，将针对金融、物流、能源、气象等领域提供超级计算服务。三是企业有布局。人工智能企业旷视科技在芜湖投资 1 亿元建设 AI 超算中心，已在芜湖智慧政务、智慧教育、智慧物流、新零售以及高科技产业集聚方面发挥效用，高效贯彻"以应用为导向"的国家超算建设方针；2020 年 6 月，总投资超 450 亿元的腾讯长三角人工智能超算中心及产业基地项目正式在上海松江开工建设。

（三）宁波有现实需求

一是政策有部署。《宁波市新一代人工智能发展行动方案（2019—2022 年）》提出，要"布局超级计算、分布式计算、云计算相结合的高性能计算应用环境，布局建设人工智能数据中心、算力服务中心、训练资源库、标准测试数据集等"。二是市场有需求。据市智研院、市移动公司等单位有关负责同志反映，宁波不少人工智能领域企业、科研单位有使用超算平台需求，如吉利在做

汽车碰撞试验中需要用到超算,但目前宁波缺乏相应超算公共服务平台,导致高端汽车产业链外移,其与阿里展开合作;中科院宁波材料所、宁波大学等宁波科研单位因应大数据计算、挖掘、分析等需要,已自建小型超算中心。三是产业有带动。据宁波科信院负责同志提议,宁波作为制造业大市和先进制造业重要基地,应加速建设智能算力平台,以推动人工智能产业高质量发展。其实,超算中心作为支撑人工智能、大数据、工业互联网等新基建及相关产业发展的算力基础设施平台,是数字产业化、产业数字化的客观需要,及时发力布局可对现有宁波产业进行强链、补链,提升产业链发展韧性,为紧抓"十四五"时期产业发展风口和新一轮产业科技变革机遇,危中抢机,推动"246"产业集群、5大重点领域新兴产业高质量发展做好算力支撑。

三、如何建:宁波超算中心建设布局思路和建议

宁波超算中心在建设过程中要着力避免"为建而建"、"算力浪费"、需求不足等误区,同时也要树立"适度超前""应用牵引""激发需求"的目标导向和建设要求,让宁波超算中心成为宁波新基建的重要项目,为人工智能等战略性新兴产业发展和宁波智慧城市建设提供重要支撑。

(一) 抢抓政策窗口期,加快谋划布局

从各地加快新基建的态势来看,超算中心成为新基建的重要项目,是着眼战略性新兴产业、未来产业发展的关键布局。宁波必须引起高度重视,抢抓当前国家、省关于专项债对新基建项目的倾斜、能源考核要求适度调整、项目审批进度加快、用地审批权限试点下放等政策窗口期,着力谋划符合宁波区域实际、有利于宁波未来产业发展的超算中心。

(二) 宁波超算中心建设的初步设想

选址:建议布局甬江实验室核心区。超算中心需要恒温恒湿、供电稳定等环境条件,与甬江实验室的基础设施建设可以统筹考虑,也能够更好服务甬江实验室建设。

重点领域:主要开展人工智能超算、5G等领域的研发,重点打造工业互联网边缘计算、智慧城市等典型应用场景,为宁波"城市大脑"项目提供算力支撑。

建设运营模式:采取"政府引导、市场主体"的建设机制,由央企或龙头企业牵头,建设服务宁波高端产业创新发展需求的商业化超算中心,政府在土

地、供电、网络专线等要素资源方面给予支持。加强与上海国家超算中心、无锡国家超算中心、国际知名第三方软件公司等合作，为宁波超算中心提供有力技术支撑。根据规模测算，项目总投资额预计在3亿元，每年运行费用在1500万元左右。

建设进度：可采用阶段性滚动扩容方式分期建设，根据宁波超算领域的实际需求，参考国内相关超算中心技术指标，一期运算性能达到每秒10千万亿次（即10PFlops）左右，二期可考虑达到每秒30千万亿次左右。

（三）更好发挥宁波超算中心功能的工作建议

一是要加强政策统筹，培育带动新兴产业发展。强化全市产业政策、人才政策和科技创新政策的统筹，形成合力推动机制。通过宁波超算中心集聚一批人工智能、大数据、区块链、芯片产业相关企业，开展场景应用创新，激发市场需求，吸引高端科技人才落户，推动宁波人工智能、新能源汽车等相关产业发展，带动宁波数千亿级智能产业生态体系的构建和发展。

二是要实施"揭榜挂帅"的超算中心负责人选聘机制。面向全球开展宁波超算中心负责人选聘活动，欢迎海内外高层次人才带团队、带技术、带项目来宁波建设超算中心和产业化应用，推动宁波超算中心顺利实现市场化规范化运作。加强超算中心的人才团队建设，鼓励培养本土化的超算技术人才、运营人才和市场推广人才。

三是要积极向上争取政策支持。将宁波超算中心项目纳入宁波新基建相关谋划和创建"新一代人工智能创新示范区"申报方案，发挥其对人工智能产业发展的基础平台支撑作用。积极争取纳入国家工信部、国家科技部重大科技专项或课题研究，获得相关政策支持。

四是要支持推进超算中心REITs试点。2020年，中国证监会和国家发展改革委联合下文，推进基础设施领域不动产投资信托基金（REITs）试点，聚焦包括超算中心在内的新基建等领域。超算中心作为算力基础设施，起始资金投入大、项目回报周期长、存量资产难以及时变现，宁波要拓宽新基建融资渠道，在建立一定规模新基建优惠利率专项贷款基础上，用好证券化融资工具，积极争取开展超算中心基础设施REITs试点，为超算中心落地宁波做好资金筹措保障。

徐 毅

改革开放篇

深化数字化改革有力推进政府治理现代化

近年来,宁波持续深化数字化改革,全面构建"152"工作体系,撬动了政府工作顶层设计、组织架构、方式方法的巨大变革,有力支撑政府治理水平迈上新台阶。进入新发展阶段,政府治理迎来更强挑战,对数字赋能的需求更加迫切,亟须破解制约数改工作和政府治理创新同步推进的瓶颈,以更合适的政府治理体系来支撑数改走实走深,以更多更好的数改成果来不断提升政府治理能力。对此,必须抓好数字政府建设这项统领性、支撑性工作,从更高站位更宽视野谋划建设全国数字政府先行市,建立健全跨部门跨市县齐抓共管的推进机制,聚力推进数字化配套改革、多跨场景建设、重大体制机制创新,跨越式提升政府治理的现代化水平。

一、数字化改革推进政府治理现代化成效显现

数改的本质是用数字化的思维、技术和方法来优化政府治理逻辑、路径。经过多年努力,数改对宁波政府治理架构、治理模式、治理方法产生深刻影响,有力提升了政府治理能力,危化品全链条安全风险智控、移动微法院获评全省数改"最佳应用",一体化政务服务能力跻身全国重点城市前三[①]。

(一)治理架构从科层制加速转向扁平化

从智慧城市到整体智治系统,越来越多的部门完成了"决策—执行—监督—反馈"全链条的数字化、规范化、体系化转型,有力促进了跨领域、跨层级、跨部门协同,提升了管理服务效率,破解了传统科层制下的不少难点堵点。至2021年底,党政机关整体智治综合应用实现省市县三级贯通,75家市直部门和近300

---

① 详见《2021省级政府和重点城市一体化政务服务能力(政务服务"好差评")调查评估报告》。

家县级部门完成搭建，省市县三级 583 个一级任务导入应用，为实现"一窗服务、一城通办、一体审批、一网流转"等政府治理范式创新奠定了扎实基础。

（二）治理模式从条线管理加速转向场景应用

数改不断瓦解从党政部门出发的"条线型"管理模式，更多地从需求侧出发搭建"一站式"管理服务平台，治理对象的获得感不断提升。随着数改的深入，这种转变已经形成共识和规范，越来越多的复合型需求被放到"一件事"模型中，按照"定准核心业务—确定业务模块—拆解业务单元—梳理业务事项—确定业务流程—明确协同关系—建立指标体系—汇总数据需求"的路径去搭建多跨场景应用。至 2021 年底，"浙里惠渔""新材云创"等 109 项多跨场景应用上线运行，民生关键小事智能速办等更多应用加速推广。

（三）治理方法从经验意志加速转向数据说话

支撑数据说话的一体化数据资源体系框架已基本建成，城市大脑、产业大脑等大数据中心的建设加速数据资源归集整合。数据开发利用有序推进，数字工具迭代升级，数字决策、数字指挥、数字管理、数字服务从理论探索走向实践应用，政府治理的精准性、时效性和可持续性不断提升。至 2021 年底，市一体化智能化公共数据平台上线运营，接入市县两级 77 个系统和海曙、江北、慈溪等分平台驾驶舱；建成 53 个特色专题库，归集超过 120 亿条数据；5 个部门完成 38 类数据资源"一数一源一标准"目录编制。数字治理方面，"浙里甬 e 保"等多跨场景应用发挥积极作用，"甬易办"通过政策模型构建、企业画像和算法创新，实现了产业政策的精准推送。

（四）治理体系变革的条件日趋成熟

伴随着"三个转向"，政府治理体系已经呈现出明显变化，例如市级党政各部门的边界更加模糊，越来越多的跨部门专班出现并长期存在，一些部门职能则走向空心化；市与乡镇（街道）、功能园区更频繁地直接对话，区县（市）承上启下的功能弱化。这些变化使得新一轮机构改革的必要性和紧迫性不断凸显，需要通过优化行政职能和资源配置，让数字赋能发挥更大作用，更有力支撑"整体智治、唯实唯先"的现代政府建设。

二、亟须破解的突出问题与困难

现有数改队伍能力与"1612"体系架构需求欠匹配，现有法律法规与数据共建共享需求欠匹配,现有机构设置、工作规范、考核制度与新的治理架构、治理模式、治理方法欠匹配等矛盾日益突出,成为制约数改工作和政府治理创新同步推进、有机融合的瓶颈。

(一)数改队伍建设有待加强

领导方面,大多数"一把手"已经深刻认识到数改的必要性和紧迫性,但囿于缺少信息化专业知识和实践经验,以及种种客观因素的限制,很难下决心整体推进、颠覆式改革。干部方面,业务处室干部信息化水平参差不齐,鲜有能完整提出数改需求报告的,不少干部对数改还存在畏难情绪;信息化处室干部则对业务缺少全面、深入了解,一些人数不多的部门甚至没有信息化处室或专业干部。专业人才方面,本地信息技术、大数据分析等领域的优秀人才很少,项目开发大多需要依赖上海、杭州等的团队,不利于项目及时迭代升级,并且增加数据安全隐患。

(二)数据治理制度有待完善

数据归集整合方面,标准缺失问题尤为突出,造成缺失字段多、重复数据多、跨系统匹配难等诸多实际困难,差错率偏高的数据需要逐表、逐条核实,以纸质扫描方式存储的数据甚至无法正常归集。数据开放应用方面,虽然已出台省级指南,但是没有明细清单和实施办法,相关部门"不敢放、不会放"的问题依然突出。一些部门因为采集不到(实时)数据,制约其开展更高水平的数字治理,降低其开放自有数据的积极性,形成"蝴蝶效应"。

(三)统筹协调和考核评价机制有待建立健全

规划方面,牵头部门依靠专班、联席会议等制度来统筹协调,事实上对参与部门的实际情况仍了解不多,缺少向参与部门派驻专员协同顶层设计、协调进程细节的紧密合作机制,跨层级、跨部门统筹协调难问题依然突出。多跨场景建设上,部门职能交叉和盲点问题也难以破解,例如发改、经信、科技等部门在科技创新载体认定上存在审批职能交叉[①],综合执法、农业农村、住建等部

---

① 市发展改革委负责产业创新中心、工程研究中心的申报认定管理,市经信局负责制造业创新中心的申报认定管理,市科技局负责产业技术研究院、企业研究开发中心、企业研究院、企业工程(技术)中心等的申报认定管理。

门在垃圾分类管理上分工不明①。执行方面，对一些部门表现出的畏难情绪和进度慢问题，往往需要提交更高层面加以督促。监督方面，缺少对数改成效的专业评价方法，绩效考核指标偏"硬"，对工作效率、使用频率、用户满意度、风险防控力度等"软"成效重视程度不够。

（四）与整体智治相匹配的体制机制改革有待谋划推进

体制方面，缺少责任主体去谋划推进与整体智治相匹配的部门设置、职能配置和人员编制调整。对已经暴露出的部门忙闲不均、职能交叉和盲点并存等突出问题，也不能及时跟进。机制方面，例如重大决策依托数字说话，还缺少规范性程序，数字赋能作用发挥得不到有效保障。政策方面，较多产业和民生政策条款无法转化为计算机语言，数字指挥、数字管理、数字服务难以精准实现，人为因素仍较大程度影响政策执行成效。

三、相关建议

展望未来 5~10 年，建设数字政府是数字化改革的首要任务，也是政府治理现代化的重要支撑，还是破解数字赋能政府治理"卡脖子"问题的关键之钥。因此，必须从更高站位更宽视野谋划推进数字政府建设。要把建设全国数字政府先行市作为"十四五"时期宁波全面深化改革的统领性、支撑性任务来抓，建立健全跨部门跨市县齐抓共管的推进机制，聚力推进数字化配套改革、多跨场景应用建设、重大体制机制创新，奋力提升政府治理的现代化水平。

（一）加快推进数字化配套改革

第一，健全数改例会制度。以数改例会为依托，提升改革办、大数据局等牵头部门的统筹协调能力，常态化组织破解数改难题。对涉及调整国家部委规章或者需要上级授权、市级多跨场景和事件执行链建设中临时调整部门职能等事宜，明确责任部门，落实清单管理，加快攻坚克难。

第二，健全数改项目全过程闭环管理制度。重点是编制出台《宁波市数字化改革项目建设指南》，明确新建项目技术标准和建设要求；完善《宁波市

---

① 市综合执法局负责城市生活垃圾分类管理，农业农村局负责农村地区生活垃圾分类投放、收集、就地处置的监管，市住建局负责建筑垃圾、物业管理区域垃圾投放、收集、处置的监督管理，生态环境局则负责可回收物回收经营活动、有害垃圾利用、处置的监督管理。

数字化改革多跨场景应用项目论证决策机制和统筹管理试行办法》，健全覆盖立项审批、招标采购、建设实施、验收、运维与安全等环节的考核评价制度，强化专家预审机制。

第三，创新数改项目评价考核和激励机制。建立更加科学的数改项目绩效评价方法，引入第三方专业力量对项目使用频率、产出效益、用户满意度等指标进行测评，评估结果纳入部门考核。定期选树正反两面典型案例，条件成熟时设立市级改革突破奖，旗帜鲜明地支持先行先试。

第四，编制数据归集规范和数据开放操作细则。压实大数据局责任，加快建立覆盖"数据采集—数据清洗加工—数据整合—数据更新"全过程的标准、方法和要求，明确政府数据分级分类开放的明细清单和申请审批流程、权责要求。

（二）持续建设多跨场景应用

第一，迭代升级一批。在已落地场景应用项目中，筛选一批需求强、提升空间大、可操作性强的优秀场景应用，V形推进功能迭代（见表1）。

第二，谋划建设一批。从需求出发，聚焦港口、制造、开放、安全、资源配置、基层治理等重点领域，不断拓展多跨场景应用，抓好抓实需求清单、场景清单和改革清单。

表1 需要迭代升级和谋划建设的场景应用

场景类型	值得迭代升级的场景应用	值得谋划建设的场景应用
党政机关整体智治	问题闭环机制工作平台、基层公权力大数据监督应用、人大"代表通"等	机关内部"一件事"、智慧督查、数字化绩效考评等
数字政府	甬易办、危化品全链条安全风险智控、新居民"一件事"、保好耕地"一件事"、金融贷款和抵押登记"一件事"等	甬境外人员管理服务应用、全域国土空间综合智治集成应用等
数字经济	甬e通、新材云创、新产品研发"一件事"、企服通等	"数买通"中东欧进口综合服务和农业大脑、服务业大脑、信息产业大脑、港口大脑等
数字社会	社区智慧健康、智慧救助、浙里甬e保、居家护理、生活惠通、甬信培等	社会服务、智慧医疗、社区文化等
数字法治	全量社会矛盾纠纷风险数据库、社会治安风险综合评价、社会治理综合指挥平台、区域事件整体画像等	大数据检察监督系统应用、基层治理"一件事"等

资料来源：作者根据相关资料自制表格。

(三) 精准谋划推动重大体制机制创新

第一，加快打造横向到边、纵向到底，专业化、多元化的数改队伍，探索引入首席信息官制度。把队伍建设作为政府治理创新的"牛鼻子"来抓，有序推进、久久为功。当前，各党政机关、国有企业、事业单位要围绕数改需求，更多更主动地引育掌握信息化专业知识和实践经验的优秀干部，多措并举提升全员信息化能力。大数据局、改革办等牵头单位必须具备独立规划、建设、运维、评价信息系统的能力。同时，建议市直机关、区县（市）率先试点引入首席信息官制度，构建"一官多员"体系[①]，全面构建数字孪生的业务链。适时出台数字人才引育专项政策，加大数改服务购买力度，加快引育信息技术、大数据分析等领域的非政府背景的优秀团队和人才。

第二，重构数字政府的顶层设计和推进机制。以建设全国数字政府先行市为目标，精准定义数字政府的新内涵和新框架，整合提升数字政府建设、全面深化改革、信息化发展等"十四五"规划相关内容，加强要素保障，形成新的行动计划。厘清改革办、发展改革委、大数据局、编办、督考办、政法委、经信局等主要部门的责任清单，共建平台载体，共推重大改革，创新调动更多主体的积极性和创造力。

第三，有序构建数字治理的规范机制。以产业政策、民生实事工程等重大决策为突破口，探索建设"调查—评估—决策—执行—监督—学习"的多跨场景应用，完善配套管理办法，充分保障数据说话在治理全过程的重要作用。条件成熟时，将数字决策、数字指挥、数字管理、数字服务等工作流程和规范纳入市人大立法计划。

第四，探索符合数字政府建设需求的机构动态调整机制，创新探索"临时清单"制度。提升数改工作中编办和督考办参与的广度和深度，更好发挥这些部门在数字政府建设中的支撑性作用，更早更好地优化调整部门设置、职能配置、人员编制。在政府部门"权力清单"和"责任清单"的基础上，建立健全"临时清单"制度，即根据数改多跨协同、流程再造实际需求，编制政府部门权

[①] "一官"，即在市、区县（市）、乡镇（街道）和市级部门、部分区县（市）部门设立首席信息官职务，由拥有较强专业知识和专业技能的一把手或者副职兼任，负责所在单位和下属部门（企业）的数改顶层设计、工作推进、考核监督和数据治理统筹协调工作；"多员"，即根据实际需求，培养一批数据专员、业务专员、应用专员等，为首席信息官提供数据治理、业务数字化、多跨场景建设、更多应用开发的技术支撑。

力和责任暂时性增减的目录清单。定期检查目录清单，对工作量变化明显的部门，及时调整人员编制和考核办法；对长期停留在清单上的权责，及时评估职能调整的必要性和可行性，择机推进；对呈现出的重大变革趋势，早研究、早部署，如谁来组织重大决策的数据支持，谁来组织数据治理从"一门一档"到"一城一档"的重大升级①。

冯　路　方泱泱　张语彤　程沅孜

---

① 以个人信息为例，公安、人社、卫健、医保、房管、人行等大多数部门已实现"以部门为单位的一人一档"，部门间按需访问。但数据源方面还停留在各部门按需采集阶段，重复采集比较常见，数据"打架"偶有发生，还有统计等部门采集的动态数据没有充分利用。为更好实现数据的高效采集、充分利用，打造"以城市为单位的一人一档"非常迫切，数据治理仍有巨大提升空间。

以数字化改革推进宁波终身学习平台
建设的设想与建议

终身学习是个体为适应社会和个人发展需要，贯穿人的一生且持续进行的学习过程，事关人的全面发展和社会的全面进步。随着数字化改革的纵深推进，以数字化技术、思维、认知全方位系统性重塑宁波终身学习体系，正当其时、大有可为。我们建议，紧抓全省数字化改革的有利契机，围绕教育全生命周期，综合集成现有的各阶段、各层级、各部门教育应用存量，建设一体化、智能化、现代化的多跨场景应用——宁波终身学习数字化平台，使之成为宁波数字化改革的标志性成果，成为宁波推动人口红利二次开发、学习型城市建设的重要推进器，为建设现代化滨海大都市注入可持续、更强劲的人才动力。

一、充分认识建设宁波终身学习数字化平台的重要作用

我们要始终把教育摆在优先发展的战略位置，不断扩大投入，努力发展全民教育、终身教育，建设学习型社会。当前，基于宁波终身学习的特点、难点、热点及现有基础，突出大场景中的小切口，深入谋划打造最佳应用，全力驱动终身学习方法、机制、手段重塑性变革，十分必要。

（一）这是终身学习体系的重要基础工程，有利于人口红利二次开发

第七次全国人口普查显示，宁波60岁及以上老年人口占比达18.10%，较10年前增加4.85个百分点，已经迈入"超老龄化社会"；劳动年龄人口平均受教育年限为10.79年，初中及以下人口的占比为56.4%。在劳动力数量减少、人口红利下降不可逆转的形势下，挖掘开发人口二次红利已经刻不容缓。研究表明，在制造业部门，职工受教育年限每提高1年，劳动生产率上升17%。美国国家经济研究署对146个国家相关数据分析发现，人均受教育年限每增加1

年,由此转化而来的经济总量至少增加2%。建设终身学习数字化平台,进一步完善全市终身学习体系,可以全面提升社会成员的素质,优化人力资源配置,提高各阶段人群的劳动能力和社会适应能力,推动人口"数量红利"转变成"质量红利",促进宁波经济社会高质量发展。

(二)这是学习型城市建设的重要平台载体,有利于推进宁波学习型社会建设继续走在前列

学习型城市正成为引留全球人才、成就市民梦想、打造宜居城市的重要指标,是城市发展不可替代的战略资源、软性实力。联合国教科文组织统计,目前全球千余个城市、我国上百个城市已经成为或正在建设学习型城市。宁波自20世纪90年代中后期开始创建学习型城市,经过历届市委、市政府的努力,率先成为全国学习型城市建设联盟成员单位、全国首批学习型城市建设监测城市,所有区县(市)均通过省级创建,各项工作走在全国全省前列。建设终身学习数字化平台,推动终身学习体系全方位系统性重塑,将成为宁波学习型城市建设的又一亮点,接续推动宁波继续走前列、做标杆。

(三)这是教育领域的重大应用场景,有利于打造全省数字化改革标志性成果

《浙江省教育领域数字化改革工作方案》部署了"打造以人为核心的数字学习新模式"的主要任务。宁波市级终身学习公共服务平台2013年上线运行,但还存在人群覆盖面不广、学员参与度不高、资源集聚度不足等问题。另外,各级各部门又存在大量的自建学习系统,例如市成人教育在线平台、专业技术人员继续教育网、智慧教育学习平台、干部党员学习网、政务服务技能学习考级考试系统、四明学堂、甬上云校等,重复建设、重复购买,互不相通、交叉覆盖,造成了大量的资金浪费、资源沉淀,学习成果也很难实现相互认定和转换。建设终身学习数字化平台,能贯通各部门各层级各阶段的信息烟囱、资源孤岛,构建覆盖教育全阶段的一体化学习体系,是立足教育大场景下的小切口,是打造以人为核心的数字学习新模式,在全省数字化改革中具有示范引领意义,将成为宁波数字化改革的标志性成果。

(四)这是"甬有优学"的重大综合集成,有利于满足市民对高质量教育的需求

实施"甬有优学"行动是宁波推动共同富裕先行18策之一,就是要推动教

育资源配置动态均衡、质量水平全域共进、教育机会公平均等、治理能力融合创新。建设终身学习数字化平台，集聚校内校外、线上线下优质教育资源，实现学习成果互认和兑换，能够为市民提供"有趣、有用、有效"的学习资源和学习服务，"一站式"满足市民不断增长的多样化和个性化的终身学习需求，促进人的全面发展。

二、建设宁波终身学习数字化平台的初步设想

（一）总体目标

以习近平新时代中国特色社会主义思想为指导，深入贯彻《浙江省教育领域数字化改革工作方案》《宁波教育现代化2035行动纲要》《加快推进宁波教育现代化实施方案》等文件精神，主动适应经济社会发展和人的全面发展需求，遵循"开放、融合"的设计理念，基于市域教育资源公共服务体系与学分银行，建立以人为核心的终身学习数字化平台，促进各级各类教育的沟通衔接融合，促进正规、非正规、非正式学习成果的认定与转换，推动构建纵向贯通、横向融通的一体化全民终身学习体系，有力支撑宁波学习型城市建设，为宁波建设现代化滨海大都市贡献教育力量。到2025年，课程资源达50万件，在册学员达150万人，为300万名以上市民建立学习档案。

（二）场景应用

在数字社会系统中的"学有所教"跑道上，依托现有的宁波终身学习数字化平台服务体系，主要提供6大应用场景（见表1）：（1）社区教育服务，包括市民教育、公民素养教育等，实现市民整体素质提升；（2）学校教育服务，包括中小学生的科学素养、人文素养、艺术素养等通识类的课程，实现学校教育延伸；（3）职业教育服务，包括建造师、心理咨询师、保育师等专业技术职业教育，实现学员职业能力再提升；（4）老年教育服务，包括书法绘画、养生保健、隔代教育等课程，满足老人对文化和精神的需求；（5）学历教育，主要针对有学历提升需求的群体，通过学分银行的认证、积累、互认与转换，实现人才成长通道畅通；（6）定制教育服务，包括干部党员培训、社工培训、残疾人服务工作者培训等，满足特定群体个性化教育需求。

表1　　　　　　　　　　终身学习数字化平台服务体系

服务	服务类别		服务对象	
宁波终身学习数字化平台	学历教育		高等教育	普通高等教育
				高职教育
				成人高等教育
			中等职业（技师）教育	
			成人中等学历教育	
			学前、小学、初中、高中教育	
	非学历教育	正式教育	专业技术人员继续教育	
			企业职工继续教育	
			农民继续教育	
			其他继续教育	
		非正式教育	老年教育	
			社区公共文化教育	
			其他非正式教育	

资料来源：作者根据相关文件整理后自制表格。

(三) 主要任务

1. 汇聚终身学习后台"资源池"。以教育全周期为主线，以需求为导向，探索建设政府引导、市场参与的终身教育资源的共建共享机制，着力畅通各资源主体间的信息孤岛，消除需求侧与供给侧之间的盲点堵点，实现各类学习资源的精准、高效配置。

主要手段是基于大数据和云计算，有机整合市内终身学习联盟单位、教育机构、行业企业的各类学习平台或课程资源，汇聚共享国内外优质终身教育资源，形成跨地域、跨行业、跨机构的海量课程"资源池"，实现学习资源一站式呈现。

2. 建立终身学习服务"数据仓"。面向市域各级教育行政部门、各级各类学校、教育培训机构，建立终身学习、教育"大数据仓"及个人终身学习档案，加快实现终身教育、学习数据无感采集、动态汇聚、智能治理、授权使用。

主要手段是建设终身学习公共数据库，推进相关部门颁发的职称证书、技能证书、荣誉证书、科研成果、志愿服务与培训记录统一汇聚，推进图书馆、博物馆、体育馆、科技馆等场馆借阅、参观数据共享，融合各类在线培训机构学习记录，汇聚各教育阶段学生评价记录，形成可信的数字学习档案。

3. 搭建终身学习功能"立交桥"。对接国家职业教育学分银行、浙江省终身教育学分银行，建立宁波学分银行制度，统一市民个人学习账号，实现学习成果积累、认定和转换服务。

主要手段是基于学分银行，建立覆盖全市的"学分银行管理中心"、终身学习联盟和分中心，推动不同来源渠道、不同教育阶段学习成果的转换互认，有序开展学历证书和职业技能等级证书所体现学习成果的认定、积累和转换。

4. 拓宽终身学习延伸"应用地"。深化学分银行内涵，丰富学习成果转化渠道，打造跨层级、跨地域、跨系统、跨部门、跨业务的应用生态。

主要手段是基于大数据应用，构建学分银行"X应用"，创新学分银行的典型应用场景和应用生态，深化学习成果在人才评定、就业推荐、技能认定等场景下的协同创新。推出一卡通行、虚实结合的宁波终身学习卡（可依托现有的"尚学卡"），将学习者、终身学习联盟机构间的学习、生活、管理、服务一体化，促进可持续的终身学习生态体系的建设。

三、前期工作建议

（一）强化责任落实

组建宁波终身学习多跨场景应用建设工作专班，由教育、人社、大数据等部门组成，宁波开放大学具体实施，制定平台建设工作方案，细化目标任务，明确职责分工。工作专班每周向主管市领导报送工作进展，定期召开例会，交流典型做法，分析堵点难点问题，确保各项工作落到实处。

（二）进一步深化调查研究

进一步梳理各部门需求清单、场景应用清单、改革清单，推进已有服务应用综合集成，尽量不"另起炉灶"。充分借鉴上海、深圳、广州等城市在贯通校内校外线上线下资源、学分银行、学习成果转换兑现等方面的经验。

（三）加快推进基础性工作

注重系统性与整体性，按照现有工作节奏，加快推进学分银行、宁波终身学习卡等正在谋划或推进的"子系统"开发进度，同步推进现存教育服务应用贯通融合，尽快形成一体化的综合应用。

（四）争取列入全省数字化改革"一本账S1"

积极向上对接，争取省委改革办、省教育厅等部门支持，列入下一轮全省"一本账S1"版本的迭代更新新增项目或者整合进入已有项目。

罗　松　周威锋　张　华　王　巍

宁波加快补上利用外资短板的对策研究

利用外资是宁波扩大对外开放、加速经济转型升级的重要支撑。新发展格局下，扩大外资利用规模、优化利用结构变得更加重要且迫切。从现状看，宁波利用外资总体水平较高，但是政策红利释放减弱、招强引大机制创新滞后、重大功能平台作用不突出、市场力量作用发挥不充分等体制机制短板日益凸显，与领先城市的差距不断拉大。为此，必须以更大格局、更新理念、更强力度扎实推进招商引资工作，发挥优势奋力创新，聚焦短板深化改革，久久为功建设制度型开放高地，加快提升利用外资高质量发展水平。

一、我国利用外资仍处于大有可为的战略机遇期

近年来，疫情全球蔓延和经济全球化遭遇逆流，对跨国投资造成显著影响，全球外商直接投资（FDI）流量总体呈下滑态势。综合相关规划、统计数据和联合国贸发会议、国家信息中心等机构预测：全球FDI触底反弹实现恢复性增长，技术密集型行业的投资热度高企，发达经济体FDI流入量大幅增长，我国将继续保持对FDI的强大"磁吸力"，省份间围绕制度型开放高地的竞争将更趋激烈。

（一）全球FDI强劲反弹，实现恢复性增长

2020年全球FDI大幅下滑35%，成为自2005年以来的最低水平。受到全球价值链韧性增强、资本存量补充、全球经济复苏等因素拉动，2021年全球FDI强劲反弹，达到约1.65万亿美元，同比增长64.9%，回到疫情暴发前水平（见图1）。绿地投资、项目融资、跨境并购规模同比分别增长7%、91%和49%，全球产业投资活动持续萎缩态势出现重大转折。

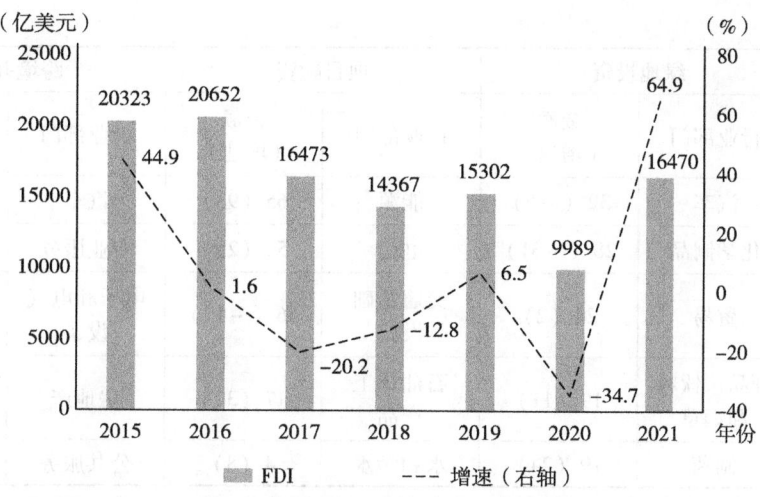

图1　2015—2021年全球FDI流入量及增速变化

资料来源：2021年数据来源于联合国贸发会议《全球投资趋势监测报告》，其余数据来源于联合国贸发会议FDI统计数据库。

（二）技术密集型行业引领全球FDI快速回暖

2021年全球大部分行业FDI实现恢复增长，信息与通信、可再生能源、电子和电气设备、制药等技术密集型行业成为"领跑者"。信息与通信业的绿地投资和跨境并购分别达到1000亿美元、1340亿美元，同比增长22%和67%；电子和电气设备制造业绿地投资950亿美元，增长108%；可再生能源项目融资4320亿美元，增长121%（见表1）。

表1　2021年全球FDI投资额前十的行业（10亿美元，%）

	绿地投资		项目融资		跨境并购	
	行业部门	金额（增速）	行业部门	金额（增速）	行业部门	金额（增速）
1	信息与通信	100（22）	可再生能源	432（121）	信息与通信	134（67）
2	电子和电气设备	95（108）	工业地产	104（110）	制药	73（31）
3	能源和天然气供应	87（-12）	住宅/商业地产	25（93）	金融与保险	73（162）
4	建筑	47（35）	石油和天然气	110（115）	贸易	63（255）
5	运输和储存	32（20）	采矿	30（80）	运输和储存	53（652）

续表

	绿地投资		项目融资		跨境并购	
	行业部门	金额（增速）	行业部门	金额（增速）	行业部门	金额（增速）
6	汽车	32（-5）	能源	65（93）	汽车	46（165）
7	化学制品	28（-31）	电信	50（25）	专业服务	41（268）
8	贸易	24（2）	交通基础设施	36（-11）	电子和电气设备	37（-7）
9	食品、饮料和烟草	19（11）	石油化工产品	17（30）	房地产	32（42）
10	制药	19（24）	水和污水	4（8）	公共服务	28（411）

资料来源：联合国贸发会议FDI统计数据库。

（三）发达经济体FDI增幅最大，中国FDI将维持高位

2021年，发达经济体FDI大幅增长，规模估计为7770亿美元，增量占全球总增量（7180亿美元）的比重接近3/4；发展中经济体FDI流入量达8700亿美元，同比增长30%；最不发达国家流入量和增幅分别为280亿美元、19%。五大洲方面，增速依次为欧洲（1450%）、非洲（147%）、美洲（105%）、亚洲（18%）和大洋洲（-22%）。东亚地区FDI流入量增加到3580亿美元，同比增长近14%。国家方面，美国依然是全球最大的外资吸收国，外资流入量达3230亿美元，同比增长114%；中国次之，全年FDI流入量1790亿美元，同比增长20%（见表2）。毕马威会计师事务所最近预测报告显示，2022年中国外商直接投资将维持高位；汇丰银行对2000多家外资企业的调查也显示，超90%的受访企业表示将继续扩大在华投资。

表2　2021年全球FDI流入量区域（国家）分布（10亿美元，%）

区域（国家）	FDI流入量	增速	区域（国家）	FDI流入量	增速
非洲	97	147	亚洲	696	18
撒哈拉以南非洲	88	200	东亚	358	14
其中：南非	41	1267	其中：中国	179	20
美洲	531	105	东南亚	184	35
北美洲	383	120	欧洲	305	1450
其中：美国	323	114	欧盟	165	8

区域（国家）	FDI流入量	增速	区域（国家）	FDI流入量	增速
拉美和加勒比	147	75	大洋洲	18	-22
其中：巴西	58	100			

资料来源：2021年数据来源于联合国贸发会议《全球投资趋势监测报告》，其余数据来源于联合国贸发会议FDI统计数据库。

（四）"十四五"时期，我国外资利用将着力稳总量优结构，各地围绕制度型开放高地的竞争将更趋激烈

"十三五"时期，全国新设立外商投资企业20.4万家，实际利用外资6989亿美元，较"十二五"时期分别增长61.8%、10.4%。"十四五"时期，我国计划实际利用外资7000亿美元，略高于"十三五"时期。2021年实现开门红，全国实际使用外资1734.8亿美元，同比增长20.2%，延续稳中向好态势。从地方看，主要省市紧扣商务部《"十四五"利用外资发展规划》，以发挥制度红利优势为主抓手，竞相出台升级版稳外资政策，在扩大开放领域、强化开放平台功能、优化外商投资环境、创新外资招引要素保障和评价激励等领域，不断推出有力度的创新举措，招商引资竞争更趋激烈。例如，苏州鼓励外资参与国企混改，探索国有资本进入公司化招商机构运作模式，市级层面每年安排财政资金5000万元用于外资工作考核。

二、"十二五"时期以来宁波利用外资成效与特点

"十二五"时期以来，宁波利用外资规模持续增长，来源地更显多样化，服务业实际利用外资超越制造业，优势制造业和生产性服务业引资集中度显著提高。另外，外资项目平均规模偏小、港资独大等特点依然显著。

（一）外资利用规模持续增长，2021年保持副省级城市第9位

2011—2018年，宁波实际利用外资规模从28.1亿美元稳步提高至43.2亿美元，占全国比重从2.4%提高到3.2%（见图2）。受统计口径调整影响[①]，

[①] 2019年起，商务部调整外商投资统计制度，对各地外资利用统计口径进行调整，一律采用"部口径"，即对外方投资者进入我国投资的资金，以入境后第一次流入设在我国境内的外资企业为准，境内外资企业在我国进行再次投资的资金不重复统计。之前，浙江省外资统计数据包括了省外外资企业对浙江省各地的再次投资数据，俗称"省口径"。宁波的很多外资企业属于省外外资企业的再投资项目，因而2019年调整统计口径后，外资规模大幅缩减。

2019年宁波实际利用外资规模、占全国比重大幅下滑至23.6亿美元、1.7%，副省级城市排名后退一位至第9。尽管如此，宁波利用外资持续向好的趋势没有改变，在全球疫情、中美贸易摩擦等不利宏观环境下保持增长态势，2021年实际利用外资规模、占全国比重回升至32.7亿美元和1.9%，副省级城市排名保持不变（见表3）。从区县看，鄞州、北仑、余姚、慈溪4个区（市）贡献了全市实际利用外资的6成以上。

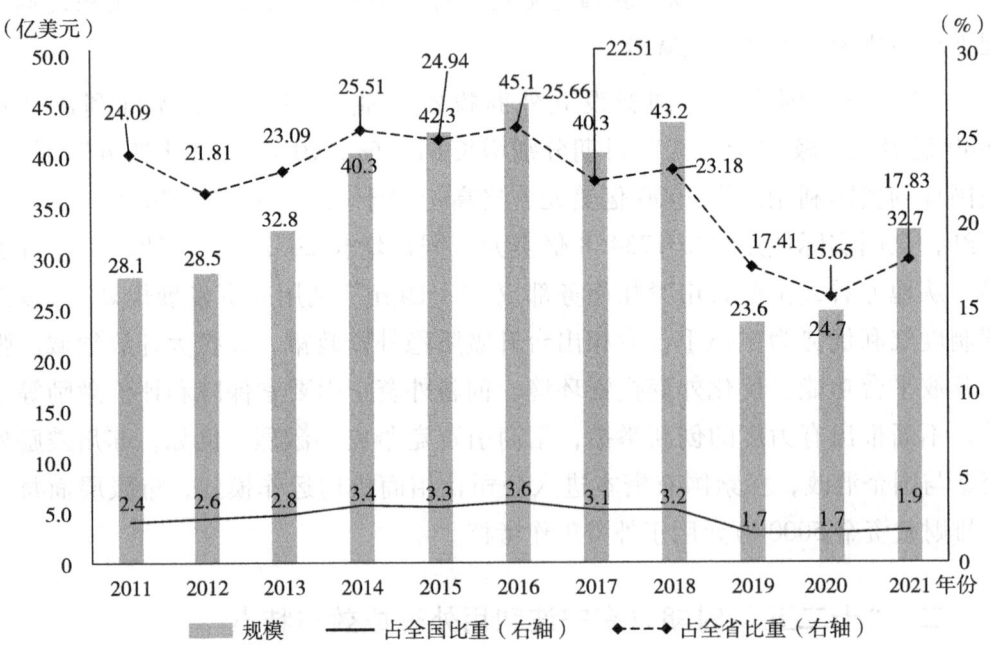

图2 2011—2021年宁波实际利用外资及全国、全省占比走势

资料来源：宁波市历年统计年鉴、浙江省历年统计年鉴及国家历年统计年鉴。

表3　　2011—2021年副省级城市实际利用外资规模比较（亿美元）

年份	2011	2012	2013	2014	2015	2016	2017	2018	2019	2020	2021
武汉	27.54	34.22	41.01	52.42	64.76	75.57	96.47	109.27	123.09	111.65	125.7
深圳	45.99	52.29	54.68	58.05	64.97	67.33	74.01	82.03	78.09	86.83	104.2
西安	20.05	24.78	31.3	37.03	40.08	40.05	53.07	63.54	70.57	76.77	87.1
成都	65.53	85.9	112.16	100.16	75.2	86.17	100.41	122.75	131.69	73.1	504.5*
杭州	47.22	49.61	52.76	63.35	71.13	72.09	66.1	68.27	61.28	72.02	81.71
广州	42.7	45.75	48.04	51.07	54.16	57.01	62.89	66.11	71.43	70.85	84.2
青岛	36.34	46	55.22	60.81	66.91	70.03	77.35	86.93	58.42	58.53	61.7

续表

	2011	2012	2013	2014	2015	2016	2017	2018	2019	2020	2021
南京	35.64	41.3	40.33	32.91	33.35	34.79	36.73	38.53	41.01	45.15	50.14
宁波	28.09	28.53	32.75	40.25	42.34	45.13	40.3	43.2	23.63	24.68	32.74
厦门	17.26	15.95	18.56	19.71	20.94	22.24	23.78	16.25	19.45	24.07	28.9
济南	11	12.2	13.21	14.35	15.79	17.16	18.76	27.28	22.42	19.25	26.6
沈阳	55	58	58.1	22.7	10.6	8.2	10.1	14.3	16.5	7.1	8.2
大连	—	—	—	—	27	30	32.5	26.8	8.7	6.6	16.7
长春	7.7	8.5	9.4	10.6	12	12.9	14	3.29	3.32	3.8	—
哈尔滨	7.94	9.8	9.8	9.76	8.62	6.6	4.2	3.1	3.4	3.4	7
宁波排名	8	9	9	7	7	7	8	7	9	9	9

资料来源：各市统计年鉴、政府工作报告、Wind 数据库等。成都 2021 年数据单位为人民币，宁波保持排名不变。

（二）外资项目平均规模偏小，世界 500 强企业投资项目数量与领军城市存在一定差距

2011—2020 年，宁波累计引进外资项目 5061 个，包括立智马达、炼化环氧丙烷装置等重大项目。项目平均利用外资 1303.7 万美元，最高为 2016 年的 1745 万美元，之后不断走低，2020 年降至 967 万美元（见图 3）。同期，南京、杭州、嘉兴外资项目平均规模分别达到 1698.7 万美元、1840.8 万美元、1657.9 万美元，均较大幅度高于宁波。从世界 500 强企业投资项目看，截至 2020 年底，宁

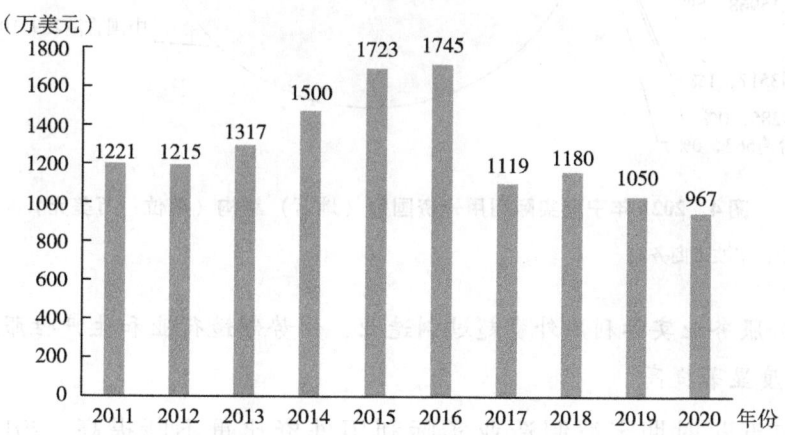

图 3 "十二五"时期以来宁波年度外资项目平均规模走势

资料来源：宁波市商务局。

波累计引进67家世界500强企业投资项目147个,投资总额214.4亿美元,列全省第二。同期,杭州累计引进126家世界500强企业投资项目220个。

(三)外资来源地结构大致为香港7成、发达国家2成、"避税天堂"1成,发达国家国别投资额波动较大

2011—2021年,港资占全市实际利用外资总量的比重始终保持在70%以上,2021年达到峰值75%(见图4)。来自英属维尔京群岛和开曼群岛两大"避税天堂"的实际利用外资在9%上下波动,2011年、2020年、2021年合计占比分别为15%、6%、9%。剩余约20%的外资主要来自新加坡、美国、德国、日本等发达国家,国别波动明显,2011年、2020年、2021年新加坡占比分别为2%、5%、5%,美国为1%、6%、2%。这客观反映发达国家投资项目的偶然性较大。

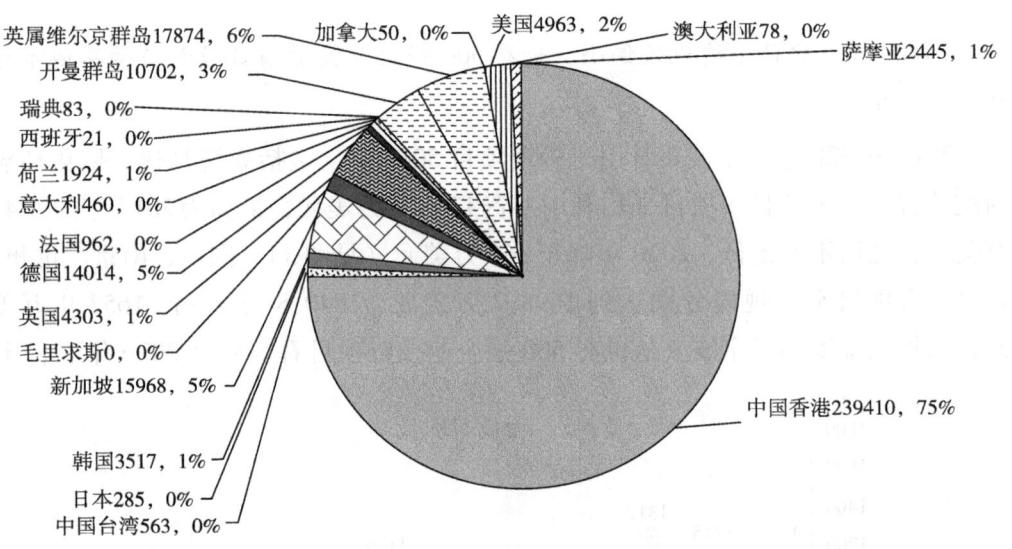

图4　2021年宁波实际利用外资国别(地区)结构(单位:万美元)

资料来源:宁波市商务局。

(四)服务业实际利用外资超过制造业,优势制造行业和生产性服务业外资利用集中度显著提高

"十二五"时期宁波制造业实际利用外资比重不断提高,2015年占比52.5%,较2011年提高10.8个百分点。但从2016年起,宁波利用外资的产业结构呈现明显的"退二进三"趋势,2021年全市制造业和服务业实际利用外资

分别占比24.0%和68.4%。从制造业细分看,绿色石化、装备制造、汽车及零部件、电器制造等优势制造业是宁波制造业利用外资的主力军,"十三五"期间实际利用外资占制造业比重超过6成,纺织服装、文体产业、食品饮料、金属加工等劳动密集型产业所占比重持续下降。从服务业细分看,生产性服务业实际利用外资波动上升,2021年信息服务、商务服务和科技服务合计占比44.2%,较2016年提高28.6个百分点,增幅明显;房地产业占比快速下降,2021年占全市实际利用外资比重降至2.6%,较2016年下降12.9个百分点(见表4)。

表4　　　　2016—2021年宁波实际利用外资分行业占比(%)

年份	2016	2017	2018	2019	2020	2021
农业	0	0.8	0	0.7	0.2	0.1
制造业	50	38	41.3	49.7	44.3	24.0
绿色石化	8.9	3.8	20.2	16	10.8	—
塑料加工	1.5	6.8	2.3	10.7	0.6	—
装备制造	7.3	6.9	4.2	4.6	1.7	—
汽车及零部件	5	2.7	4.1	6	14.1	—
电器制造	19.7	3.9	2.4	0.8	1.6	—
电子信息	2.5	5	2.5	2.8	0.8	—
服务业	46.1	57.5	58.7	47.9	54.6	68.4
批发零售	14.8	21.1	18.1	7.8	17.2	20.3
信息服务	8.5	5.4	5.4	2.7	4.5	9.3
房地产	15.5	11.4	8.4	3.1	3.3	2.6
商务服务	4	4.5	5.2	17.7	24.6	12.2
科技服务	3.1	7.8	15.9	8.8	4.6	22.7
其他未列明行业	3.9	3.7	0	1.7	0.9	7.5

资料来源:宁波市商务局。

三、当前亟须补齐的突出短板

宁波外资利用规模与武汉、深圳、西安等头部城市的差距还在拉大,招商引资体制机制短板日益显现。当前,需重点关注政策红利释放减弱、招强引大机制创新滞后、重大功能平台作用不突出、市场力量作用发挥不充分等短板,应加快补齐。

（一）在拼要素资源价格红利、拼奖励补贴力度的传统招商引资竞争中，宁波显现比较劣势

一是工业用地价格偏贵。宁波每年新增用地指标有限，低效闲置土地资源腾挪难度大，不断拉高工业地价。2021年宁波工业地价达到50.66万元/亩，超过全国均值（21.45万元/亩）的2倍，居同类城市前列（见图5）。

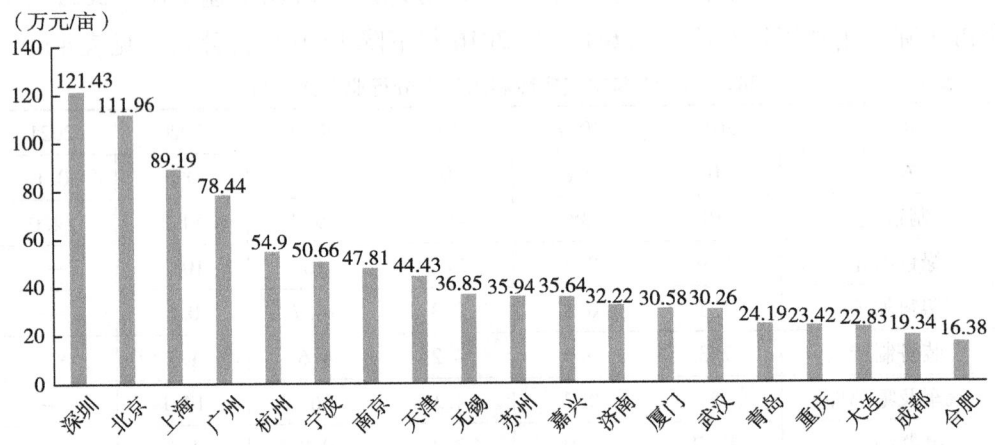

图5 2021年主要城市工业用地平均价格

资料来源：根据选哪儿网（https：//www.xuanzhi.com/）数据整理。

二是重大项目补贴政策不具比较优势。目前，宁波对每千万美元投资给予人民币100万元的补助，补助比例约为1.6%。相比而言，嘉兴对引进的世界500强企业、国际行业领先企业、总部经济或对区域经济发展有重大推动作用或贡献特别大的产业项目建设，按项目总投资10%～30%的比例给予补助（最高支持金额不超过5亿元）；温州则对新引进的世界500强企业或总投资2亿美元以上的外资项目，按当年实到外资超过千万美元的给予企业200万元奖励。

（二）在建设制度型开放高地的招商引资新赛道上，宁波缺少先行先试的关键性政策，缺少招大引强的关键制度创新，营商环境国际化、政策精准化水平都有待提升

一是缺少关键性的先行先试国家政策。新形势下，谁能在投资自由化、贸易便利化、金融自由化等重点领域和关键环节上"先行一步"，谁就能在制度型开放竞争中"更胜一筹"。上海自贸区临港片区的自由贸易账户、金融业扩大开放、与国际接轨的税收政策、北京服务业扩大开放等先行先试举措，吸引一大

批重量级外资项目落地,有力推动龙头企业跨越式发展。相比之下,宁波自贸片区、自创区等国家级改革项目由于缺少关键性先行先试授权,创新空间有限,对招大引强的激励作用不明显。以当前着力发展的新型国际能源贸易为例,因缺少像15%企业所得税优惠、非国营贸易牌照等政策(海南自贸港、上海临港片区均拥有),维多(Vitol)、托克(Trafigura)等多家在谈能源巨头迟迟不敢选择落户宁波。

二是招商引资工作体制机制创新还不够到位,难点堵点比较多。特别是与制度创新先行的"深圳模式"、风投资本招商的"合肥模式"、国际合作园区建设的"苏南模式"相比(见表5),宁波招商引资工作体系的统筹性、功能性、灵活性都存在差距。重大外资项目作战指挥中心在实际运作中,还会频频遇到相关行政区和职能部门"各自为政、单打独斗"的统筹协调难题。招商网络建设还过多依靠政府力量,广度和深度不足。财政资金使用和招商引资绩效考核方法比较保守,对功能性强、带动性强的项目缺少"竞争性"激励政策,试错容错机制难以满足未来产业招商需要,招大引强往往抢不过其他城市,不会招、不敢招问题也比较突出。

表5 三种典型招商模式

深圳模式	"制度创新+全链条服务":利用特区开放先行和社会主义先行示范区优势,大胆开展制度创新,成立深圳投资推广署(按先进制造业、现代服务业、新兴前沿产业划分三个招商业务部门),设置三级招商网络(第一级网络为深圳市政府驻欧洲、北美、日本、大洋洲经贸代表处,第二级网络为服务互换和购买服务等形式、与投资促进专业机构合作在全球41个主要发达城市布局的58个网点,第三级网络是与350余家海内外商协会联系形成的支点),建立"3+6"全链条创业服务体系(以创业企业的需求为导向,以专业孵化、创业投融资、种子交易市场为核心,以创业交流、创业展示、创业媒体、创业培训、创业公寓、公共加速为重点功能)
合肥模式	"股权投资+招商落地":将股权投资(风险投资)思维导入产业,以投行的方式培育产业。依托合肥产投、合肥兴泰、合肥建投三大国资投资平台,联合中信、招商等头部投资机构共同设立近千亿元的产业基金群,形成"引导性股权投资+社会化投资+天使投资+投资基金+基金管理"的多元化科技投融资体系。具体运作上,通过投资并引入上市公司募投项目推动落地,并围绕投资前期、中期、后期全链条打造"引进团队—国资引领—项目落地—股权退出—循环发展"闭环,推动城市经济发展与项目招引、产业培育共融共生
苏南模式	"政府规划+战略投资者":政府通过制定明确发展规划与战略吸引投资者入驻,发挥积极的主导作用,典型代表为中国与新加坡合作打造的苏州工业园

资料来源:作者根据相关文件整理。

三是营商环境与国际企业需求还存在一些错位。对国际企业提出的知识产权保护、投诉处置等方面的要求，我方尚难以作出有效应对；我方提出的亩均产出等要求，也很难被国际企业接受。例如，美国开市客（Costco）拟在前湾新区投资 8000 万美元建设物流仓储基地，但亩均产出要求面临该公司法务审查等难题导致属地政府供地积极性不高，影响了项目落地的时效性。

（三）重大功能平台作用发挥不充分，6 个国家级开放平台实际利用外资累计占全市比重仅超 3 成

2021 年宁波杭州湾新区等 6 个国家级开放平台合计实际利用外资 10.51 亿美元，占全市比重 32.1%，较 2019 年提高 9.5 个百分点，仍有较大提升空间（见图 6）。2021 年上半年，在全省经济开发区实际利用外资工作中，宁波经济开发区实际利用外资占全市比重 40.4%，远低于绍兴（90.7%）、嘉兴（84.8%）、湖州（62%）等城市。

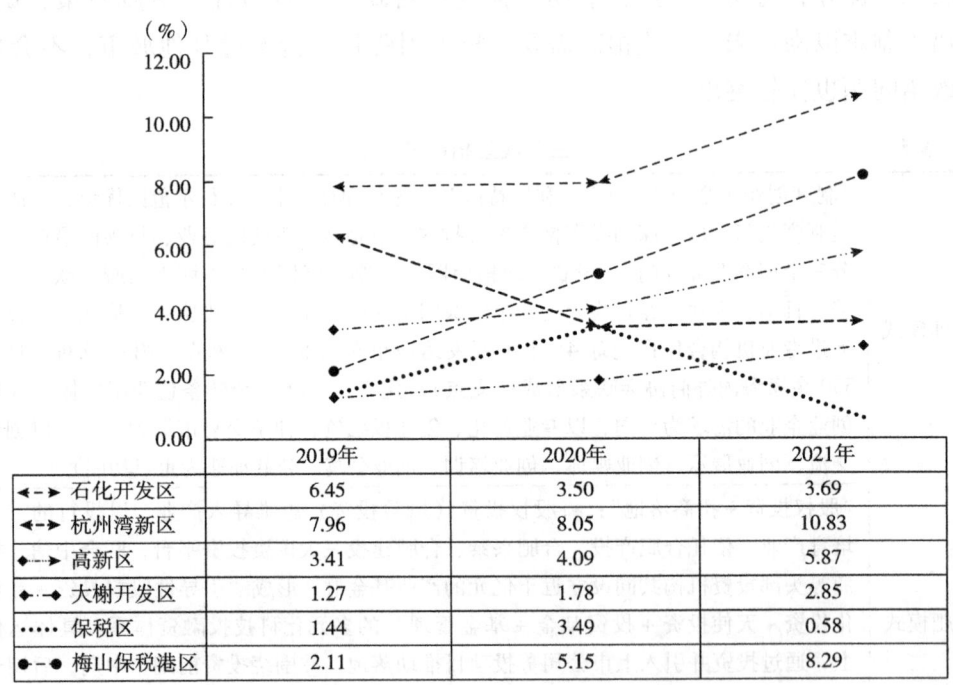

图 6　2019—2021 年宁波 6 大国家级开放平台实际利用外资额全市占比

资料来源：宁波市商务局。

一是重大功能平台主导产业竞争力和国际知名度提升不够快，难以形成外资吸引力比较优势。除自身原因外，相关部门在要素资源配置、能耗指标分配、

目标考核等方面缺少针对性安排，较大程度制约其发展主导产业、打造特色品牌的积极性和专注度。例如，宁波石化经济技术开发区、大榭开发区在引进行业领跑的石化项目时，屡屡因能耗问题受阻，制约石化产业能级提升。

二是人居环境国际化水平有待提升。特别是教育、医疗条件还无法满足外商需求，制约外企落户的积极性。前湾新区就因为缺少国际学校、国际医院、国际社区等配套设施，与一些大项目、好项目失之交臂。

（四）市场力量实施招商、服务招商的作用发挥不足，新增外商投资仍以增资扩建为主

一是智库力量服务招商作用没能较好发挥。特别是尚未建立与国际咨询机构、国际金融机构的长期合作机制，缺少这些机构提供的"第一手"招商信息，也没能发挥其在国际企业尽职调查考量等方面的重要作用，"招什么"难题依然突出。

二是本土龙头企业招商和中介招商模式有待培养。政府招商依然一家独大，龙头企业参与招商引资的不多，会计师事务所、律师事务所、咨询公司等商务服务机构实力不强，财会税务、国际法务、咨询等高端商务服务供给缺乏等问题显著制约中介招商模式发展。

三是市场化招商奖励力度有待提升。目前，宁波对实到投资额人民币1亿元以上的，按5‰给予中介奖励，即最高奖励500万元，力度较同类城市低，在借力市外乃至国外招商服务方面的吸引力不强。青岛市2019年提出对经认定社会化专业招商机构新引进符合条件的内外资产业类项目，按其所认定项目实际到账外资金额或形成固定资产，按一定比例给予最高500万~2000万元奖励。此外，还要关注国有企业市场化专业招商力量不足、激励考核政策有待健全等问题。

四、进一步提升外资利用水平的若干建议

从城市战略高度重视招商引资工作，坚持"一把手工程"，创新转化"六大优势"，深入推进"三大改革"，持续优化营商环境，确保外资利用水平再上新台阶，力争在制度型开放高地竞争中跑在前列。

（一）创新转化"六大优势"，加快拓展平台招商、国别招商、龙头招商、智库招商、数字招商等新路径

更好发挥高能级开放平台优势。以跨越式提升龙头平台国际影响力和主导

产业核心竞争力为导向,深入探索平台招商新机制,加大对强功能性、强带动性项目的政策支持和要素保障,加快复制创新型产业用地(M0)等政策。

更好发挥中国—中东欧国家经贸合作示范区、自贸区等重大改革试点优势。积极争取投资、贸易、金融、人员出入境等自由化政策,争取金融业、服务业进一步扩大开放,支持企业间战略合作和收购并购,加快建设更高水平的境内外国别合作园,不断拓展国别招商路径。

更好发挥优势产业链和龙头企业优势。学习借鉴嘉兴、苏州等城市产业链链长招商、产业招商地图、开放创新合作热力图等创新举措,更大力度推动以企引企、以商招商,调动龙头企业、单项冠军企业积极性,促进产业链集群发展。

更好发挥市场活力优势。分行业、分企业能级提高市场化招商奖励力度,持续激发行业协会、中介机构和民营企业招商引资的活力和创造力,积极探索与国际智库、高水平招商机构的战略合作,共同选好商、引强商。

更好发挥数字化改革优势。用数字化改革巨大市场和先行先试机遇吸引龙头企业,并不断拓展云招商、云服务等应用场景,用数字化赋能招商。

更好发挥营商环境优势。更大力度开展城市营销,主动接轨国际制度和通用惯例,加快发展国际法务等高端中介服务,打造"外资友好"城市新名片。

(二)深入推进"三大改革",着力破解招什么、谁去招、招到哪里等难点痛点问题

创新"招商清单"制度,厘清"招什么",有力推动"被动招商"向"主动招商"转型。市投资促进中心牵头,统筹发改、经信、商务等职能部门和区县(市)、功能园区力量,加强与龙头企业、行业协会等市场力量的合作,共同完成三张"招商清单"。一是产业需求清单。通过广泛调研,研判确定重点招引产业和关键技术、产品。二是目标企业清单。通过服务采购、企业座谈等方式,更好发挥国际咨询机构、国外商会等海外智库作用,深入了解企业发展战略和需求,精准锁定目标企业,全面升级招商信息库。三是闭环管理清单。加快建设数字招商平台,对目标企业招引事项实施闭环管理,确保招商清单制度落地见效。

创新"招商激励"制度,厘清"谁去招",有力推动"政府招商"向"专业招商"转型。大力实施"揭榜挂帅",调动各类主体的招商积极性,分类提升国有企业、民营龙头企业等招商能力。一是探索建立市场化混合所有制招商公

司（基金），破解国有企业激励难题。加强体制内投资促进机构市场化合作，鼓励采取政府雇员、聘请招商顾问、挂职交流等更加灵活用人机制和薪酬制度。支持重大平台国有运营商联合民营企业组建市场化产业引导基金，通过基金招商引育重大外资项目。支持有条件的区县（市）国资平台赴境外发债融资，利用境外资本发展创业投资和私募股权投资基金，扩大外资来源渠道。二是支持民营龙头企业牵头，联合金融、法律、财务、人力资源、知识产权等专业机构缔结"招商合伙人"，打造专业化招商服务机构。支持赴境外设立企业化招商机构，更好发挥中意启迪驻意大利招商办事处、宁波印信国际米兰办事处等现有机构作用。三是持续支持"以民引外""以外引外"。鼓励在甬外资企业增资扩股和新引荐境外投资者，提高民营企业与外资共设研发中心、产业基地的奖励标准。四是加大海外招商服务购买力度，借力国际咨询机构、国际金融机构、国外商会等海外机构，不断拓展全球招商网络。

创新"招商地图"制度，厘清"招到哪里"，有力推动"哪招哪落"向"哪好哪落"转型。核心是建立健全共建共享共赢的招商工作体制机制，促进多元合作，更好保护区县（市）招商引资的积极性，共同服务外资项目落地。一是修编全市统一的"招商地图"。系统展现全市产业布局、空间和政策，指导项目科学落地。二是建立跨层级、跨地域的协同招商长效机制。对跨行政区域落户的项目，给予原招商部门或区县（市）考核积分奖励和税收、GDP分成，给予信息提供单位、招商参与单位必要奖励。三是合力建设海外招商工作网络体系。深化与市级职能部门、区县（市）、功能园区、龙头企业等多元主体的合作，赴重点国家和地区设立境外招商中心（办事处），促进与目标对象的交流，完成或共同完成招商引资工作。四是完善市重大外资项目作战指挥中心功能，强化重大项目的盯引和落地支持。对重大项目，整合各方面力量协同建立一个项目、一位领导、一套班子、一套方案的攻坚机制，实施专班化运作、"一对一"跟踪服务，加大要素保障和人员出入境等针对性支持，加速项目签约落地。

（三）持续优化营商环境，不断提升留商强商能力

全面推行外商投资准入前"国民待遇+负面清单"管理制度。对已经出台实施的"246"万千亿级产业、"甬江引才工程"、政府采购等相关政策举措，全面平等向外资企业开放落实，鼓励外资通过合资合作、并购重组等方式参与宁波国企混合所有制改革。深化外商投资股权投资企业试点和合格境外有限合伙人（QFLP）试点等工作。

更高水平保护外国投资者合法权益。强化知识产权保护、外资企业破产保护等机制，探索外商投资企业投诉处置创新，强化亲清政商关系。

实施国际化生活场景提质行动。聚焦打造高能级开放平台，加快建设一批国际社区、国际学校和国际医院，完善外语公共标识，规范涉外生活服务。大力引进国内外知名品牌首店、旗舰店、体验店、定制中心，构建国际化优质商品供给体系。允许外资企业在纳税地对接保障性租赁住房时与内资企业享受同等待遇，探索外籍就业人员、外企员工参加宁波基本医疗保险试点，鼓励发展国际医疗联合体。

加快完善国际人才激励政策。优化外企科技人才和管理人才在甬居留管理办法，探索建立境外人才在甬的居住积分制度，积极争取外资企业高层次人才个人所得税减免政策。

冯　路　唐秀华

积极引进外资银行　推动宁波高水平开放

吸收外资是我国对外开放基本国策的重要内容。积极引进包括银行在内的外资，对我国经济实现高水平开放、推进现代化建设具有重要意义。进入新世纪新阶段，宁波必须根据国务院关于全面取消在华外资银行机构业务范围限制等的指示精神，结合宁波实际，采取有效措施，积极引进外资银行，助推宁波高水平开放。

一、外资银行可助推宁波城市高水平开放

一个城市越开放，国际化越强，发展就越快。就宁波而言，积极引进外资银行，将进一步提升开放水平和国际化程度，推动"一带一路"国际交往中心、航运中心和区域金融中心加快发展。

（一）有利于宁波建设"一带一路"国际交往中心

宁波是"海上丝绸之路"始发港之一。作为"一带一路"重要节点城市，宁波正稳步建设"一带一路"综合试验区，提升国别合作园建设水平，深化建设17+1经贸合作示范区境外经贸合作区、海外资源开发和加工基地等平台。

积极引进并借力外资银行，除可使用境外资金外，对外，可利用外资银行境外母行的资源优势，为宁波企业在"一带一路"沿线国家和地区发行企业债券股票、进行境外融资提供便利，助力宁波企业拓展"一带一路"沿线国家和地区市场、进行直接投资，扩大宁波企业品牌的知名度和影响力；对内，外资银行既可为投资宁波的本国企业提供融资、结算、外汇以及其他金融服务，又可为国际产业资本投资宁波牵线搭桥、提供咨询等，推动宁波招商引资工作深入开展。

（二）有利于宁波建设航运中心

港口是宁波最大的优势。统计数据显示，宁波舟山港货物吞吐量连续12年

保持全球第一，集装箱吞吐量居全球第三，是国家战略的"硬核"力量，具有全球范围的集聚能力、配置能力、辐射能力，在新华·波罗的海国际航运中心发展指数位居第11位，但航运服务仅居全球第16位，特别是航运金融业务规模小、服务能力弱。例如，2019年宁波银行业对航运业贷款额达180余亿元，仅为上海的12%，与宁波航运中心地位不相匹配。

金融与航运密不可分，唇齿相依，互为前提。积极引进外资银行，可"倒逼"宁波银行业以航运核心企业及其上下游关联为中心挖掘和创造价值，创新服务方式，优化服务结构，提升效率降低成本，实现资源优化配置，为宁波航运业提供高效、便捷、多元的金融产品支撑，增强航运金融服务的规模、能力和水平，助推宁波航运中心建设。

（三）有利于宁波建成国家区域金融中心

区域金融中心是金融机构集中、金融市场发达、金融信息灵敏、金融活动频繁的中心城市，能够推动城市及周边地区的经济发展，对区域经济产生积极影响。

宁波是近代中国东南沿海的重要金融中心，历来以发达的金融业闻名，在近代中国金融发展史上占据重要地位。从2006年至今，宁波先后提出了"建设区域性金融中心""在五年的时间内基本建成长三角南翼区域金融中心""建设国际化程度高、创新能力强、辐射范围广的区域金融中心"的目标，金融目标定位愈加清晰。2020年11月，宁波被中国社科院选为国家潜在重要金融中心城市。

银行在金融机构中处于主体地位。积极引进外资银行，将对宁波本土银行业产生体制优化效应、创新扩散效应和服务提升效应，推动宁波银行业增强市场活力、丰富产品服务和提升资源配置效率，整体提升宁波银行业综合竞争力，形成开放充分、竞争有序的金融环境，推动宁波国家区域金融中心建设稳步发展。

二、宁波外资银行发展面临严峻形势

开放是宁波最大的优势，但这一优势已逐渐趋同化，甚至在引进外资银行方面，与相关城市相比，宁波已经远远落后。

（一）相关城市积极引进外资银行，效果明显

杭州：以打造国际金融科技中心为引领，主动对接上海国际金融中心建设，积极引进境外金融机构和战略投资者，招引世界银行全球数字金融中心等重大

项目，金融综合竞争力上升至全国大中城市第 5 位，金融科技中心指数稳居全球的第一方阵。目前，杭州辖区内有 13 家外资银行。

青岛：加快建设面向世界的财富管理中心城市，从聚集金融资源、鼓励金融创新等方面鼓励包括外资银行在内的金融机构参与设立、投资、入股商业银行理财子公司，设立青岛市金融创新奖。目前，青岛市辖区内有 17 家外资银行。

厦门：奖励新设立或从市外新迁入的金融机构总部，支持境内外各类金融机构总部在厦设立资金运营中心、支付清算中心、资金拆借中心等专营机构，以及特色金融业务事业部、特色经营性机构，鼓励外资金融机构在厦设立业务代表处。目前，厦门市辖区内有 12 家外资银行。

苏州：自贸片区推动外资银行升格，支持外资银行法人化，鼓励已入驻外资银行积极对上争取升级为子行，奖励符合条件的境外投资者依法设立各类持牌金融机构，支持金融服务平台建设和金融品牌提升。目前，苏州市辖区内有 19 家外资银行。

(二) 宁波外资银行发展速度不快、业务量不大

1. 起步早，发展步伐慢。宁波早在 1993 年 3 月就成立了浙江第一家外资银行宁波国际银行。1997 年，台资财团在宁波开设协和（独资）银行。2012 年 4 月，宁波国际银行重组改制为中资股份制商业银行。2014 年，杭州设立浙江省内、宁波市外的第一家外资银行。目前，宁波外资银行仅有 6 家，即 2 家英资的汇丰银行宁波分行、渣打银行宁波分行，2 家港资的东亚银行宁波分行、恒生银行宁波分行，2 家台资的兆丰国际商业银行宁波分行和富邦华一银行宁波分行，与杭州 13 家、青岛 17 家、厦门 12 家和苏州 19 家相比，发展步伐明显不快。

2. 规模小，业务量不大。有关部门的统计显示，截至 2020 年底，宁波外资银行机构共有 6 家，总资产不到 80 亿元，总负债不到 50 亿元，存款余额不到 50 亿元，贷款余额不到 40 亿元，2020 年 1—9 月利润为 1 亿多元，中间业务手续费不到 0.4 亿元。6 家外资银行的存款余额和贷款余额均未达到宁海农村商业银行的 30%。

3. 不集聚，标识不明显。国际金融中心是宁波市金融业总部集聚的地方，但资料显示，宁波 6 家外资银行主要分布在鄞州区，没有一家在国际金融中心办公营业。此外，除了兆丰国际商业银行宁波分行在中山东路 1880 号有店面房对外营业外，其他外资银行或隐身在豪华酒店内，或在写字楼内但未明示具体营业场所（见表 1）。

表 1　　　　　　　　　　　宁波市外资银行办公场所

机构名称	办公场所
汇丰银行宁波分行	鄞州区彩虹北路 50 号宁波东港喜来登酒店 1 层
渣打银行宁波分行	海曙区和义路 168 号 1802 室（万豪大酒店内）
东亚银行宁波分行	鄞州区鄞县大道 1357 号广博国际贸易中心
恒生银行宁波分行	鄞州区中山东路 1848 号嘉恒广场 3 楼
兆丰国际商业银行宁波分行	鄞州区中山东路 1880 号
富邦华一银行宁波分行	鄞州区首南西路 68 号鄞州金融大厦 A 座

资料来源：各银行官网。

三、积极引进外资银行的若干建议

外资银行发展的重要意义及宁波面临的形势，要求宁波必须采取积极措施，积极推动引进外资银行。

（一）加强外资银行政策支持，设立发展扶持专项资金

1. 外资银行引进补助资金。补助的范围包括在宁波新设的外资银行法人分支、航运支行等特色事业部，以宁波为中心辐射周边的区域性管理部，以及资金运营中心、国际结算中心等功能性总部。

2. 外资银行购房、租房、建房资助资金。补助的是在宁波购买、租用、建造办公和营业用房的外资银行。

3. 外资银行创新贡献奖励资金。补助的是在技术方面作出重大创新和引进外资方面作出突出贡献的外资银行。

4. 外资银行人才引进补贴资金。补助的标准是按照宁波最新的"甬江引才工程"，为引进的外资银行人才提供相应的安家补助、购房补贴等。

（二）根据宁波经济发展特点，明确外资银行引进重点

1. 助推宁波企业国际化的外资银行。根据宁波企业"走出去"特别是将"一带一路"沿线的中东欧国家作为投资重点的情形，积极引进国际并购经验丰富、国际影响力较强的外资银行，满足宁波企业对外直接投资和境外融资的客观需要。

2. 服务宁波外资（或港澳台资）非金融企业的外资（或港澳台资）银行。根据宁波近几年引进外资（或港澳台资）的情形，建议积极引进美国、新加坡、德国和日本等国家的外资银行和中国香港、中国台湾地区的银行，以及宁波以国别园区命名的国家的外资银行。

3. 助推宁波发展的外资银行特色事业分支机构。根据宁波产业特点，支持外资银行在宁波设立航运支行、科技支行、产业链支行、健康支行和绿色支行等服务宁波新兴战略产业的特色事业分支机构。

4. 外资银行的功能性总部。主要包括外资银行设立的区域性资金运营中心、国际结算中心、产品研发中心和创新实验室、资金拆借中心等。

（三）打造优越的外资银行发展环境

1. 优化政务服务。以"最多跑一次"改革为引领，着眼于"减事项、减环节、减材料、减时间、减费用"，全力打造法治化、国际化、便利化的一流营商环境，为外资银行落地宁波提供办事效率高、服务质量优的发展环境。

2. 为外资银行集聚创造条件。尽可能创造条件，为外资银行在宁波市国际金融中心的入驻提供办公和营业用房，形成外资银行集聚氛围，使宁波国际金融中心名副其实。

3. 实施"互联网+航运+金融"。在宁波市智慧物流公共基础服务平台的基础上，嵌入包括外资银行在内的银行元素，搭建银企合作对接平台，为航运核心企业及其上下游提供资金和投资、汇兑、结算等多项居间服务解决方案。

（四）加大外资银行引进工作的支持力度

1. 加大引进工作力度。把引进外资银行列入市政府招商引资的年度重点工作，明确牵头负责领导、牵头责任单位和配合落实部门。建立服务工作机构，对接外资银行在宁波落地和发展中的需求，为其提供从意向到洽谈、从洽谈到落地的全过程服务。

2. 做好人才后勤服务。为外资银行人才提供公共租赁住房、人才驿站、人才公寓等临时居住场所，在落户、配偶就业、子女教育、社会保障和办理出入境手续等方面提供便利。

3. 加大宣传引导力度。充分利用广交会、进博会、浙洽会等会展活动平台，广泛宣传宁波外资银行引进政策，扩大宁波的知名度和影响力。举办外资银行发展高端论坛，明确每年的论坛主题、论坛承办单位、拟邀请论坛嘉宾、筹备阶段、论坛经费等。

王　巍

宁波先行先试更高水平对外开放的建议

改革开放以来，中国紧抓全球贸易快速发展历史机遇，不断推进外贸体制改革创新，对外贸易实现跨越式发展，1978—2020年货物贸易进出口总额年均增速17.6%以上，成为第二大对外投资流入国和流出国，融入国际经济体系是创造举世瞩目中国模式的重要经验。宁波的发展崛起充分体现了改革开放理论和政策的演变史。借助港口贸易带动临港制造业发展机制，宁波逐渐成为出口导向的外向型工业大市，深度服务于"中国制造"走向全球。2020年，宁波舟山港货物吞吐量连续12年居全球第一，集装箱吞吐量跃居全球第3位，进出口总额近1万亿元，出口额跻身全国城市第5位，进入全国实际利用外资超500亿美元第一方阵城市。站在"两个一百年"的历史交汇点上，我国对外开放的战略环境、战略目标和战略布局都面临新的变化，中央提出要全面提高对外开放水平，建设更高水平开放型经济新体制，形成国际合作和竞争新优势。宁波作为开放前沿，在建设现代化滨海大都市、争创社会主义现代化先行市的新征程中，必须发展更高层次的开放型经济，大胆创新体制机制、大力提升国际化水平，当好中国对外开放"重要窗口"的模范生。

一、把握更高水平对外开放的演进趋势

（一）在模式上由产业链分工转向价值链分工

20世纪80年代中期，中央实施国际大循环的经济发展战略，主动承接国际产业分工中组装、生产等环节转移，通过劳动密集产品出口换取外汇，吸纳大量城镇新增人口就业，为重工业发展积累资金和技术，进而用重工业发展积累反哺农业，促进农业和重工业平衡发展。我国沿海地区积极吸引外商投资，大力发展"两头在外、大进大出"的加工贸易，1990—2005年外贸进出口保持年

均23.8%以上的增速,外贸依存度一度达到62.2%,同期宁波外贸年均增速达37%。但这种出口导向拉动经济增长模式的低利润、高消耗状况不可能长期持续。随着人民对美好生活向往需求的增长,必须寻求一种在国际价值链分配中处于中高端、贸易结构平衡、区域发展协调的新开放体系。近年来中央加快推进贸易综合实力提升,高技术、高质量、高附加值的产品出口快速增长,跨境电商等新兴业态国际领先,新兴市场贸易占比持续提升。随着与发达国家之间由垂直分工逐渐向水平竞争延伸,我国与发达国家在技术、品牌、质量、标准、服务领域的竞争也将加剧。

(二)在内涵上由要素型开放转向制度型开放

二战结束后特别是冷战结束后,和平与发展成为时代主题,在WTO等机构的有效协调下,世界范围内的关税和非关税壁垒大幅降低,推动了商品和要素跨国流动的迅猛发展。改革开放后,特别是加入WTO以来,我国的关税减让和吸引外商投资的优惠旨在促进商品和要素跨国流动,主要是一种要素型开放政策体系。要素流动型开放是经济全球化的主要内容和特点,重点在于降低乃至取消贸易和投资壁垒。但这种围绕贸易客体进行局部、个别、补丁式的开放无法适应我国对外贸易广度和深度的推进。同时,国际贸易保护主义势力抬头,要素型开放模式的拓展空间有限,对高端的技术和人才等生产要素的吸引力和集聚力不够,难以适应国际经贸规则新要求,也难以满足我国经济高质量发展的需要。这就要求构建涵盖"边境"领域和大多数"边境后"领域的开放型经济制度体系,加快完善市场经济体系,进一步提升国内国际经贸规则相容水平,为对外开放合作拓展更多有效空间。我国已批准设立21个自贸试验区并赋予更大改革自主权,主要任务就是为我国遵循开放新规则、重塑乃至主导开放新规则进行先行测试、探索。

(三)在动力上由传统比较优势转向新型优势

改革开放以来,我国依托低廉的劳动力、土地成本和粗放的生态环境约束机制,广泛承接全球产业转移,形成了以制造业为主的产业优势,成为长期以来我国参与国际分工的比较优势。同时,通过吸引发达国家跨国公司资本和技术,与日渐生成的创新要素相结合,产业体系从劳动密集型、资本密集型逐步扩展到技术密集型、知识密集型。产业升级又反过来刺激了生产要素价格的攀升,传统低成本优势逐渐弱化,倒逼我国必须塑造新的国际合作竞争优势。目前来看，庞大的国内市场、加速崛起的科技创新和深入推进的数字化转型将成为新时代对外开放的突出新优势。新阶段对外开放必须强化科技创新核心地位，突破国外关键核心技术严重依赖，积极发展数字贸易，打开新的开放发展空间，同时利用市场优势吸引更多外资将高端生产服务环节在中国布局、为全球服务。塑造新型优势的重点是激活服务贸易新引擎，在全球贸易供应链、价值链中占据主动，实现由服务贸易拉动货物贸易的切换。

（四）在策略上由紧跟全球化转向优先区域化

20世纪90年代以来，全球经济和贸易发展进入近20年的持续快速上行期，区域间联系加强、依赖加深，全球化浪潮气势汹涌。中国加入WTO后15年也是宁波外向型经济的高速发展期，出口额和实际利用外资增幅分别达10.5倍和5.5倍。但受2008年金融危机影响，世界经济低迷，部分发达国家实施贸易保护主义、技术民族主义等"逆全球化"措施，加之新冠肺炎疫情给全球经济和治理格局造成的冲击，我国开放发展面临严峻的外部形势。在此背景下，以签订双边自由贸易协定、推进"一带一路"倡议为代表的多重叠加、嵌套的国际经贸治理体系日渐成为主流，供应链的近岸化、本土化、区域化成为跨国公司的优选项。2020年，《区域全面经济伙伴关系协定》（RCEP）、中欧投资协定分别完成签署和谈判，将进一步推动我国与重点经贸地区深化商品要素流动、创新网络合作。区域化战略是应对全球化收缩、渐进深化全球化的重要路径，有利于我国在全球经济治理体系中实现规则锁定、技术锁定。

（五）在格局上由客场型开放转向主场型开放

经过70余年的发展，我国经济总量已超100万亿元，成为世界第二大经济体，原先的国际大循环模式已无法带动如此庞大的经济体量保持高质量发展。2019年，消费、投资、净出口的贡献率已分别调整到57.8%、31.2%、11%，分别拉动GDP增速3.5个、1.9个、0.7个百分点。宁波作为外贸大市，消费、投资、净出口的贡献率也调到各占4成、5成和1成左右。为更好适应国民经济持续健康发展需要，有力应对全球化遇阻、国际贸易保护主义逆势发展的严峻形势，中央提出要构建以国内大循环为主体、国内国际双循环相互促进的新发展格局。新时代的高水平开放，将深度释放我国庞大消费市场和完整产业体系的底盘优势，构建以我为主的供应链体系，从过去开放吸收为主的集成创新转向自主研发创新并对外辐射，从以开放促进创新转向以创新促进开放。同时以巨大的市场潜力和优越的营商环境，吸引更多外商外资来中国投资发展，在开放进程中更加自主，在全球治理中承担大国责任，主动分享发展机遇。

二、现代化滨海大都市高水平开放展望

开放是发达滨海城市的基本特征。诸如纽约、伦敦、东京、新加坡、上海等世界级城市是全球金融商务集聚地、全球网络平台及流量配置枢纽和全球科技创新中心，在全球具有诱人的城市吸引力。釜山、鹿特丹、汉堡等具有重要区域影响的滨海城市也积极谋求开放升级，大力实施港产城融合战略，推动城市从工业城市向创新中心、从物流枢纽向服务枢纽、从贸易中心向资源配置中心转型，不断强化城市在全球范围内配置资源的能力。宁波是具有浓厚商业文明的历史文化名城，综合经济实力强，宁波舟山港是国际大港，开放型经济和制造业产业良性互动、基础扎实，深化开放的条件充分。建议以国内国际双循环枢纽城市为目标引领，以"五个枢纽"为着力点，加快建设高水平开放的现代化滨海大都市。

（一）建设国家战略资源配置枢纽

深入贯彻习近平总书记关于宁波舟山港"打造世界一流强港"的重要指示精神[1]，发挥宁波舟山港在原油、天然气、液化品、阴极铜等战略资源方面的集疏运优势，用好用足自贸片区改革创新空间，加快引进国内外战略合作者，运用数字化技术提升战略资源仓储、保税、展览、交易、交割、结算、融资服务能力，拓展数字技术在国际大宗商品领域的应用场景，搭建符合国际国内投资者急需的更加符合市场规律、更加灵敏便捷、更加反映供需实际、更具风险对冲功能的战略资源交易服务平台，规范盘活和升级宁波大宗商品交易所，谋划申建中国化工品期货交易所，集聚一批国内外银行、保险、产业基金、保理、融资租赁等金融机构，成为对外链接全球重要战略资源、对内满足资源消费需求，发挥战略资源价格决策和调节功能的网络节点。

（二）建设新型国际商贸枢纽

顺应国际经贸格局和规则体系发展新趋势，积极利用我国已签自贸协定的

---

[1] 《冲寒已觉东风暖——记习近平总书记在浙江调研疫情防控和复工复产》，《人民日报》，2020年04月02日02版。

贸易创造机遇，深入推进"优进优出"为核心的国际贸易转型，稳步扩大贸易总量、加快改善贸易结构、优先提升商品价值含量、创新贸易监管方式，积极开拓新兴国际市场、大力开拓国内腹地市场，做强宁波舟山港国际中转功能和宁波空港货运功能，依托物联网、5G、区块链、大数据等新型技术，打造长三角地区有重要影响力的优质消费品交易中心、优质商品会展中心、商贸供应链创新中心、内外贸一体化创新示范区、亚太地区新兴转口贸易中心、"一带一路"沿线地区易货贸易试验区，对外贸易实现数字化转型，服务贸易与货物贸易均衡协调发展，服务贸易对货物贸易带动作用增强。

（三）建设国际国内双向投资枢纽

构建更加完善的要素市场化配置体制机制，建立符合国际通行规则的市场准入体制、投融资体制，营造守信激励、失信惩戒、公开透明、法治规范的诚信商业氛围，搭建国际国内资本要素有序自由流动、深度对接的枢纽平台，继续大力引进外资，提高外资在高端服务业领域的利用质量，利用境外低利率优势服务境内实体经济；顺应中国从"出口创汇"转向"价值链升级"的战略转型，培育本土跨国企业，创新民间资本合规募集使用试点，培育跨国投融资机构，打造中小企业参与全球价值链分工桥头堡。

（四）建设国际技术成果转化枢纽

围绕建设创新型城市的战略任务，聚焦宁波高教资源薄弱的突出短板，拉长宁波制造业基础扎实、市场经济体制灵活高效的长板，全面推进科技创新投入、科技中介组织、成果转化交易等制度改革，推动金融市场与技术创新紧密结合，构建多元化、多层次、多渠道的创新创业投融资和保险体系，探索欧洲创新—宁波转化模式，引流全球创新高端要素，延伸拓展新材料、精密数控设备、生物医药制品等科技新品的展示交易功能，打造具有影响力的科技成果转化综合服务基地，建设硬件最全、效率最高、成本最低、配套最全、服务最优、保护最严的全过程转化生态链，建成国际新技术转化与商业模式的试验场、国际跨界技术扩散与信息贸易的加速器。

（五）建设国际人文交流合作枢纽

提升宁波开放、包容、共享的城市性格和文化标识，举办更多具有重要影响力的国际旅游、国际会议、国际展览、国际演出、国际节事、国际交流活动，拥有多样化多层次的国际交流活动空间，成为传播、展示中国文化、中国现代化建设成就的重要窗口，打造中国与中东欧乃至欧洲人文交往的首选地。加强国际教育和医疗卫生合作，新创办1~2所国际联合办学的高等院校，大幅提升国际商务、留学和科技人士在甬创新创业、生活起居的保障能力，加快集聚整合各类文化创意要素，推动文化与新技术、新商业有机联动，全方位提升宁波国际辨识度和美誉度。

三、加快推进更高水平开放的重点行动

建设更高水平开放的现代化滨海大都市是系统工程，要整体协同推进经济开放、创新开放、制度开放和社会开放，真正营造符合国际高端要素集聚的市场环境和创新创业环境，提高对国际资金流、货物流、人流、商流、信息流等资源的整合能力，实现开放链接国际资源、深度融入全球网络、高端辐射两个扇面。建议以"五大行动"为抓手，实现重点领域率先突破。

（一）实施交通功能提升行动，升级开放基础条件

一是重点推进海港资源统筹利用。提升宁波、舟山通关协同能力，减少关务环节，谋划离岸型特殊综保区，打造国际集拼公共服务平台，增强国际中转能力，加快宁波舟山港虾峙门口外30万吨级人工航道扩建工程、条帚门航道扩建工程进度，确保大型船舶进港通航需求，加快建设油气运输管道，提升大宗商品安全高效运输能力。二是重点提升航空枢纽能级。加快推进机场四期和宁波西空铁一体综合枢纽项目进度，加大主干航线、国际航线密度，落地第五航权，谋划第七航权，大幅提升宁波空港机场客运能力。同步推进货运航空基础设施建设，谋划超级空运货站项目，提升空运保税物流功能和通关作业时效，全面提升本地及周边地区高附加值进出口贸易、电商贸易流转的时效性和便利性。三是创新国际物流供应链服务。加强现代仓储、特殊仓储、运输与配送网络、海外仓、实验室、查验场地等国际贸易基础设施建设。加快北斗、5G、无人驾驶、无干扰查验、智能追踪等前沿技术在空港、海港的智慧化改造应用。大力提升海铁、江海等多式联运能力，加大铁路对海港集疏运的支撑力度，推动"义新欧"中欧班列提速扩量。以"一单制"改革为核心打通多式联运物流堵点，探索"'一单制'+供应链平台"、区块链、内外贸联动等模式创新。

（二）实施总部功能引育行动，壮大开放主体力量

加快发展总部经济，是宁波提升开放影响力的关键。宁波中小型企业

"铺天盖地"，但"顶天立地"式的头部企业明显不足，特别是缺乏全国性商贸龙头企业，更无全球性商贸跨国公司。国际机构在甬落户数量少，世界500强企业中仅有66家在甬投资兴业办项目，与广州326家、深圳216家、西安203家相差较大，且无世界500强企业总部。为此，一要加大总部企业引育力度。树立"城市与企业彼此成就"的理念，通过产业链配套、海关和金融监管服务政策创新、帮助补齐短板、支持申请特殊经营牌照和配额、整合产业引导基金、争取国家财税优惠等走心式招商引资方式，吸引、培育旗舰型、品牌型、领袖型等大型企业、机构总部或第二总部，对重点项目实施顶格领导、会商、协调和督查，提高市级职能部门配合效率。二要优化总部企业认定标准。将在甬登记和纳税且对宁波经济社会发展作出较大贡献的本土企业总部纳入总部政策范围，对企业总部提供用地、资金、人才等方面的支持。加快培育一批"微型"跨国公司。三要加强制度创新供给。既要围绕存量企业突出痛点实施制度创新，又要超前谋划新制度吸引更多增量企业，特别是要提高商贸类跨国公司跨境资金管理自由度，优化跨国公司外汇集中运营管理和跨境双向人民币资金池业务，争取实施符合国际惯例的总部税收政策。

(三) 实施数字赋能贸易行动，抢抓开放发展机遇

随着信息技术的发展，制造业服务化趋势日益明显，在新冠肺炎疫情的催化下，跨境电商与数字服务深度融合，贸易新业态、新模式蓬勃发展，以数字技术为支撑、高端服务为先导的数字服务贸易迅速崛起。区块链等数字技术将深刻改变贸易模式、贸易主体和贸易对象，对外贸易正处于新一轮洗牌的关键时期，宁波必须抓住新一轮风口，打造数字贸易高地，塑造开放新优势。一要推进贸易主体数字化转型，引导支持具有外贸业务的企业从原材料采购、研发设计、生产制造、营销销售到售后服务进行全方位数字化转型，提高企业样品在线全息展示、柔性化生产、全球化采购组织能力，借助外贸综合服务平台将更多中小企业纳入全球贸易网络。二要提高贸易内容数字化含量，培育一批面向国际开拓在线医疗、教育、展览、娱乐、文化业务的企业，支持服务外包企业承接软件开发、云计算、区块链、智慧城市、数字设计等外包业务。三要提升贸易流程数字化水平，利用数字化手段提升贸易线上洽谈签约便捷度，大幅提升贸易主体互信程度，降低信用风险和交易成本，提升海关智慧化作业水平，探索电子围网监管试点，扩大自贸片区制度红利。

(四) 实施科技转化引领行动，释放开放溢出效应

要充分利用开放资源、开放优势将更多全球性创新资源、创新成果导入宁波，全方位推动宁波企业科技创新能力提升与开放质量提升良性互动。推进开放协同创新，要扬长避短，从"技术预见"转向"应用预见"，实现"在宁波、用世界、为中国"。一是强化科技成果本土供给。依托甬江科创大走廊，打造一批开放共享的科技基础设施，在全球范围内聘请科学家，为科学家配置定制化实验室，争取试点技术移民，鼓励境外科技人才在宁波就地创新。二是大力发展技术贸易。培育引进能够提供发明评估、质量管理、市场分析、商业推广、交易估值、谈判签约等系列服务的"大而强"的高端中介服务机构，对有重大贡献的中介机构授予"宁波技术转移奖"。建立具有国际视野的技术经理人队伍，大力提高技术经理人的佣金标准和奖补比例，为技术经理人在全球范围内搜集科技信息提供访问国际科技、经济网站便利。强化知识产权的创造、运用、保护和管理，支持企业采取知识产权转让、许可、质押等方式实现市场价值，推广知识产权侵权风险保险产品，鼓励企业大胆创新、大胆应用。三是完善科技公共服务平台。构建包括政策查询、技术发布、需求发布、人才培训、投融资信息对接、市场和产品营销服务等在内的一站式创新服务体系。支持区域性股权转让市场规范发展，对承担重大转化项目的企业给予贷款担保、长期贷款、专项资金等政策扶持。

(五) 实施城市国际化行动，增强开放综合承载能力

宁波的进出口贸易在全国具有重要地位，但城市国际化程度不高，外籍常住人口占比仅为0.1%，低于深圳的0.23%，每万名高校在校学生中留学生人数为268人，仅为深圳的1/4，入境旅游收入仅占旅游收入的3.1%，与深圳的21%差距明显。建议如下。一是对标国际标准，改善城市宜居品质。对标国际主要滨海城市，以建设美丽灵动、宜居宜业的绿色生态城市为导向，提升生态保护、休闲游憩、景观营造三重功能协调性，增加城市公共开放空间，谋划布局郊野公园、海洋科技馆、海洋水族馆、海上体育公园、滨海绿道等一批具有滨海特色的公共文化设施，打造市民节假日休闲活动目的地。加快国际消费中心城市建设，将老外滩打造成为国际化时尚街区。前瞻建设一批满足高端人才需要的国际学校、国际医院、国际社区。二是大力开展国际文化交流合作活动。积极搭建体育赛事平台，承办篮球、排球、足球、网球、体操赛事，承办世界

汽车锦标赛等国际顶级单项赛事。三是提高与中东欧国家人文交流合作层次。高质量办好中国—中东欧国家博览会、加快建设17+1经贸合作示范区，扩大人文经贸交往影响力。尽早开通直飞航线，争取成为申根国签证中心开办城市，引进肖邦音乐学院、李斯特音乐学院、布拉格音乐学院等举办的文艺活动，举办国际声乐比赛等各类赛事。

汪志飞

加快引驻国际科技人才组织的建议

国际科技人才组织是以促进科学技术进步或某一学科领域发展为宗旨，由科技人员或其他致力于这一宗旨的人士组成的专业性非政府间国际组织。国际科技人才组织通过充分发挥组织内各成员作用，协调该学科各领域资源，制定专业领域行业标准，以促进各成员之间的学术交流与国际合作，推进与解决全球共同面临的重大课题。

一、宁波引驻国际科技人才组织现状

宁波现已引进共建中科院宁波材料所等70余家市级重点产业技术研究院，正加快建设高水平创新型城市。引进、设立国际科技人才组织和科学家联盟将提升宁波国际化水平，增强宁波在全球化资源布局中的话语权和影响力，是将宁波打造成为具有全球竞争力的现代化滨海大都市的重要环节。近年来，宁波积极推进城市国际化进程，建设宁波"一带一路"综合试验区，打造科创产业合作发展先行区，大力开展国际教育科研合作，支持开展境内外合作办学。

（一）设立国际科技人才组织分支机构

中乌新材料合作平台于2017年9月落户宁波宁海，是宁波设立的国际科技人才组织分支机构，是转化外国优质创新资源的典型案例。平台由宁波市人民政府与乌克兰国家科学院弗兰采维奇材料问题研究所合作共建，内设乌克兰国家科学院弗兰采维奇材料问题研究所中国研究中心和宁波弗兰采维奇材料研究所，是乌方在中国进行技术转移、技术研发和技术服务的唯一平台。截至2020年底，平台已累计引进52位乌方顶尖专家，其中院士11人，与国内50余家高校、科研院所及大中型企业开展一系列技术交流合作，多项新材料、前沿科技填补国际国内空白。

(二) 建设国际化综合性科技人才服务平台

宁波中东欧创新基地于2020年6月在宁波余姚正式揭牌成立，分别在中国宁波和匈牙利布达佩斯设立常驻机构，以中东欧为核心，联结全欧洲，畅通国际科技人才组织引进渠道。该创新基地由民营企业浙江赛创未来有限公司进行市场化运营，是宁波国际招才引智的创新举措。下一步将充分挖掘发挥创新基地的平台资源优势，谋划推动欧洲创新与技术研究院（EIT）在甬设立分支机构。

(三) 承办国际科技会议及科学家论坛

中国科学院宁波材料所充分发挥已引进顶尖科学家的影响力，通过定期主办"一带一路"世界青年学者论坛、有机光电材料与器件国际会议等学术活动的方式，构筑常态化国际人才智力项目合作交流平台。如2021年5月，第四届"一带一路"世界青年学者论坛邀请了来自欧美等10余个国家的98位人才进行深入研讨交流。该论坛自2018年开始举办，已吸引50余位优秀青年学者扎根宁波，是宁波搭建的全方位、多层次、专业化汇才聚智的载体。

(四) 鼓励科学家到国际组织任职及创办国际期刊

宁波大学将参与国际科技人才组织活动、国际学术期刊任职情况等纳入教师年终考核指标体系，提高教授学者融入国际科技人才组织、参与全球学术科研交流的积极性。通过拨付专项经费、代付会员费等方式，支持教授学者积极加入国际科技人才组织，同时密切联系国内外知名高校出版社、学术协会，推动本校教授学者自主创办国际期刊，发挥全职引进的院士资源优势，吸引高质量论文投稿，逐步提高期刊的国际影响力。

二、存在的问题

(一) 国际科技人才组织分支机构引进缺乏统筹规划引导

引进国际科技人才组织分支机构还缺乏统一明确的归口管理部门，对于计划引进的重点组织机构清单、支持引进的重点区域，都缺乏整体规划统筹，各地各部门各自为战、缺乏合力，引进效果不够理想。

(二) 国际科技人才组织审批及管理制度还不健全

目前尚未建立推动国际科技人才组织落地的工作机制、审批流程和相关配套制度，导致组织落地困难重重。例如，宁波大学赵玉芬院士领衔的团队拟创办"国际磷化学学会"，却因无审批先例、无法设立合法的银行账号等问题而受阻。

（三）引驻国际科技人才组织分支机构的基础条件还较薄弱

国际科技人才组织在我国设立分支机构，往往对落地城市提出很高的要求。但目前宁波软硬件基础还较薄弱，难以满足高能级科研平台和国际化的生活配套设施方面的要求，即因为无法达到要求而无力引进。

（四）缺乏具有影响力号召力的国际科技人才组织发起人

设立国际科技人才组织分支机构，必须由具有国际影响力和号召力的国际领军人才作为发起人，但目前宁波这方面的人才仍然比较缺乏。同时也缺乏专业的国际科技人才组织机构运营人才，不熟悉引进流程和要求，导致国际科技人才组织分支机构落地困难。

（五）当前国际形势对国际科研交流合作造成一定程度影响

一方面，部分西方国家限制我国科技崛起，严密监视高层次科技人才科研交流和跨国流动，对我国引进海外高层次科技人才、设立国际科技人才组织分支机构影响很大。另一方面，当前全球新冠肺炎疫情防控态势仍然严峻，科技人才跨境交流受限，尤其是国际展会、人才引进等活动短期内推迟或取消，也影响了我国引进设立国际科技人才组织分支机构。

三、国内相关省市引驻国际科技人才组织路径模式

（一）五大路径模式

1. 倡议驱动型。为响应国家"一带一路"倡议，中科院倡议并联合40个国家、地区的科研机构和相关国际科技人才组织，于2018年11月发起成立了"一带一路"国际科学组织联盟，关注"一带一路"沿线国家和地区在开展科技合作、应对共性挑战等方面的迫切需求，推动构建人类科技命运共同体。据不完全统计，截至2017年5月，中科院系统已有50多位院士在70多个国际科技人才组织担任要职。

2. 活动助推型。上海借助中国国际进口博览会影响力，积极引驻国际科技人才组织及其分支机构。自2019年以来，已陆续引进世博研究发展联盟（意大

利）、法中经贸企业和科技创新促进会（法国）、国际展览与项目协会（美国）等与进博会主题相关的国际科技人才组织在沪设立分支机构。

3. 政策激励型。发挥政策导向作用，通过加大落地奖励力度等方式，推动引驻国际科技人才组织（分支机构）。例如上海出台《浦东新区建设知识产权运营服务体系专项资金实施细则》，明确支持国际化知识产权运营机构的发展，对世界知识产权组织在浦东设立分支机构给予一次性奖励600万元；无锡出台《关于加快推进无锡太湖湾科技创新带建设的若干政策意见》，加强国际科技研发合作，引进全球顶尖科学家领衔建设研发平台，吸引国际高端创新机构、国际科技人才组织、学术机构、著名大学等设立分支机构，对建立国际联合研发中心，建设国际联合实验室或参与国际大科学计划和大科学工程的，采取"一事一议"方式予以支持。

4. 资源导向型。北京充分发挥众多国家部委办局、知名高等院校、外国驻华使领馆集聚优势，引进了国际空间科学研究所北京分部等国际科技人才组织（分支机构）。云南充分发挥地方自然生态资源禀赋优势，于1994年正式成立国际热带生态系统与生物多样性协会（IATEB），秘书处设在中国科学院西双版纳热带植物园，促进具有中国特色的生态系统及生物多样性学科领域的繁荣发展。

5. 协同应对型。为共同应对新冠肺炎疫情，加强国际卫生医学合作，2020年4月，由盖茨基金会推动的流行病防范创新联盟（挪威）和帕斯适宜卫生科技组织（美国）上海代表处正式登记成立，在中美共享行之有效的实验室检测和临床诊疗手段，推动开展药物和疫苗的联合研发，分享防疫数据信息和防疫模式经验等方面发挥重要作用。

（二）引驻启示

从各地国际科技人才组织引驻实践来看，有以下几点启示：一要结合国家战略部署，立足国家科技自立自强，提升自主创新能力，引进的机构组织要服务国家区域发展和创新发展战略；二要形成引驻国际科技人才组织的良好环境，配备国际化高标准的设施和服务，具有便利的出入境政策和语言友好环境，确保高效组织举办国际性会议、展览、论坛、学术研讨等活动；三要立足自身区域资源优势，紧盯专业领域内的国际科技人才组织，要做好引进后的"后半篇"文章，服务区域经济社会发展；四要推动重大科研平台、高校院所等力量积极参与，形成与政府机构共引共建模式，充分发挥各方优势，共同发力引驻管理国际科技人才组织；五要积极争取中央和上级部门的支持，形成引驻的合力，有力推动相关机构组织和联盟的快速落地。

四、改革举措和政策建议

目前全球活跃的国际科技人才组织约有 3000 个，包括理、工、农、医、交叉学科五大类。据统计，截至 2020 年底，中国科协及所属全国学会代表中国科技界共加入国际科技人才组织 372 个。

（一）建立工作专班，实体化推进国际科技人才组织落地

引驻国际科技人才组织，综合性和政策性都较强，单靠个别部门、单个城市努力较难达到要求，必须从省级层面切实加强统筹领导。要协调统战、外办、民政、公安、科技、科协等相关部门，抽调精干力量，组建浙江"国际科技人才组织引驻工作专班"，与国家相关部委、省直部门和市级各部门间主动对接、充分协调、形成合力。主要工作内容包括：制定浙江吸引国际科技人才组织入驻的长期战略规划、具体实施计划和相关配套政策，明确引驻国际科技人才组织机构的目标定位；研究把握各专业领域国际科技人才组织及其分支机构在中国、亚洲乃至全球的分布情况、规律特点和衍变趋势、设立需求；加强浙江向全球国际科技人才组织的推介；探索完善国际科技人才组织审批流程和管理服务体系；为国际组织落户提供法律、政策咨询、信息沟通以及必要的政策协调等。

（二）聚焦优势科创产业领域，更加精准开展国际科技人才组织引驻工作

聚焦全省三大科创高地建设，推动杭州、宁波等地建设各具特色的国际科技人才组织或其分支机构，共用共享引驻国际科技人才组织、人才等方面的信息资源。要把设立国际科技人才组织分支机构同省级以上重点实验室、各类创业创新平台、高校科研院所建设发展结合起来，重点发挥 6 家浙江省实验室和浙江大学等标杆性平台的作用。同时根据区域产业资源禀赋优势和国际科技人才组织发展需求实际，发挥重点平台的专业作用，引导其引驻国际科技人才组织分支机构，牵头发起国际科技人才组织和科学家联盟。例如，宁波可聚焦新材料科创高地以及"一带一路"建设、中东欧合作等与港口、开放密切相关领域，着力引驻国际科技人才组织及其分支机构。

（三）加快培育专业机构运营人才，为国际科技人才组织落地做好智力支撑

一是积极推送人才赴国际科技人才组织任职。谋划制定"十四五"期间国际科技人才组织人才培养和重点推送工作计划，形成多层次、多渠道的国际科技人才组织人才培养和推送机制。将在华登记的国际科技人才组织作为重要目标，充分发挥其在人才培养和推送工作中的重要作用。二是完善国际科技人才组织任职的人才梯队建设和配套支撑工作。建设高级职位后备人才库和一般职位后备人才库，鼓励省内高等院校、科研机构、企业、有关事业单位、社会组织和党政机关等选拔推荐政治过硬、业务能力强、综合素质高、外语基础好的专门人才入库。为科技社团及科学家个人加入国际科技人才组织制订系统性的经费支持计划，鼓励相关人员深度参与国际科技人才组织的专业性事务和高层管理工作。

徐　毅

宁波知识产权保护体系存在的三个主要问题

近年来,宁波积极构筑知识产权保护体系,相继获批国家知识产权纠纷调解试点城市、中国(宁波)知识产权保护中心、国家海外知识产权纠纷应对指导中心地方分中心等,2020年度知识产权行政保护工作绩效在全国参与考核的159个副省级城市和地级市中排名第一。但宁波知识产权保护体系还存在保护源头相对薄弱、保护实效存在短板、保护服务发展后劲不足三方面的问题,需引起关注。

一、宁波知识产权保护发展现状

(一)知识产权源头保护活力持续迸发

目前,宁波每万人发明专利拥有量达32.5件,高于全国、全省平均水平;累计拥有有效注册商标32.5万件,马德里商标国际注册1115件、地理标志商标36件,各项指标均居全省首位。70%以上发明专利授权来自企业,拥有有效发明专利的企业超过4400家;累计培育国家知识产权优势企业122家。

(二)知识产权价值保护潜力持续释放

推动知识产权密集型产业发展,在智能制造、新材料等领域突破一批关键核心技术、形成标志性成果,高新技术、战略性新兴产业增加值增速均高于规模以上工业。建成知识产权运营公共服务平台、国内首家商标专用权保险运营服务中心、国内首个模具产业知识产权创新基地等转化运用平台,知识产权保护价值加速实现。2021年上半年,发放知识产权质押贷款26.7亿元,同比增长超过200%。

(三)知识产权协同保护合力不断凝聚

建立知识产权多元化保护体系,严厉查处侵犯专利、商标、商业秘密等知识产权案件。例如，2017年9月宁波知识产权法庭在温州、绍兴新昌等地设立6家巡回审判庭，目前，累计新收知识产权案件6200余件，结案率达96%。宁波市检察院知识产权办公室构建"捕、诉、监、防、研、化"知识产权检察一体化工作机制。宁波市知识产权综合运用和保护第三方平台建立诉调对接协作机制，知识产权侵权纠纷调解成功率达65%以上。

二、存在的主要问题

（一）知识产权保护源头相对薄弱

领军型知识产权强企少，10家甬企入围"全国有效发明专利千强"，数量位列全国地级以上城市第23位，落后于先进地区；17家甬企入围"全省专利创造百强"，仅1家位列十强。研发创新主动性与持续性不足，目前，全市维持10年、5年以上的发明专利，分别占发明专利总量的8%、58%，均低于全国平均水平（19%、67%）；规上企业中拥有有效发明专利的企业不到三成。"沉睡专利"亟待唤醒挖掘，与产业匹配度不高，难以支撑传统产业转型、新兴产业发展。据统计，全市有效发明专利实施率（许可、质押、转移转让等）约为30%，高校、科研院所有效发明专利维持年限约为6年。

（二）知识产权保护实效存在短板

知识产权侵权易发多发，据统计数据显示，专利、商标等知识产权侵权行为呈逐年上升态势，主要集中在服装、食品、家电、汽车零部件、文具等准入门槛低、技术难度小、自主品牌少的行业领域。维权时间成本偏高、赔判低、举证难等现象仍然存在。例如，商业秘密纠纷案件，宁波法院近三年平均判赔金额16.3万元，而证据鉴定费需10万元到数十万元不等，与原告预期有较大差距，且审理周期一般在一年以上，司法保护难题亟待破解；海外维权以美国"337调查"为例，专利类案件诉讼费用在百万美元以上，商标类案件诉讼费约为20万美元。与国际接轨的知识产权保护机制、涉外知识产权保护机制等尚未完全建立，海外维权预警服务和风险管控能力与海外维权需求不相匹配。

（三）知识产权保护服务发展后劲不足

知识产权执法、审判、技术调查等专业人才数量相对偏少。例如，宁波知识产权法庭现有在职人员27人（其中技术调查官1人），而杭州知识产权法庭现有在职人员47人（其中技术调查官4人）。价值评估、法律诉讼、海外知产权代理、海外知识产权维权等服务相对缺乏，专业化水平相对不高，服务能力难以精准、高效满足需求。知识产权法律服务领域狭窄、方式单一、复合型人才稀缺，宁波专利行政裁决案件中聘请市内律师的占40%左右。

三、下步工作建议

（一）着眼高质量，夯实保护基础

一是着力激发知识产权创造动力。加大研发加计扣除等普惠政策落实力度，鼓励企业加大研发投入；实施规上企业发明专利清零计划，适度提高"亩均论英雄"中专利产出、研发投入等影响。强化知识产权创造帮扶，打造集知识产权托管—侵权监测—竞争跟踪—沉睡专利唤醒于一体的多跨协同场景。二是着力提升知识产权创造能力。加强校企、院企合作，建立多方协作的高价值专利培育机制；推进专利导航布局，绘制重点产业领域专利布局地图和技术路线图，明确重大科技专项、重大产业投资项目发明专利产出要求，引导知识产权等创新资源精准布局。三是着力夯实知识产权创造实力。将知识产权强企与专精特新企业、高新技术企业、单项冠军企业培育等联动，培育一批具有国际竞争优势的知识产权领军企业；加快培育知识产权密集型产业，实施标志性产业链知识产权安全监测计划，打造重点产业知识产权联盟。

（二）着眼高标准，加大保护力度

一是打造快保护品牌。完善知识产权纠纷多元化解机制，健全集司法保护、行政保护、人民调解于一体的知识产权纠纷快速解决模式；推动区域知识产权保护协作，牵头建立行政执法联动机制、纠纷调解协同机制等。二是提高保护服务能力。健全海外知识产权保护服务体系，为重点出口企业提供"FTO"尽职调查服务，降低企业知识产权海外获权、维权成本；加强重点产业海外监测服务，定期对知识产权风险进行警示，预备应急预案，降低海外知识产权壁垒风险。三是主动参与国际保护。发挥国家经贸合作示范区、自贸区、宁波舟山港等国际化品牌优势，争取参与全球知识产权治理；积极拓展面向"一带一路"的知识产权公共服务，探索建立符合国际通行规则的跨国技术转移和知识产权分享机制；探索在对外贸易、港航口岸、工业制造、工业设计等方面主导形成知识产权国际协作乃至国际公约，形成宁波知识产权国际保护品牌。

（三）着眼大生态，营造保护环境

一是加强知识产权基础平台建设。深化知识产权领域数字化改革，加快推进市知识产权公共服务平台、知识产权大数据中心等智能化设施建设；推进知识产权综合体、"甬知E转"知识产权转化服务体系等载体建设，打造知识产权服务业集聚区。二是加强知识产权保护集成改革。推动知识产权领域"最多跑一地"、"一件事"集成改革，深化"一窗口统办、一平台交易、一链条保护、一站式管理、一体化服务"重点多跨场景应用升级，以及知识产权掌上执法、纠纷线上办理和智慧法院、数字法治系统建设。三是加强知识产权专业人才队伍建设。加强知识产权司法和行政人员配备，实施企业负责人、专利信息技能人才知识产权培育计划，鼓励企事业单位引进高层次知识产权人才，支持宁波知识产权学院、甬江知识产权研究院开展知识产权人才培养。四是加强知识产权保护宣传引导。将知识产权相关内容融入地方德育教材，纳入全市普法教育。定期发布宁波市知识产权发展与保护状况白皮书、知识产权保护典型案例等，推进重大经济科技活动知识产权服务入驻，及时向新闻媒体和社会公众通报重大事项及其最新进展。

何介强　吕　鹏

社会民生篇

谋划宁波文化建设战略应当关注和解决的几个问题

2021年10月，浙江省委常委、宁波市委书记彭佳学在调研文化工作时再次强调，要谋深谋实港产城文融合发展的路径，扎实推进新时代文化高地建设，让文化为城市发展注入更加持久的动力。围绕贯彻落实彭书记讲话精神，结合省委文化工作会议精神和前期研究成果，我们就谋划宁波文化建设战略应当关注和解决的基本问题，提出几点相关建议。

一、锚定一个本质内涵

（一）明确并坚守本质内涵，有利于宁波文化建设始终把握一个主线，保持持续推进的定力，真正做到驰而不息、久久为功

为宁波文化建设战略锚定一个本质性内涵，在决策层面能发挥三大作用。一是学界关于文化的概念多达200多种，文化定义本身就是一个争论不休的学术现象，把握好一个主体性概念，可以保证对客观规律认识不出现偏差。二是中央及省、市关于文化建设的目标和要求不断与时俱进、迭代更新，认清文化建设的本质要求，可以把握住工作主线不动摇。三是唐诗之路、运河文化、宋韵文化等各类文化热点层出不穷，彼此之间重复交叉，厘清区域文化建设的长久目标，可以保持文化建设基本框架不折腾。

（二）宁波文化建设本质内涵就是提升宁波区域文化竞争力

文化要素是城市综合竞争力的最核心要素。我们从增强现代化滨海大都市综合竞争力的视角出发，把文化建设作为与"港产城"并列的区域发展一级主体领域，并将文化作为与人才、科技、产业并列的城市竞争四大核心要素之一，提出区域文化建设的本质内涵就是不断提升区域文化竞争力。其基本概念是在宁波市域内，依托地域文化基因的现代化及当代发展成果转化为文化价值而形

成的地域性文化认同，作为整体性的文化要素贯穿于宁波经济社会发展各个方面的功能作用的总和。把握这一本质内涵关键在于提升两种能力、增强四大功能和实现四个基本目标。

1. 提升两种能力。

一是对内侧重提升党委政府全面统筹、整体推进、系统发挥文化要素功能作用的组织能力。

二是对外着力提升吸引集聚并优化配置文化要素的竞争能力。

2. 增强四大功能。

一是增强文化的社会功能。挖掘宁波独特的文化基因，凝聚宁波发展的价值信仰，引起文化共鸣、提升文化素质，发挥其支撑城市功能升级的基础性作用。

二是增强文化的都市功能。塑造城市核心品牌和主题形象，推进城市新型营销，促进海内外宁波人的文化认同，培育家园意识，发挥文化扩大城市国际影响力的倍增器作用。

三是增强文化的要素功能。发掘文化的资源本质，整合文化要素，提升文化创意能力，发挥其推动城市治理模式创新、路径创新和产业经营模式创新、业态创新的黏合剂作用。

四是增强文化的产业功能。解放文化生产力，提升宁波文化产品与文化服务的层次与品位，发挥文化产业作为新兴城市经济重要组成部分的产业支撑作用。

3. 实现四个基本目标。对应上述四大功能，确立四个基本目标，培育壮大宁波文化竞争力的核心优势。

一是建设全国文明典范城市。指在现有的全国文明城市基础上，向着文明程度领先、经济高质量发展、文化繁荣厚重的目标迈进，打造更具影响力、辐射力、引领力的"文明高峰"。

二是建设国际文化都市。指兼具世界级文化影响力和标杆性文化表现力，符合现代都市特征的国家历史文化名城，使宁波的城市形象能够"立起来"，城市文化脉络能够"活起来"。

三是建设区域文化中心城市。指兼具区域文化产业要素资源配置中心、区域文化创新中心、区域文化交流中心、区域文化基础研究中心功能的文化发展高地。

四是建设文化产业龙头大市。指文化产业产值国内居前,且拥有体系健全、结构优化、核心竞争力强、龙头企业集聚的现代文化产业体系,文化生产理念创新、商业模式突破、文化跨界融合等方面对国内文化产业发展具有标杆意义。

二、细化一套评价指标

(一) 构建综合评价指标体系

构建综合评价指标体系,旨在保持现有工作框架基本不变的情况下,系统提升宁波文化工作层次。历届市委、市政府对文化建设都非常重视,特别是"十三五"规划将文化发展作为五年规划的单独一章,体现了文化在区域发展中的一级主体地位。2017年市委十三届三次全会作出"名城名都"建设的战略安排,将文化建设推到了城市发展的重要一级。2021年3月底,宁波市委书记彭佳学在《浙江日报》刊文中指出[①]:宁波着力推动"港产城文"协调发展、融合发展。这是市委、市政府首次将"文"摆在与"港""产""城"等城市核心优势并列的重要位置,表明文化的作用正在从幕后走向前台、从隐性变为显性、从支撑力升级为引领力,成为宁波高质量发展的核心要素。但我们也看到,当前宁波推进文化建设的工作体系和实际发展层次还没有达到市委、市政府的要求,全局性、主体性、引领性体现得不够。

从常规意义上来说,这需要对文化发展的体制机制进行系统性重塑。但实际上,地方政府在这方面难有建树。因此,我们建议构建一套基于文化建设本质内涵的综合性评价指标体系,并适当合理地把指标分解给相关牵头部门,这些指标任务既来自于当前实际工作分工,又对其提出新的工作要求、增加新的工作内容,力求在现有工作框架基本不变的情况下,对实际工作有所突破、有所提升。

(二) 对文化竞争力评价指标体系的概念性设计

文化竞争力评价指标体系主要包括4个一级指标、12个二级指标、48个三级指标(见表1)。

---

① 《学深悟透用好科学思维方法奋力建设现代化滨海大都市——访省委常委、宁波市委书记彭佳学》,载于《浙江日报》,2021年3月30日。

表1 宁波文化竞争力综合评价指标

一级指标	二级指标	三级指标	释义
文化社会功能：价值信仰和文化素质（25分）	文化和合力	城市包容性	文化兼容性、治安情况
		市民文化教育水平	平均受教育率
		市民道德素质水平	道德模范、违法违规情况
		城乡文化统筹水平	参照城乡统筹水平
	文化导航力	文化事业发展水平	文化事业机构、公益性演出
		法治文化发展水平	参照《全国文明城市测评体系》
		人文环境发展水平	参照《全国文明城市测评体系》
		文化消费发展水平	文化消费环境、能力、消费结构
	文化凝聚力	市民践行核心价值观水平	市民抽样调查
		市民践行城市精神水平	市民抽样调查
		市民的城市自豪感	市民抽样调查
		城市领导者的支持率	个人形象、素质和决策支持率
文化都市功能：城市品牌和文化传播（25分）	文化识别力	城市品牌塑造水平	城市核心品牌及影响力
		城市空间规划建设水平	围绕城市品牌的空间结构和感官形象
		城市文化保护开发水平	历史文化的传承和现代化应用，如城市故事、古建筑、民俗文化
		城市文化综合研究水平	文化大院强所数量、文化研究成果数、成果质量和成果影响力
	文化传播力	城市文化营销水平	城市主题文化节庆、展会、论坛
		城市文化传媒发展水平	改革进度等
		城市文化理念输出	可参照权威机构测评结果
		城市文化产品和服务输出	商品出口、服务贸易
	文化号召力	领军文化影响力	甬商文化、浙东文化、原创文化
		文化领军人才发展水平	本土文化人才数量和质量
		文化人文脉络发展水平	服务宁波文化的市外人才数量和质量
		文化纽带招商引资水平	企业数、项目数、资金量

续表

一级指标	二级指标	三级指标	释义
文化要素功能：要素集聚和文化创意（25分）	文化支配力	区域文化产业要素配置中心	文化人才集聚和文化产权交易
		区域文化展示发布中心	主要文化展示发布发展水平
		区域文化消费引领中心	主要文化市场发展水平
		新网络文化中心	本地网络平台和网络大V
	文化影响力	城市工业文化发展水平	企业抽样调查
		城市商业文化发展水平	企业抽样调查
		城市管理文化发展水平	政府文化建设情况
		城市创业创新文化	参照城市创业创新指数
	文化创新力	智慧之城（智慧城市）	参照智慧城市评估指数
		创意之城	行业竞争力指数
		设计之城	行业竞争力指数
		时尚之城	行业竞争力指数
文化产业功能：产业转型和文化附加（25分）	文化生产力	文化制造业发展水平	产值、利润率、知名品牌
		文化服务业发展水平	知名品牌、市场影响力
		文化产业平台发展水平	文化产业园区、投融资情况
		文化龙头企业和产业链	行业百强企业
	文化渗透力	文化与制造业融合水平	经营模式创新、业态创新
		文化与商业融合水平	经营模式创新、业态创新
		文化与旅游业融合水平	经营模式创新、业态创新
		文化企业的跨界并购	数量、金额和成效
	文化产业竞争力	全省文化产业中心	文化产业标准、文化行业协会
		文化产业管理体制创新	相关工作报告
		城市经济发展模式创新	相关工作报告
		城市文化新增长极培育	相关工作报告

（三）为分解落实上述概念性评价指标，我们对加强相关部门的文化工作职能提出如下建议

一是进一步强化宣传部门在文化社会功能建设发展中的导向作用。由各级宣传部门牵头，促成各部门合力，更好发挥社区的"城市细胞"作用，引领城

市价值信仰和提高全民文化素质。发展文化事业是提升文化社会功能的重要组成部分，在推动文化社会功能建设的过程中不能忽视文化事业发展，也不能为发展文化事业而发展文化事业。

二是进一步强化文广等部门在文化都市功能建设中的主体作用。由文广部门牵头，联合住建、规划、人社、文旅等部门和电视、报纸等传媒类国有企业共同塑造城市个性和魅力，促进城市品牌建设和城市文化传播。各区县（市）在建设文化都市功能的过程中，既要合拍中心城区的文化都市功能建设，也要因地制宜，形成特色化的城市形象。

三是进一步强化经信委等部门在文化要素功能建设中的纽带作用。由经信委牵头，联合科技、发改、商务等部门共同推动文化要素市场建设，促进文化要素集聚，借力组织、人社等部门在人才引进工作中的积极作用，激发文化要素集聚从量变到质变的转换，跨越式发展文化创意。

四是进一步强化发展改革委等部门在文化产业功能建设中的激励作用。由发展改革委牵头，联合经信委、商务等部门和各区县（市）共同推进文化产业的品牌化、高端化、新型化，将文化产业打造成为城市支柱性产业，驱动更多领域的转型发展，推广"文化+"。

五是进一步强化要素支撑和政策配套，激发文化创新活力。通过创新完善和用好用活支持文化发展的税收、土地、金融等政策措施来充分调动各方面的积极性、主体性和创新性，提升城市文化凝聚力和号召力，更好发挥文化的生产力和创造力。

（四）适时在京发布首个地方文化竞争力发展指数，使之成为宁波文化建设数字化改革的标志性成果

待评价指标体系初步成形后，联合新华社、国务院发展研究中心或中国人民大学等权威机构、高校，在京发布"宁波文化竞争力发展指数"，旨在动态监测宁波文化建设情况，为其他地区借鉴经验、探索路径提供价值参考，使之成为宁波文化建设数字化改革的标志性成果。

三、推动一批重点突破

文化建设是一个长期的、持续的积累过程，很难一蹴而就、立竿见影。宁波文化竞争力实现跨越式提升，要突破传统文化事业和文化产业的逻辑视野，

找准具有基础性支撑、关键性作用、关联性耦合的薄弱环节和重点突破口，尽快形成一批"硬核"成果，领衔带动文化竞争力整体提升。

（一）为解决文化传播干得多、知道得少的问题，迫切需要统筹整合城市国际营销

1. 塑造一个核心主题。建议以"让美丽的滨海田园都市世代相传"作为宁波城市形象国际营销的核心主题，既是对"现代化滨海大都市"总体建设目标的呼应阐释，又体现了对滨海风情、传统韵味和现代时尚一以贯之的持续推进。

2. 形成一个品牌体系。在城市发展的各个领域推广应用城市品牌，形成城市形象品牌体系。比如将象山开渔节、宁海开游节等有重大影响力的节庆活动，升格为宁波开渔节、宁波开游节，促进宁波城市和节庆活动影响力双提升。

3. 创设一个城市 Logo。开展全球征集，创设城市 Logo，完善推广机制，将其全面应用到城市的对外宣传、节庆活动等方方面面，形成清晰明了的宁波形象记忆。

4. 组建一个工作机构。由市委牵头，成立宁波城市营销委员会，作为宁波城市形象（国际）营销的决策、规划、协调、推广的主体机构，办公室可设在市委宣传部。同时，成立国资主导的宁波形象营销推广中心有限公司，推动城市营销工作市场化、专业化、精细化。

5. 每年一个推广主题。以 5 年为一个周期，围绕核心主题，每年集中力量宣传一个城市系列主题，例如旅游城市、商务城市、滨海城市等，形成滚动循环、迭代更新的宣传推广机制。

（二）为解决文化品牌"有高原、无高峰"的问题，迫切需要集中力量打造一个城市文化地标，讲全故事、形成基点

宁波有很多来了必看的文化 IP，但鲜有一定要到宁波来看的独一性文化地标。从西安大唐不夜城、重庆洪崖洞、开封清明上河园等网红文化现象看，一个城市应该至少有一个让人不得不来、不得不看的顶级文化地标，并以此带动拓展丰富整体文化内容。从这个意义上来说，宁波现在的文化地标不是太少而是太多。要以"集中力量办大事"的理念，全力打造一个具有中国气派、浙江特色、宁波辨识度的文化"尖峰"标识，解决文化地标出圈性不强、吸引力不够的问题。在此基础上，逐渐推动文化地标衍生拓展覆盖，解决地标打造四面出击、碎片化的问题。文化地标建设可以从天一阁·月湖、宁波博物馆或者大

运河等中选择。

（三）为解决文化产业"星星多、月亮少"的问题，迫切需要培育若干头部企业

目前，宁波主板上市企业101家，其中文化类相关企业7家，但最能带动城市文化建设的文化传媒行业上市公司只有1家（浙江25家）。为尽快改变这一现状，要积极引进世界500强文化类企业地区总部及研发中心；要重点扶持本地有潜力的影视、动漫、游戏、演艺等文化内容产业，培育数家"顶天立地"的本地文化龙头企业和"专精特新"的文化单项冠军企业；要支持宁波文旅集团做大做强、早日上市。

（四）为解决文化人才多、大师少的问题，迫切需要启动创建"宁波文帮"

宁波文化名人辈出，在当代文化领域各细分行业都活跃着大批宁波籍或有关联的名人大师。要举起"宁波文帮"的大旗，以"全球视野、时代精神、中国价值、宁波表达"为宗旨，广泛吸引宁波籍或有亲情、宗族、地缘关系的文化名人共建家园文化，为其量身打造国际论坛、专项活动等专业平台，形成宁波新兴文化品牌。这是拉高宁波文化"海拔"、快速提升宁波文化层次的捷径。在集聚文化人才特别是文化领军人物时，必须以"用才"为导向，"借智"重于"引智"，不求为我所有，但求为我所用。

四、探索一条特色路径

（一）社会力量参与是宁波文化建设突破瓶颈、实现跨越式发展的特色路径

主要有三方面原因：一是从近代闻名海内的"宁波帮"到现代铺天盖地的民营企业，社会力量历来是推动宁波经济社会发展的主要力量，在文化建设中也能发挥重要作用。二是宁波现有全国性、引领性、示范性的文化资源较为稀缺，政府作为开发主体要面对投入大、周期长、运维难的问题，社会力量在资源投入、持续运营方面更具优势，可以实现互补。三是宁波社会力量参与文化建设势头足、热情高，在参与文化建设中已经有很多成功案例和鲜活经验。

（二）进一步引导和鼓励社会力量广泛全面深入参与

社会力量参与文化建设主要是指由企业、社会团体或个人等通过兴办实体、

承接项目、赞助活动、提供设施等方式参与文化活动。

建议实施"1+N+若干"模式，进一步引导和鼓励社会力量广泛全面深入参与。

"1"就是出台《引导和鼓励社会力量全面参与文化建设的若干意见》，进一步强化政府引导，突出社会主体，注重特色优势，兼顾综合效益，营造有利于社会力量参与文化建设的发展环境，切实推动文化建设高质量发展。

"N"就是引导和鼓励社会力量参与文化基础设施建设、文化设施的运营和管理、文化产业、公共文化治理、文化公益服务等文化建设的N个方面，分别根据试点实施情况，出台N个专项政策文件，不断细化完善转型的政策细则。

"若干"就是经过2~3年的努力，基本形成宁波文化建设的社会化、专业化、市场化、精细化模式，搭建形成一批具有引领作用的平台载体，推广一批具有自身特色的典型经验，培育一批具有专业优势的运营机构，形成一套有序参与的管理体系，强化一套加快发展的保障机制，使社会力量参与文化建设的积极性更加高涨、机制更加顺畅、管理更加规范，成为宁波推动文化建设的特色途径。

周少华　罗　松　张　华　周威锋　王　巍

关于加快打造甬绍文化发展共同体的若干建议

2021年，宁波和绍兴两市共同印发实施《甬绍一体化合作先行区建设方案》，这是两地立足新发展格局，服务"一带一路"、长江经济带、长三角一体化、杭绍甬一体化等重大发展倡议和战略的长远之谋，是市委、市政府锻造"硬核"力量、唱好"双城记"、建好示范区、当好模范生、加快建设现代化滨海大都市的务实之举。我们认为，要落实好市委、市政府推动甬绍一体化决策部署，文化相融是最深层次的决定性力量，在一体化全局中具有牵引性、先导性的作用。我们建议，甬绍两地立足现有基础，各扬所长、优势互补，协同协力打造文化发展共同体，构建共商共建共享的文化发展格局，加快打造文化一体化重大标志性成果，为高质量发展建设共同富裕先行市注入强大文化力量。对此，我们提出三点建议。

一、将打造文化发展共同体作为推动区域一体化的先行棋

甬绍两地共同拥有阳明心学、浙东学派、浙东大运河、江南水乡等一大批具有国际国内重要影响的文化资源。加快打造甬绍文化发展共同体，基础条件好，潜在亮点多，能够较快形成若干具有重大影响的一体化标志性成果；通过挖掘凸显"知行合一""经世致用""工匠精神"等具有当代特色的地域文化品格，有助于两地共同提升国家历史文化名城、东亚文化之都的城市国际形象，也可为现代化滨海大都市"港产城文"融合发展、协调发展注入强大助力；而在文化领域也更加有利于探索形成基于共同情感、强烈认同、统一规范、一致利益基础之上的利益共同体发展机制，从而为其他领域的一体化合作提供机制创新的经验借鉴，理应成为推动区域一体化的先行棋。

(一) 契合区域一体化大战略，机遇好、动力足

过去几十年，甬绍两地走过了改革初期以互补互惠为目标的横向协作，也走过了区域竞争加剧、多中心格局下的竞合联盟，再来到近年来长三角一体化大战略下的区域一体化，两地已经实质性地进入了构建"区域共同体"的新阶段新起点。打造发展共同体，本质上就是重构和再造区域之间的联结逻辑，从高度依赖于行政捏合演进为共同体式的自觉有机联结，能够就区域内诸多方面的共同利益、共同责任、共同未来最大化地达成统一规范和合作行动，能够更好地实现优势互补、互促共进、互利共赢，形成区域整体优势和核心竞争力，这也正是甬绍一体化发展的应有样态。

(二) 契合深度融合的大逻辑，前景好、潜力足

文化是一个城市和地区的精髓和灵魂，是激发城市和地区活力的源泉。文化的认同才是真正的认同，文化的一体化才是全面的一体化。从微观层面看，打造文化发展共同体，推动两地文化合作发展，有利于推动区域文化资源效应最大化，避免诸如阳明文化、浙东文化等区域文化事件的规划冲突和资源重复建设，形成"1+1>2"的正向效应，有力提升区域文化的影响力和辐射力。从宏观层面看，打造文化发展共同体，能以点带面推动科创、开放、文旅、生态、公共服务等领域合作，是近期可为、为则有效的重要突破口，是功在当下、利在长远的牵引性工程，有利于带动一体化向更高水平、更深层次、更宽领域迈进。

(三) 契合人文历史的大背景，基础好、活力足

自古宁绍是一家。两地同处宁绍平原，地缘相接、人缘相亲，地域一体、文化一脉，有着共同且深厚的历史人文根基，成为两地打造文化发展共同体的深厚基础。唐代明越分置之前，宁波属越州管理，政治中心在绍兴。清代设宁绍台道，管辖宁波府、绍兴府、台州府，道治设在宁波。中华人民共和国成立后，绍兴曾一度由宁波专区管辖。地理和历史上的紧密关联决定了两地文化的高度相通。例如，小黄山文化和河姆渡文化紧紧联系宁绍先民，江南水乡、浙东学派让两地精神相通、意蕴相似，浙东古运河让两地水乳交融。近年来，在两地政府的通力协作下，甬绍水路陆路连接通畅，产业合作扎实，互动交往频繁，宁波·绍兴周、钦寸水库等两地合作项目成效明显，打造文化发展共同体基础更为扎实。

二、积极推进若干文化发展共同体重点合作项目

从资源影响力和协同必要性的角度考量,我们建议近期可以重点推进5个合作项目,并力争形成利益更加一致、行动更加协同的发展共同体,为文化一体化乃至区域一体化积累经验、提供范例。

(一)共建浙东大运河文化带,让东方大港和东方水城紧紧相连、相得益彰

宁波是中国大运河连接世界大通道的南端国门,是大运河和海丝之路的连接枢纽。绍兴则是大运河穿越而过的重点城市,流经其境内的101千米运河水道汇聚了绍兴的人文精华。建议甬绍两地规划部门牵头,制定《浙东大运河世界文化遗产保护利用规划》,以共同挖掘打造汇聚古越风情、江南水乡、大运河与海上丝绸之路四大人文要素的精品文化带为轴线,延伸辐射沿河两岸"迎淡而用之者,江南尽然;遏咸而留淡者,独宁绍有之也"(徐光启语)独特的水利设施、镇村群落、宗祠古建,打造江南水乡独一无二的世界级古镇遗产群,通过文化赋能,为甬绍乡村振兴注入宏大愿景。就宁波方面来说,要依托宁波段的特色资源,加强保护传承利用,推进大运河国家文化公园建设,高水平建设河海博物馆,开通沿西塘河的西线水上旅游带,形成更多兼具运河与海港特色的人文旅游精品线路,打造"中国大运河出海口"金名片。

(二)共扬阳明文化,让甬绍成为"知行合一"心学文化最高地

宁波是王阳明的出生地、成长地和讲学之地,绍兴则是王阳明的成长地和归葬地,两地都有非常丰厚的阳明历史文化遗产。当前两地均宣称为"阳明故里",分别举办纪念活动和文化论坛,建设阳明文化研究中心、研究院、文化小镇、文化公园等,多头建设、重复建设的现象较为突出,尚未形成合力。对外甬绍也面临着贵州修文、江西赣州等地的激烈竞争。

建议甬绍合力打造、轮流举办中国阳明文化论坛,并积极汇集国内相关权威研究机构和知名研究大家,争取成为全国性阳明文化学术活动的永久举办地。依托统一的论坛,合力建设阳明文化公园、文化小镇等核心展示区,集中力量深入开展阳明文化研究,构建协同协调的合作格局,形成对其他地区的比较优势,共同打造国内外独一无二的心学文化最高地。

(三)共兴浙东学派,打造具有世界影响的东方思想标识

浙东学派源于两宋,盛于明清,代表人物的籍贯和活动范围多在今宁波、

绍兴、台州地区。其学术取向是"经世致用",对中国近现代学术及海外学术影响极大,是东北亚近代文明的精神渊薮。建议甬绍共同建设浙东学派研究院,共同推出一批有重要影响的原创性成果和标志性成果,将浙东学派精神思想内化为"东亚文化之都"的精神印记,打造具有世界影响力的东方思想标识。

(四)共促环四明山区域文化发展,打造拓展"两山"转化通道的甬绍样本

四明山区域富集绿水青山和人文历史资源,是两地践行"两山"理念的重要载体。两地要不断拓展"两山"转化通道,构建完善自然人文资源价值转化机制,让环四明山的独特资源更好地成为文化资本、文化红利。建议两地协力打造环四明山的甬绍一体精品旅游线路。以相接的上虞、嵊州、奉化、余姚等交界区域为切入点,串联嵊州剡溪、余姚四明山、奉化溪口雪窦山等特色旅游资源,突出"山水甬绍"的旅游思路,加强旅游品牌的策划、打造、包装、推介,推动整体开发、连片保护,构建四明山—天目山文化旅游协作区,打造长三角乃至华东地区的特色精品旅游线路。

(五)共通藏书文化,让书香城市成为甬绍共同的文化标识

天一阁藏书楼是宁波文化的重要标识。绍兴的古越藏书楼则是我国第一座具有公共图书馆性质的藏书楼,其历史地位堪比天一阁。建议两地加强合作,互通有无,强化两地藏书楼的陈列展示、学术研究、文化传播、文创旅游等功能,共同打造国内一流、具有世界影响力的藏书文化博物馆,让书卷气成为甬绍两地共同的城市气质和精神纽带。

三、构建甬绍文化发展共同体的体制机制

推动打造甬绍文化发展共同体,重要的前提和保障是形成合作的体制机制,为两地务实合作注入强劲的制度性动力。

(一)加强顶层设计,统筹规划区域文化发展布局

在省文化部门的指导下,两地共同开展专题调研,与"十四五"文化发展专项规划实施结合起来,系统研究两地文化协同发展整体规划,对接专项合作规划和实施方案,适时签订《甬绍两地文化协同发展合作协议》,尽早明确合作的目标、方式和内容。

（二）建立常态化沟通联络机制

建立两市文化部门联席会议制度，谋划各种定期交流的机制安排，制定年度推进的工作要点，形成利益驱动的治理模式。创建"甬绍一体化信息要情"，定期将包括文化在内的两地合作要情呈送主要领导审阅。轮流举办年度"甬绍一体化合作论坛"，包括党政代表团及市民代表团互访、推动战略规划对接、推进重点领域合作、破解合作难点、推介并落实具体合作项目等内容。

（三）适时推动文化产业协作发展

文化产业协作是文化发展共同体的更深层次。加强两市文化产业的交流与合作，明确各自文化产业发展定位及特色，错位发展，优势互补，形成区域间产业合理分布和上下游联动机制。鼓励组建跨区域经营的现代文化企业，打造一批文化自有品牌，提升地区文化品牌影响力。

（四）培育统一开放的区域文化市场

探索建立知识产权共同评估体系、文化市场综合管理和执法联防协作机制，进一步净化区域文化市场，促进区域文化市场的健康发展。加快推进甬绍两地"一卡通行"旅游互认，实施两地通用惠民旅游套票，共同举办各类文化旅游活动。

罗　松　张　华

实现和巩固宁波低收入群体体面生活的对策研究

近年来，宁波不断完善低收入群体救助帮扶机制，在低保、社保、医保等领域推出一系列创新举措，成效显著。尽管如此，截至2021年底，全市尚有低收入群体4.94万户、7.03万人，占全市户籍人口的1.1%，其中因病、因残、因老致贫的家庭超过9成，成为"十四五"时期实现共同富裕道路上最难啃的硬骨头。为此建议，把"实现和巩固低收入群体体面生活"作为宁波高质量发展建设共同富裕先行市的标志性工程来抓，坚持"输血"和"造血"两手抓两手硬，在低保政策、重点救助、就业帮扶、财产性增收、人文关怀、社会协同等领域努力实现关键性突破，更高水平实现"体面物质生活"和"体面精神生活"的协同发展。

一、宁波低收入群体概况

从城乡结构看，全市农村现有低收入家庭4.32万户、6.19万人，分别占全市低收入群体总户数和总人口的87.3%和88.1%。城镇有低收入家庭0.62万户、0.84万人。

从地域分布看，慈溪、象山、宁海、奉化、余姚排名前5的区县（市）合计有低收入家庭3.97万户、5.73万人，分别占全市低收入群体总户数和总人口的80.3%和81.5%。江北区最少，只有0.12万户、0.17万人。

从致贫原因看，因残、因病致贫的低收入家庭分别占比42.29%和21.02%，因年老失去劳动能力、企业退休无保险等其他非主动因素致贫的占比33.17%，失业、因学致贫的合计占比3.52%（见图1）。

从救助措施看，享受"低保户"（最低生活保障的家庭）政策的有4.29万户、5.79万人，分别占全市低收入群体总户数和总人口的86.7%和82.4%；享受"低边户"（生活在低保边缘的困难家庭）政策的有0.66万户、1.24万人。

从收入结构看，全市低收入群体主要依靠转移性收入，约占总收入的65%；其次为工资性收入，约占30%；财产性收入和投资性收入合计占比约为5%。

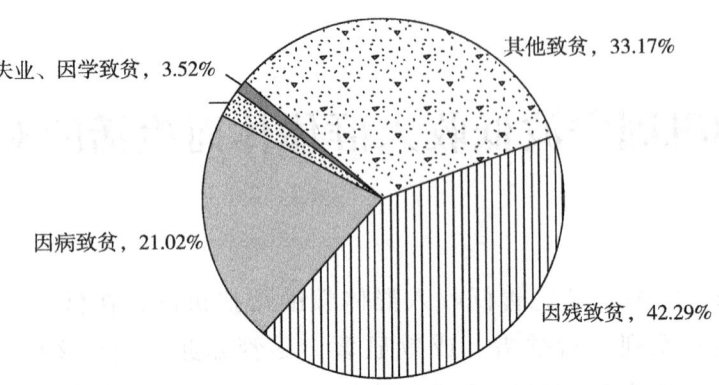

图1　2020年全市低收入群体致贫原因

资料来源：宁波市统计局。

从发展趋势看，"十三五"时期低收入群体可支配收入增长缓慢，与中位数的绝对值差距持续扩大（见图2）。2020年，城市家庭和农村家庭中收入最低的20%家庭的人均可支配收入分别为24405元、13786元，较2015年增长20.3%和34.3%，低于全市42.1%和47.8%的平均增速，与20%中等收入家庭的绝对值差距分别扩大7037元、2071元。

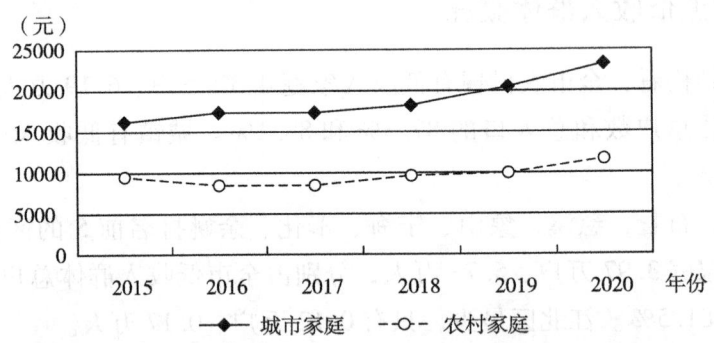

图2　2015—2020年城乡20%低收入家庭人均可支配收入变化

资料来源：宁波市统计局。

二、需重点关注解决的几个问题

实现和巩固低收入群体的体面生活，需要"输血"救助和"造血"帮扶双管齐下。从现状看，低保下限欠高、特困人群负担沉重、"补差式"低保金发放模式产生副作用、各级各类政策尚未形成合力、缺少精神层面的关心关爱等成为突出问题。此外，社会力量参与低收入群体救助帮扶刚刚起步，亟须进一步调动热情、拓展路径、完善制度规范。

第一，最低生活保障标准只能勉强应付基本生活费用。目前，全市最低生活保障标准按上年度居民人均生活消费支出的35%执行。2021年7月全市最低生活保障标准调整为1005元/月，折合33元/日，勉强应付食品、生活用品、医疗等基本生活费用。大多数低收入家庭迫切需要物价补贴、节日慰问金等其他收入来维持脆弱的收支平衡，与物质生活体面存在较大差距。

第二，因残、因病致贫家庭面临更大压力。这类家庭多为特困供养人员，基本生活标准按最低生活保障标准的1.7倍执行，2021年7月起为1709元/月，折合56.2元/日。宁波还推出了家庭病床、长护险、老年助餐配送餐服务、社区结对等更多帮扶举措。尽管如此，失能半失能对象的护理（费）和不菲的医药费开支仍然让这些家庭不堪重负。

第三，就业脱贫的可挖潜空间不大，且就业意愿受到"补差式"低保金发放模式抑制。调查显示，低收入群体中只有不足10%已经就业或具备就业条件。但是，这些劳动力往往因家庭负担重、学历不高、技能欠缺等原因，很难找到中高收入工作，且工作很不稳定。不仅如此，对有工资性收入的低收入家庭，低保金扣除工资性收入后发放。不少受访者表示，工作反而钱少，不如在家休息。

第四，各级各类帮扶政策尚未形成合力。民政、人社、工会、慈善等市级部门都出台了针对低收入群体的"输血"救助政策和"造血"帮扶政策，整体氛围浓厚。但从政策实施效果看，特别是帮扶政策，仅靠单个部门的财力人力，很难培育出可持续发展的"造血"功能。有的帮扶政策只是简单发放500元/人的补贴；有的创业扶贫项目还需要低收入家庭自筹数万元；还有个别乡镇、村在执行政策过程中，不落实配套资金，不区分救助政策和帮扶政策，进一步降低了政策实施成效。

第五，缺少关心关爱类救助，低收入群体的心理健康隐患已非常突出。当前，低收入群体得到的救助，大多数为物质生活的关心关爱，精神生活鲜有人关注。由于缺少必要的人际交流和娱乐文化活动，不少低收入者已经表现出持续性的情绪低落、思想保守困惑、心理承受能力差、对救助帮扶有抵触情绪等心理健康隐患。长此以往,容易诱发自卑自闭等更为严重的心理疾病,甚至成为社会性问题。

三、对策建议

要把"实现和巩固宁波低收入群体体面生活"作为宁波高质量发展建设共同富裕先行市的标志性工程来抓,进一步强化问题导向,实施因时制宜、因地制宜、因人制宜策略,更有力地推进"提低"行动。

(一)优化最低生活保障标准计算方式和低保金发放方式

综合基层反映、实践检验,以下两个优化方案值得全市推广。

1. 最低生活保障标准可调整为"双挂钩"。即将最低生活保障标准与"人均消费性支出"挂钩,调整为与"人均消费性支出"和"人均可支配收入"两个指标挂钩,奋力缩小低收入群体与全市人均可支配收入的绝对值差距增幅。

2. 低保金发放可调整为"三年动一次"。即:获得低保、低边资格认定后,以三年为一周期,周期内的工资性收入不作为扣除数,到期后按三年间平均工资性收入重新认定资格。一些地方的实践证明,该方法能更好激发低收入群体就业脱贫的热情和动力,财政负担按不变标准计算,呈逐年减少态势。

(二)引导支持社会力量,共同帮助低收入群体物质生活和精神生活水平"双提升"

努力建立政府兜底、市场补充、全社会共同参与、物质保障和精神关怀全覆盖的低收入群体救助和帮扶体系。

1. 健全多层次社会保障体系和救助制度。完善困难群体托底保障政策体系,加快实现政策性医疗补充保险全覆盖。迭代完善低收入农户综合性保险、困难残疾人生活补贴、失能半失能群体护理补贴、非常住人口教育专项救助等制度。积极探索体面的身后事救助机制。有序扩大低边户认定范围,让更多20%低收入家庭的物质生活质量向20%中等收入家庭看齐。

2. 加大对因重度残疾、重大疾病、高龄老人致贫家庭的精准救助制度。规范落实重残和重病对象单人户低保政策。加大财政投入,加快推广家庭病床制度,提高上述人群护理补贴标准和长护险补贴力度,探索以购买服务的方式将部分长期护理对象转入镇办、村办养老机构。更好发挥慈善、工会、民政、文广等部门的作用,组织更多力量为上述人群提供救助。

3. 加快实现"一户一策一干部"制度全覆盖和服务升级。定期走访低收入家庭，开展形式多样的节日慰问、政策宣传、职业指导、送文化、解难题等送温暖活动，以及定期组织低收入家庭参加集体活动，让更多低收入群体能经常感受到来自政府和社会的关心关爱，打开心结，释放压力。

4. 适时出台鼓励和规范社会力量参与的指导意见。更好发挥企业、社会组织、乡贤、热心市民等社会力量的积极作用，引入更多人才、项目、资金、技术、文化等资源要素救助和帮扶低收入群体，增加其获得感。

（三）建立健全现代化、多层次的低收入群体就业帮扶体系

帮助有条件的低收入群体就业，是实现体面物质生活的必由之路，更是开启体面精神生活的先导性工程，要整体谋划、系统推进。

1. 建立低收入群体"职业脸谱"数据库。数据库全面收集并动态更新16～70周岁低收入个体的学历学位、劳动能力、职业技能、就业意愿等信息，为精准化开展技能培训、职业推荐、岗位设计等就业服务提供信息支撑。

2. 拓展多层次的就业渠道。第一，在城市更新、社区治理、乡村振兴等政府性项目实施过程中，更多推出面向低收入群体的岗位，努力实现同工同酬。第二，引导支持企业更多雇用低收入人员，学习借鉴促进残疾人就业的税收激励政策。第三，积极推进"网格包干"制度。以网格为单位，组织多元力量特别是公益性力量，合作开发面向低收入群体的灵活就业岗位。重点开发社会服务岗位，通过社会服务帮助低收入群体发现自我价值、增加社会融入，激发其走出困境的动力。

3. 不断优化就业服务，加大先进典型选树宣传的工作力度。特别是通过先进典型的挖掘、培养和宣传工作，帮助更多低收入群体放下思想包袱、树立自信。

（四）改革帮扶低收入群体增加财产性收入和投资性收入

重点在解放思想、深化改革、大胆实践，帮助低收入群体可持续优化收入结构。

1. 整合帮扶资金，引入专业团队更好实现保值增值。条线帮扶资金加贫困户自筹资金"直投"项目是当前主要的财产性增收模式。过程涉及主体多、总金额少，以致组织难度大，项目选择空间小，保值增值效果也不甚理想。可整合市县、部门帮扶资金，选择实力强、公益性强的第三方专业团队运营，收益

部分专款专用。

2. 创新探索农村宅基地置换养老机制。结合"三改一拆"、农村"一户多宅"整治及村庄梳理式改造等行动，探索推进"集体建设、无偿居住、旧宅收回、配套服务"的农村集中式居家养老新模式。即把回收的宅基地改造成农业用地，用新增的农业用地指标置换成工业用地或建设用地指标，出让变现，收益反哺低收入农户，形成良性循环。

傅叶挺　陈清升　林香娟　吕建森

进一步提升新就业形态劳动者就业质量的建议

近年来,国内平台经济、共享经济等新业态不断涌现,新就业形态蓬勃发展,为人们美好生活提供丰富产品和服务的同时,也让许多人的就业和创业有了着落。目前,全国网约配送员、网约车司机、互联网营销师等新就业形态劳动者数量超过8400万,约占就业总人数的11%。对新就业形态,要顺势而为,让其顺其自然、脱颖而出。2021年7月,国家八部委出台专项文件,维护新就业形态劳动者的劳动保障权益。当前,宁波新就业形态发展势头良好,劳动者权益得到较好保障,但也存在一些薄弱环节和不到位的地方,需加大精准支持力度,进一步提升就业质量。

一、宁波新就业形态呈现良好发展势头

近年来,宁波在支持包括新就业形态在内的灵活就业方面进行了积极探索,取得了显著成效,灵活就业的"宁波解法"受到有关中央领导和国家部委的充分肯定和宣传推介。

（一）从业人员规模不断扩大

目前,宁波新就业形态劳动者数量突破60万,占全市就业登记人员总数的10%以上。其中网络约车行业企业25家,已许可驾驶人员约4.1万人;电子商务行业企业数5.8万户,直接、间接从业人员达50万人;网络送餐行业从业人员约4万人;快递物流行业法人企业156家,在职员工近3万人;网络直播相关企业616家,兼职全职网络主播约7000人（见图1）。

（二）社会保险保障持续完善

1. 强化养老和医疗保险。允许本市户籍灵活就业人员参加职工基本养老保险和职工基本医疗（生育）保险。截至2021年4月底,两项保险参保人数分别

达到52.5万人和54万人。

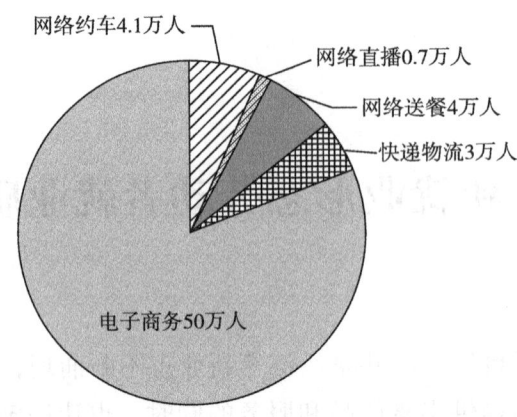

图1 宁波新就业形态从业人员规模分布

资料来源：根据宁波市人力社保局整理统计。

2. 探索职业伤害保险试点。2020年7月出台《关于进一步做好稳就业工作的实施意见》，允许电子商务、网络约车、网络送餐、快递物流等新就业形态劳动者，可按规定先行参加工伤保险。同时，积极引导新业态平台企业探索符合用工特点的商业保险新产品、新模式。如滴滴平台设置了"关怀宝"，由滴滴公司承担费用、第三方保险公司承保，为平台司机提供更加安全、可靠的意外风险保障。

3. 全面落实社保补贴政策。对符合条件的灵活就业高校毕业生和就业困难人员给予每人每月450元的社保补贴。2020年，全市共发放灵活就业社保补贴4.76亿元，惠及6.17万人。

（三）就业服务体系走在国内前列

1. 健全工会组织。全面推进"三新"领域八大群体入会，截至2021年10月底，全市组建新业态新就业群体工会333家，吸纳会员122128人。积极引导和指导互联网平台企业、关联企业和劳动者协商确定劳动报酬、休息休假等劳动权益事项。

2. 打通成长通道。畅通新就业形态劳动者职称申报评审渠道，符合条件的新业态专业技术人才可按规定申报评审相关专业技术职称。2020年底，宁波首次举办快递工程领域工程师职务任职资格评审会，涵盖快递设备工程等3个专业，400余名"快递小哥"参加，189人取得初级、中级职称。

3. 加强技能培训。从失业保险基金中提取11.5亿元设立"技能提升行动"

专项资金，支持开展多形式技能培训，2020年惠及全市灵活就业人员7.2万人次，有效提升了劳动者技能素质。

二、宁波新就业形态劳动者权益维护面临的若干问题

（一）工伤保险参保力度有待提升

虽然宁波允许外卖骑手、快递小哥等新就业形态劳动者可按规定先行参加工伤保险，但由于参保缴纳费用较高、工伤赔偿压力较大等，平台企业为劳动者购买单险种工伤保险的意愿不强。截至2021年6月底，全市单险种工伤保险参保人数仅为875人，占比不足0.15%。以美团外卖为例，若为全市2万名签约"骑手"参加工伤保险，一年需支付保费近千万元，此外还需支付员工治疗工伤期间的工资福利、一次性伤残就业补助金等其他费用。

（二）养老、医疗保险覆盖不全

根据现行社会保险政策法规，非本市户籍的新就业形态劳动者尚无法在宁波参加职工基本养老、医疗保险，大大增加其后顾之忧，造成就业稳定性不高。宁波城乡居民养老、医疗保险参保对象也未覆盖非本市户籍新就业形态劳动者。

（三）劳动权益保障还需加强

新就业形态打破了传统用工方式对时间和空间上的限制，平台企业往往不愿意承担雇主责任，劳动者的工作报酬、休息休假、劳动安全等权益难以得到有效保障。例如，网约车平台抽成比例偏高，部分超过25%，致使司机真实收益与劳动付出不相匹配。另外，社会对新就业形态劳动者职业认可度不高，诸如物业不让快递小哥进社区等现象时有发生。

（四）从业人员识别统计困难

一方面，新经济新业态范围不够清晰，造成新就业形态劳动者的统计边界不够明确。另一方面，新就业形态劳动者工作变动快，或者一人身兼数职，难以通过传统方法对其进行准确统计和监测分析。

三、各地提升新就业形态劳动者就业质量的举措

（一）加大社会保险保障力度

广东出台了针对灵活就业人员的参加失业保险的办法，加大对灵活就业人

员保障支持力度，完善失业保险制度。广州开展新就业形态人员职业伤害保障试点，将进一步扩大网约车、外卖、快递等新业态从业人员参加工伤保险的覆盖面。同时，灵活就业人员（含外省户籍）凭有效身份证件和就业登记证明可在广州参加企业职工基本养老保险。苏州强化政策引导，出台《苏州市灵活就业人员参加社会保险办法》，从扩大参保范围、取消中断缴费、调整医保政策、调整参保流程、优化经办服务等方面着手，保障灵活就业人员养老、医疗等社会保障基本需求。

（二）维护劳动者权益

南京率先出台《关于规范新就业形态下餐饮网约配送员劳动用工的指导意见（试行）》，规范新就业形态下餐饮网约配送员的劳动用工，保障其劳动权利等相关合法权益。杭州打破传统的组织隶属和行业产业等界限，面向湖滨街道辖区内出行、外卖、即时配送等10家新业态平台企业的6000多名新就业形态劳动者，成立浙江首个新就业形态联合工会。

（三）优化人力资源服务

广州市、区公共就业服务机构建立健全灵活就业岗位信息库、人员信息库和线上求职招聘平台、线下灵活就业专场招聘平台的"两库两平台"，加强岗位征集，动态发布灵活就业供求信息；创新"直播带岗""隔空送岗"等模式，促进新业态灵活就业人员与岗位便捷、精准对接。合肥经济技术开发区成立"共享员工联盟"，调剂企业间用工余缺、共享用工信息，"共享员工"在岗工作满1个月的，可按照400元/人的标准给予输出企业一次性补助。

（四）积极开展职业培训

山东扩大新就业形态劳动者培训规模，将符合条件的相关从业人员纳入职业技能提升行动补贴范围，推进"互联网+职业技能培训"。甘肃面向新就业形态劳动者，开展人工智能、大数据、云计算、无人机驾驶等新技术培训，媒体运营、网络营销、电子竞技、健康照护等新职业培训，以及网络平台就业创业等新业态培训。河北将有创业意愿的新就业形态劳动者纳入创业培训范围，组织开展开办店铺、互联网营销、市场分析、经营策略等方面的创业培训，提升创业能力和创业成功率。

四、进一步提升宁波新就业形态劳动者就业质量的建议

坚持问题导向、需求导向，通过完善社会保障、提高素质能力、优化权益保障和健全统计体系等举措，进一步提升宁波新就业形态劳动者就业质量。

（一）强化劳动者职业伤害保障

研究制定宁波新就业形态劳动者职业伤害保险实施办法，推进平台企业以单险种、集中参保方式参加工伤保险，明确参保对象为依托平台企业实现就业、但未与平台企业建立劳动关系的人员，积极向上争取政策支持，在参保费用缴纳方式、平台企业工伤赔付责任等方面试点突破，消除平台企业参保顾虑。发挥宁波国家保险创新综合试验区先行先试作用，支持保险机构开发重点群体互助保障计划和专属意外保险，强化新就业形态劳动者重大疾病、意外伤害、突发疾病身故和第三者责任等综合权益保障。

（二）完善劳动者养老、医疗保障制度

加快落实中央、省关于取消新就业形态劳动者在就业地参加职工基本养老保险、基本医疗保险的户籍限制政策，研究制定非本市户籍新就业形态劳动者就业认定、就业登记证申领操作办法和实施细则，充分保障其同等享受社会保险的权利。对于因社保缴费比例、月缴费额高而不愿参加职工基本养老、职工基本医疗保险的本市户籍新就业形态劳动者，组织引导其按规定参加城乡居民基本养老保险、城乡居民基本医疗保险。

（三）加快提高劳动者技能素质

将新就业形态劳动者纳入宁波职业技能提升行动的重点培训对象，由人社、经信、工会等部门牵头，聚焦"三新经济"领域，联合平台企业、行业协会等组织，举办专项职业教育培训、岗位技能培训、职业技能竞赛等活动，提高劳动者职业技能水平。

（四）拓展劳动者权益保障服务

支持更多新经济新业态领域建立工会组织，加大一线职工疗休养、免费体检等劳动者权益保障，切实增强新就业形态劳动者的获得感、幸福感、安全感。加快推进"甬爱e家"服务驿站建设，为新就业形态劳动者提供休息、饮水、手机充电、书籍阅读、应急药品等贴心服务，切实解决"喝水难、休息难、如

厕难"等现实问题。

（五）优化职称评审政策

拓宽职称评定行业专业领域，在总结提炼现有快递行业专技人才职称评审经验做法基础上，探索研究网络零售、网络约车、网络直播等行业领域职称评定办法细则，并给予获评职称劳动者相应人才政策支持，加大荣誉表彰力度。支持符合条件的平台企业开展职称自主评定。

（六）完善统计监测体系

率先探索、厘清新就业形态劳动者的概念内涵，并将其按不同就业形式、领域进行细化分类，逐步掌握宁波新就业形态的岗位数量、行业分布以及从业情况等信息。完善统计监测制度，充分利用大数据技术开展就业监测，提升政策支持力度，保障就业监测的精准性和有效性。

徐 毅

新形势下加强宁波养老护理员队伍建设的建议

截至 2019 年底，宁波已有 65 岁及以上人口约 118.4 万，失能、半失能老人超过 11 万。按照 1 名养老护理员照顾 3 名失能、半失能老人的通用比例标准，全市需要养老护理员近 4 万名。实际上，2020 年底，全市仅有养老服务护理从业人员 9019 人［包括 3389 名养老机构护理员和 5630 名居家养老服务中心（站）护理员］，宁波养老护理员缺口惊人。若继续依赖子女、医院、社区为主的照顾方式来维持供需脆弱平衡，则会加重更多家庭和社区的负担，也会继续挤占大量医疗资源，增加社会不稳定因素，加强宁波养老护理员队伍建设势在必行。为此，课题组组织了对全市 53 家养老机构、10 家 3A 级居家养老机构、9 家第三方政府购买服务机构和下属 1201 名养老护理员进行专项调研。调研显示，宁波养老护理员队伍建设正面临人数、学历、技能、职业吸引力、准入退出机制、服务质量评价等方面的诸多不足，建议通过建立健全养老护理员培训制度、大力发展养老护理职业教育、创新养老护理员职业激励政策等举措，全面提升养老护理员引、育、用、留的管理服务水平，加快建设数量充足、素质过硬的养老护理员队伍。

一、面临的问题与困难

当前宁波市养老护理员队伍数量不足、学历和技能水平偏低的问题已经非常突出。要实现队伍规模和质量"双提升"，还需克服职业吸引力偏弱、职业准入退出机制不健全、养老护理服务质量评价体系不完善等困难。

（一）队伍学历和技能水平偏低

学历方面，只有 6.0% 的受访对象拥有大专及以上学历，小学学历的占比 28.5%，未上过学的占比为 5.7%。学历上的不足，致使近一半的受访对象不会独立下载和使用手机应用软件，超过一半的受访对象不会用电脑或手机进行在线咨询、预约挂号。

技能方面，养老护理员职业技能等级可分为初级（包括老人生活照料证）、中级、高级、技师、高级技师5个等次。受访对象中761人拥有养老护理员职业技能证书，其中拥有初、中、高级证书的分别占62.2%、22.6%、14.8%，拥有技师证书、高级技师证书的分别有2人、1人。

（二）职业吸引力偏弱

工作累、收入低是养老护理员这一职业吸引力偏弱的主要原因。这致使养老护理员队伍流动性很强，引才留才难度很大。265名受访对象正在考虑转行，占比为22.1%。

工作累主要表现在工作时间长、工作任务重两方面。从工作时长看，只有4.7%的受访对象每周工作时长在40小时以内，每周工作40~49小时、50~59小时、60~69小时的分别占24.6%、22.5%、10.7%，每周工作70小时及以上的，占比达37.6%。从工作任务看，854名受访对象有固定照顾的老人，其中只有7.8%照顾1~3名老人，50.2%需要照顾4~7名老人，42.0%需要照顾8名及以上老人。

收入方面，只有27.0%的受访对象月收入超过5000元，收入为4000~5000元、3000~4000元的分别占28.9%、30.5%，收入低于3000元的占13.7%。按法定工作时间折算，受访对象平均月薪不足3000元。相比之下，居民服务业、住宿餐饮业、卫生社会工作等领域的"四上"非私营企业的平均月薪分别达到6934元、5026元、10129元，收入高出许多。

（三）职业准入退出机制不健全

养老护理员的服务对象是老年人，虽已取消"养老护理员"职业资格证书要求（2017年10月），但仍有必要实施岗前培训制度；工作一定年限后，再参加理论和技能考核来获取技能等级证书。实际上，26.1%的受访对象未经培训就直接上岗，6.2%的受访对象上岗后没有参加过任何培训。对此，一些管理者解释，单位每年都会组织多次培训，但有超过34%的养老护理员选择不参加或偶尔参加。大多数人是因为工作负担重没有时间参加；也有不少人认为没有规定必须参加培训，单位培训很难被认可为技能证书要求的正规培训。调研还发现，由于人手非常紧张，个别养老护理员虽然被多次投诉，但也只能通过换岗来搁置矛盾。

（四）养老护理服务质量评价体系还有待完善

已出台实施的《浙江省养老机构等级评定办法与细则》《宁波市居家养老服务机构等级划分与评定规范》等制度，侧重于养老护理机构的等级评价，指标上偏"硬"，对养老护理员服务质量还缺少系统细致的评价办法。因此，各区县（市）、各养老机构开展养老护理服务质量评价时，形式和标准不尽相同，部分主体间评价方法差异偏大。这已成为制约全市养老服务行业高质量发展的突出症结，也不利于市民选择中意的养老服务机构和护理员。

二、相关建议

把养老护理员队伍建设作为"十四五"时期全市加强技能人才队伍建设打造技能强市的重要任务来抓，坚持问题导向，明确责任分工，落实专项基金，协力提升引、育、用、留的管理服务水平，加快打造数量充足、素质过硬的养老护理员队伍，提升其获得感和幸福感。

（一）建立健全养老护理员培训制度

建立全市统一的培训管理平台。市养老服务指导中心牵头，搭建全市统一平台，建立健全培训制度，监督各养老机构按要求开展技能培训，组织好跨机构的联合培训。引入"学分银行"制度，全市养老护理员的培训情况纳入平台管理，将培训时长作为职业技能评定的主要依据。

强化养老护理员岗前培训制度。以区县（市）为单位，定期开展养老护理员岗前培训。将老年人的日常生活照护、急救与突发疾病处理、职业道德、相关法律法规等基本技能训练，职业素质教育，以及数字化养老护理产品应用纳入培训科目。没有获得职业技能证书或者没有完成岗前培训且未通过考核的，不允许从事养老护理工作。

健全养老护理员定期轮训制度。以区县（市）为单位，分层次开展养老护理员技能培训和考核。养老护理员每三年必须完成一轮培训和考核，未完成培训或考核未通过的，暂停其养老护理工作。

尽快实施养老护理员职业技能提升工程。全面开展针对现有养老护理员的技能轮训，力争符合工作年限要求的养老护理员职业技能等级都能"提一级"。

（二）大力发展养老护理职业教育

高水平建设"宁波老年照护与管理学院"。宁波老年照护与管理学院成立于

2014年，现已成为全市养老护理人才培养高地和首批职业技能等级认定点。"十四五"期间要进一步把"宁波老年照护与管理学院"打造成为宁波壮大养老护理队伍的"母体"，成为培养养老护理师资队伍、高素质技能型人才、优秀管理团队的一流平台，成为开展养老护理学历教育教学与实践的样板基地，成为认定养老护理员职业技能等级的权威机构。

扩大养老护理学历教育。支持本市职业本科、高职、中职等学校开设养老护理相关专业，对招生指标完成率、毕业生就业对口率、留甬率进行考核。

鼓励退休医护人员加入养老护理员队伍。积极推进医养结合，带动提升养老护理员职业技能。

（三）创新养老护理员职业激励政策

更好发挥市健康养老服务协会作用，建立健全养老护理员薪酬激励和权益保障制度。配合人力社保部门共同完善养老护理员工资指导价制度，努力构建在长三角地区更具吸引力的薪酬体系。配合宣传高校毕业生初次创办居家养老机构、居家养老机构服务人员特殊岗位津贴等补助政策，力争实现应享尽享。探索设立养老护理员权益保护中心，保障养老护理员的合法权益，帮助符合条件的养老护理员争取相关人才政策。

实施养老护理员形象提升工程。"十四五"期间定期组织养老护理员职业技能竞赛，选树优秀典型，加大宣传力度，在市级劳动模范等先进评选中予以一定的政策倾斜。各级人大代表、政协委员中应当有适当数量的养老护理员。

建立优秀养老护理员报考医卫系统编制人员的激励机制。在公开招聘医卫系统编制人员时，借鉴社区专职工作者、大学生村官报考事业单位的相关政策，对符合从业要求、从事养老护理工作满一定年限、考核称职及以上的养老护理员，给予一定的政策倾斜。

建立优秀养老护理员报考养老护理学历教育的激励机制。从事养老护理工作满一定年限、考核称职以上的养老护理员，可选择本地职业学校养老护理相关专业深造，给予入学加分和学费减免政策。获得高级及以上养老护理员资格证书的毕业生，可参照高级技工学校和技师学院毕业生要求，享受基础人才补贴政策。

王　巍　叶国英

宁波加快建设生育友好型城市的对策建议

人口问题是国之大者，宁波加快建设现代化滨海大都市也离不开高素质人口的有力支撑。实行计划生育以来，宁波生育水平持续走低。"十三五"时期受到二孩政策刺激曾短暂回暖，但总体下降趋势没有改变，2021年常住人口出生率降至6.7‰，低于全国平均水平0.82个千分点。必须从战略高度认识人口安全问题，把握三孩政策落地实施机遇，旗帜鲜明地建设生育友好型城市，创新推动"婚孕育教"全过程治理体系和治理能力现代化，更精准地释放生育潜能、践行优生优育，切实将人口生育率保持在合理水平，扎实打造"甬有善育"幸福民生品牌。

一、宁波人口生育基本情况

（一）人口出生率波动下降

2010—2021年，全市常住人口出生率中位数为9.4‰。最高值出现在2017年，达到10.0‰；2021年为6.7‰，较2010年下降2.6个千分点。

（二）育龄妇女数量小幅增长，占比下降明显

2020年"七普"时全市常住人口育龄妇女（15~49岁）、生育旺盛期妇女（20~34岁）人数分别为232.7万、101.2万，较2010年"六普"时分别增加1.7万、0.4万，占常住人口比重分别下降5.6个和2.5个百分点。

（三）初育年龄不断推迟

2020年户籍育龄妇女平均初育年龄达到29.08岁，较2015年延后1.35岁。

（四）二孩生育率快速拉高后又回落

受二孩政策影响，"十三五"时期出生人口二孩生育率呈现大波峰状态，

2017年全市户籍出生人口二孩生育率达到"十二五"时期以来峰值（44.43‰），较2015年提高12.83个千分点。之后逐年回落，2020年降至38.63‰，全省第10，仅高于舟山。金华（48.44‰）、台州（47.05‰）、衢州（46.97‰）、丽水（46.6‰）等城市二孩生育率仍保持45‰以上水平。

（五）育龄妇女总和生育率低位运行

与二孩生育率相匹配，2017年全市常住育龄妇女总和生育率也达到"十二五"时期以来峰值，之后快速回落，到2020年"七普"时已下降到1.0%，远低于全国水平（1.3%）。国际上通常认为，总和生育率1.5%左右是一条"高度敏感警戒线"。

二、宁波生育水平持续走低的主要症结

毕业年龄、综合成本、生殖健康、教育质量等硬条件和婚育观等软环境，都会对生育行为产生深刻影响。当前，要高度重视造成宁波生育水平持续走低的五方面"硬"症结。

（一）初婚年龄趋晚

2021年全市男女平均初婚年龄超过28岁，较2010年延后2.1岁。晚婚必然造成晚育，多胎难度大大提升；其中一部分还演变成为单身、丁克，削弱生育基础。2010年"六普"时30～49岁未婚男女占同年龄段总人数的2.6%，到2020年"七普"时已提高至6.7%，提高4.1个百分点。

（二）婚育成本压力加大

结婚的费用居高不下，市统计局相关调研显示，2021年全市农村青年平均结婚费用30.8万元，超过农村居民人均可支配收入的7倍。生育和养育环节，随着品质要求的不断提升，各项费用随之高企。就业环节，宽松的生育政策给女性职业发展带来更多负面影响，性别歧视问题回潮，育后再就业难、晋升机会减少等隐性成本进一步降低女性生育意愿。

（三）不孕不育率上升

生理疾病、环境污染、不健康生活习惯等多重因素造成不孕不育发生率持续上升，并呈年轻化趋势。据不完全统计，宁波不孕不育发生率已超过10%，即每10对夫妇中就有一对不孕不育患者。

（四）中心城区的幼托服务供不应求

市卫健委相关调查显示，当前宁波幼托服务需求主要集中在 2~3 岁幼儿，46.6% 的受访家长表示有需求。按全市 2~3 岁常住婴幼儿数量 7.6 万人计算，需要约 3.5 万个托位。宁波现有各类托位 2.6 万个，中心城区供不应求、远郊乡镇供大于求现象并存。

（五）新的生育激励政策还较难全面落地

目前，男方护理假、夫妻育儿假等休假成本需要用工企业全额承担。对此，一些企业不愿承担或打折落实，较大比例企业尚未按法定标准发放护理假、育儿假期间的奖金，相关投诉量居高不下。

三、对策建议

以生育友好型城市建设为统领，创新推动"婚孕育教"全过程治理体系和治理能力现代化，聚焦问题补短板，精准施策促攻坚，切实将人口生育率保持在合理水平。

（一）建立生育友好型城市的目标体系和推进机制

旗帜鲜明地建设生育友好型城市，科学设定人口长期均衡发展目标，厘清"婚孕育教"全过程中卫健、教育、民政、人社、发改、自规、财政等部门责任，持续加大要素投入，畅通政策衔接、创新工作抓手。

调整充实人口与计划生育领导小组，强化统筹协调，牵头建设"婚孕育教"全过程多跨场景应用，着力打通民政等部门省建系统数据卡点，健全成员单位的目标考核机制。

拓展多元共建路径，更好发挥工会、共青团、妇联等群团组织在促进人口发展、家庭建设、生育支持等方面的重要作用，强化计划生育协会的优生优育政策宣传、政企社沟通桥梁等职能，持续激发社会组织和广大群众的参与热情。

（二）加快补齐"婚孕育教"全过程治理短板

一是推广青年婚恋教育。在全市高等院校全面开设婚恋教育讲堂，因校制宜开设性教育课程，帮助青年男女培养正确的婚恋观、家庭观。

二是规范婚恋中介和婚庆服务。严肃处理不诚信婚恋中介行为，鼓励各级各类群团组织搭建公益性婚恋服务平台，选树一批"红娘工作室""红娘志愿者"典型。深入推进婚俗改革，积极推广简约集体婚礼等。

三是实施婚前检查教育全面覆盖、婚检愿检尽检，探索实施婚检承诺制。大力推广婚检，将不孕不育等检查项目纳入免费清单。申请结婚登记的男女必须接受婚检教育，必须承诺"已知晓婚检的重要意义、检查项目和服务医院"。对婚检和孕前优生健康检查中发现的问题，及时提供医疗服务指导，持续跟踪调查。

四是切实解决孕育生理性难题。科学发展不孕不育专科门诊和心理咨询服务，规范不孕不育病因初筛临床流程，将生殖医学纳入"医学高峰"计划。做大做强市妇儿医院国家孕产期保健特色专科、创建国家新生儿保健特色专科。

五是率先建立女性劳动纠纷快援、快调、快认机制。加大服务购买，健全人社、妇联、法院、工会和律师机构的五方协作机制，切实保障女性就业合法权益。

六是大力发展社区和产业园区嵌入式幼儿托管点。厘清卫健和教育部门在婴幼儿照护服务设施规划、建设、管理上的权责。加快扩大中心城区幼儿园开设托班覆盖面；引入专业机构在社区（园区）设立嵌入式幼儿托管点，降低设立成本。每千人托位数力争五年翻番。

七是持续扩大优质教育资源供给，加快推进以"扩大供给、管理需求"为导向的教育资源配置改革。结合人口规划和发展趋势，及时调整幼儿园和义务教育段学校布局，加快提升中心镇学校的教学质量。

（三）创新生育激励政策，狠抓政策落实

一是监督企业落实男方护理假、夫妻育儿假制度。依法依规处理相关投诉，保护职工合法权益。企业经营确实因此出现困难的，给予"一企一策"帮扶。鼓励各区县（市）聚焦重点发展行业、关键企业出台实施递减式财政补贴政策。

二是探索实施"生育友好"企业认证制度。加快研究制定认定标准，配套增信、减税、降费等激励政策，选择若干大企业推进试点示范，引导更多企业为孕妇和新生儿父母创造更为包容、更为关爱的工作环境。

三是滚动实施新妈妈职业培训计划。对因生育原因中断就业的女性，免费提供再就业技能培训和政策讲解服务，也借此促进新生儿母亲们互相扶持、互相鼓励。

四是加大二孩三孩妈妈的荣誉型激励。例如，三孩母亲终身免费乘坐公共交通；义务教育段最大程度支持"二孩一校""三孩一校"；二孩三孩家庭首次购房，契税降档征收；二孩三孩家庭首次购车，车辆购置税打折征收；等等。

五是探索更多生育保障政策。例如，降低优生检查医疗费用；有未成年子女的常住人口家庭优先配租公租房，二孩三孩同住家庭加面积不加租金；适时推出家庭育儿津贴政策；等等。

傅叶挺　孙　巍

宁波海洋渔业安全生产的难点与堵点

海洋渔业是宁波的海洋传统优势产业，也是重要的民生产业。全市现有海洋渔船4410余艘，2020年海洋渔业及水产品加工产值159亿元，有3处国家级海洋保护区和1处国家级水产种质资源保护区。另外，由于海洋渔业生产点多面广、受海洋自然环境因素影响较大、不确定隐患较多、安全可控性相对较弱，尽管形势总体平稳可控，但安全险情事故多发，渔业安全生产形势依然严峻，2020年发生商渔船碰撞事故6起、沉船事故15起。要高度重视海上生产作业环境、从业人员素质、监管机制、监管力量、科技支撑、应急管理等方面的新情况新问题，抓重点、补短板、强弱项，加快推进渔业安全治理体系和治理能力现代化。

一、海洋渔业安全生产面临六方面难点堵点

整体上看，宁波"第三方排查+执法检查"的隐患整改机制和海上"一打三整治"、中国渔政"亮剑"、渔船安全专项整治等行动有力打击了各类安全违法违规行为，拱卫海洋渔业安全生产形势总体稳定。尽管如此，海洋渔业生产安全风险仍不容忽视，六方面难点堵点日益突出，亟待重视。

一是海上生产作业环境日益复杂。渔船出海、回港为东西方向，而过往商船往往是南北航向，形成交叉局面。目前，日均约7000艘次的作业渔船与4000艘次的商船在宁波海上交会，较2018年增长近10%，"船多海小"致使商渔船碰撞概率不断加大。加上经常有长江内河运输船在海上成群结队从事非法运砂，以及海上大风、大浪、大雾等恶劣天气和恶劣海况多发频发，进一步增加了碰撞风险。

二是渔业船员职业素质整体偏低。宁波渔业船员中约73%为内地籍，对海上作业环境不够熟悉和适应，遇险时的自救、互救能力相对较弱。不仅如此，

不少船员虽然持有船员证书，但只是参加了基本技能培训，不熟悉操作规程，缺乏实战经验，遇到突发情况很容易发生安全事故。近年来，绝大部分渔船触礁、碰撞事故是操作不当、瞭望疏忽等人为因素导致的。

三是监管机制不够健全。第一，跨部门协同尚不到位。特别是牵头渔业安全生产管理的农业农村（渔业）行政主管部门，与主管渔船检验的交通运输管理部门、主管海上搜救的海事部门之间，还欠缺高效衔接协调，容易出现监管真空。第二，监管部门缺乏常态化的有力抓手，以督促船东船长落实安全生产主体责任。船东船长重效益、轻安全心态还普遍存在；安全设施不齐、职务船员不全、人证不符、证业不符、违章作业未及时整改到位等现象还较多；海洋渔船纳入公司化管理的改革需要进一步深化，成效还有待进一步提升。

四是监管力量薄弱。人员不足、装备不全等问题已经非常突出。人员方面，各区县（市）渔业产业和安全监管责任科室十几个人甚至几个人需要承担安全监管、船员培训、渔港建设监管、资源养护、水产养殖、水产品质量等全口径涉渔监管职能，任务重、人手少，监管疏漏在所难免。以石浦港为例，日均进出渔船约560艘，船舶进出港报告管理制度难以全面落实，未报告出港、报告信息不全或不实等问题时有发生，包括一些有安全隐患的船只。装备方面，各区县（市）普遍没有达到农业农村部《渔业执法装备配备指导标准》要求，制约执法监管能力提升。目前，全市仅有4艘300吨级以上的执法船艇，慈溪甚至没有配备渔政执法船艇。

五是科技支撑存在短板。近年来，宁波开展了海洋渔船通导与安全装备项目建设，全市所有渔船安装了渔船定位和新型AIS设备，船长24米以上渔船安装了视频监控系统和北斗终端设备。通过渔船通导和安全设备信号回传，对渔船船位和态势进行实时监控，在渔船动态监控、船舶碰撞防范、海上应急处置等方面发挥了积极作用。相比之下，海陆一体化无线宽带通信系统、海上安全生产预警系统等建设进度还相对滞后，制约了"听得到、呼得到、看得到、指挥得到、救援得到"的智能监管场景的整体实现，亟待加快补齐。

六是应急救援机制有待创新。宁波海上渔船事故搜救行动大多由政府部门、专业团队、社会力量协同完成，社会力量参与行动占年事故险情总数的80%以上。目前，尚存在两大难题。第一，多重力量的救援协同不够。特别是海事、渔业、交通、海警等海上搜救中心成员单位之间缺少常态化的应急演练，必然造成实战中协调配合不够，不能充分发挥各自优势，制约救援效率提升。第二，社会力量参与的激励与保障尚不到位。参与搜救行动会影响商船、渔船的正常生产经营活动，并造成额外开支和财产风险。目前尚未出台相关奖励或补偿政策，长此以往，会不断抑制社会力量参与救援的积极性。

二、加快完善破解"难点堵点"的长效机制

海洋渔业安全事关渔民群众的生命财产安全，事关渔区的和谐稳定，事关广大市民的"菜篮子"质量。要充分认识渔业安全的重要性、艰巨性和紧迫性，认真吸取以往沉船事故的沉痛教训，扎实推进涉渔领域"遏重大"攻坚行动，牢牢守住渔业安全红线。要坚持问题导向，强化源头治理，加快完善破解"难点堵点"的长效机制，有力支撑海洋渔业成为更高水平的特色产业、优势产业和幸福产业。

一是建立健全渔业安全生产责任链。深化改革，健全"市、县级渔业主管部门—乡镇—基层渔船管理组织—编组船队—渔船"的渔业安全生产责任链，逐级压实责任，创新管理服务机制。（1）做实涉海涉渔安全专业委员会、海上安全综合执法指挥部。负责指导开展渔业、海事、港航、海警等多部门协同的海上安全联合执法行动；联合整治安全生产违法违规和失职渎职行为；对号灯号型安装使用不规范、编组生产制度不落实、超抗风力航行作业、擅自拆卸通导设备等行为，强化行刑衔接。（2）加快推进基层渔船管理组织规范化建设，压实渔业管理服务公司的安全生产管理责任。加快落实国家、省、市相关文件要求，整合强化基层渔船管理组织，配足配强专职工作人员和装备、经费保障，增加证书代办、入渔安排、相关惠渔政策组织实施等管理权限；深化公司化改革，建立健全公司化运营管理制度，规范渔船管理服务行为。签订责任状，严格执行进出港报告制度、通信联络制度，特别是夜间安全管理制度，执行渔船动态点验、落实编组生产、海事渔事纠纷调处等协管责任，落实临水作业穿着救生衣、北斗非正常下线核查、渔船穿越商船航路提醒等制度。（3）强化船东船长的安全监督机制。全面推行渔船安全员制度，10人以上渔船设立1~2名安全员岗位，协同执行并监督落实渔船安全生产制度。

二是做实做好渔业数字化赋能。把握全省数字化改革契机，全面推动数字化治理在渔业领域的应用，以精密智控提升治理效能、缓解资源瓶颈。（1）全面推广象山"智慧渔港"管理平台。完善渔港监控，拓展场景应用，利用数字化预警、助航等手段，自动研判渔船及人员信息，实现对船证不符、人证不符、

证业不符、渔船不适航等情况的全天候智能监测、自动预警。（2）加快推进渔船精密智控工程。高水平建设"一库三网一平台"（渔业综合数据库、卫星宽带通信网、海上安全生产预警网、沿岸智慧渔港网和渔船安全精密智控平台），因地制宜拓展新功能，有力支撑智慧决策、智慧管控和智慧服务。（3）不断补齐渔业信息化工作短板。当前着力更新小型渔船定位系统和插卡式 AIS 设备，提升宽带入海工程建设水平。

三是全面推进"四位一体"教育培训。市县联动，通过教育、培训、演练等举措扎实提升海洋渔业各主体的技能水平，做实警钟长鸣。（1）强化针对船东船长和职务船员的警示教育。以"面对面"的形式，全面开展以案示警、以案说法的警示教育。（2）强化针对船员的技能培训。创新"线上理论＋线下实操"相结合的培训模式，尽快实现船员持证率 100%。对职务船员实行"学分制＋评估考核＋见习试用期"，进一步强化实操技能和应急处置能力培训。（3）强化针对船只的应急演练。定期组织开展以碰撞、触礁、火灾、救生等应急处置为内容的单船应急演练。（4）强化针对基层的管理技能培训。以基层渔业监管执法、乡镇渔办、渔船管理组织为主要对象，常态化开展隐患排查、安全检查、动态监控、信息报送、应急处置等专业培训。

四是创新应急救援机制。健全政府部门、专业团队、社会力量相互支持、通力协作、可持续发展的应急救援机制。（1）严格落实 24 小时值班值守制度。配足值班力量，压实值守责任，强化渔船动态监管。（2）建立健全专业救援力量的协同机制。深入推进海事、渔业、交通、海警和民间专业救助队伍的信息互通、资源共享、救援协同、共训共练，快速提升应急救援的专业化水平。（3）健全专业救援力量与民间救援力量的协同机制。定期开展渔业安全技能比武和应急演练活动，提升渔民的安全意识、安全生产技能和自救互救能力。（4）建立民间救援激励机制。支持涉渔乡镇建设民间救援队，选树先进典型。对社会力量参与搜救行动造成额外开支和财产损失的，给予合理补偿。

冯　路　周雅静

新时代机关党建数字化发展的思考

随着5G时代的到来，互联网技术日渐成熟，开展机关党建工作的场景将更加丰富多元。机关党建数字化是指移动互联网、云计算、大数据等数字化技术在党建工作中的运用，党建数字化将改变机关党建工作组织内部的运行方式，改变党务工作者的工作方法，改变党建工作的大环境，将使党建信息更权威、数据更丰富、功能更强大、覆盖更广泛、服务更多元，从而形成机关党建"共融、共建、共治、共享"的新格局。

一、机关党建数字化的内涵及意义

长期以来，传统机关党建工作模式存在许多琐碎繁复的流程和环节，造成党建工作繁重、组织管理分散、管理重点不突出、服务效率低下等问题，尤其在党员教育管理工作、党员考评工作、主题活动开展、党费交纳等方面，常常会出现缺乏数据支持的问题；机关党建数字化发展则是"互联网+党建"的新阶段，是机关党建工作网络化、智能化的新形态，更加强调大数据、云计算等技术应用，达到统筹布局、精准施策的目的，从而实现机关党建管理和服务更加精确化、个性化和智能化。

1. 机关党建数字化有利于信息数据在线化。机关党建数字化发展过程中，通过数据平台建设，把传统党建工作转化为数据模型，提供在线查询、管理。信息数据的在线化，既方便对机关党建数据进行深度的大数据分析，也打破了传统的空间和时间限制，方便党员的考核工作，使机关党建工作保持永远在线。

2. 机关党建数字化有利于信息资源协同化。机关党建数字化发展过程中，通过网络把原本分散在基层组织和各部门的资源统筹优化起来，把党建网站、微信微博、终端App等整合起来，实现数据的共建共享，达到数据多"跑路"、党员少跑腿的目的，能够有效发挥基层党建工作的整体优势。

3. 机关党建数字化有利于基层服务精准化。机关党建数字化发展过程中，通过智能终端和大数据平台能够及时准确掌握党员的信息需求，科学智能分析党员的学习现状，提升党组织决策的精准性，实现精细化管理和个性化服务。

二、机关党建数字化的特质及作用

机关党建数字化将互联网、大数据、人工智能等现代化数字技术与机关党建完美结合起来，以数字化手段提升党建工作水平，探索全新数字化机关党建模式。

1. 机关党建数字化赋能党员教育管理。运用互联网强大的数据优势，选择最好的党课资源为我所用，弥补思政人才缺乏的短板，运用数字化、互动式、体验式的现代化教学模式，架起学习新思想的数字网络，切实强化党员思想政治建设。

2. 机关党建数字化赋能党建阵地创新。通过线上数字党建阵地的打造，积极推进机关数字党群服务中心、数字党建档案馆等数字场馆打造，拓展党建阵地新领域。打造红色地图、推广红色资源、发展红色文化、培育线上红色教育展示平台，通过云计算、大数据等技术，从点到线、从线到面将红色资源进行有效整合。

3. 机关党建数字化提升组织管理效率。通过党组织信息管理、党务工作管理和综合积分管理等功能建设，形成以积分制为核心、分层分级、一体化贯通的党建管理新模式，用科学的数据分析代替以往的直觉判断，实现了对机关基层党组织和党员干部的精准管理。同时，将机关党组织主题党日、党支部"三会一课"、党员干部谈心谈话、群团活动等全部纳入平台管理，实现"电子留痕"、全周期管理、全过程联动，对机关基层党组织运行情况实时感知，解决机关党建工作看不见、摸不着的问题。

4. 机关党建数字化压实党建主体责任。机关数字党建系统可以是"紧箍咒""考核单"，也可以是"流程表""任务书"，机关基层党组织党建工作有了抓手，抓党建的意识和能力也可以显著增强。机关工委通过制定明确的党建考核指标体系，将党建工作集中考核指标细化，并全部配置到数字党建系统中，利用信息化手段自动抓取相关数据信息，作为对机关基层党组织和党员干部考核的重要依据。同时，利用数字党建系统进一步优化基层党组织管理架构，对书记、委员、党务干部等不同岗位决策合理赋权，明确职责要求，提高管理效率，利用信息化手段督促党建主体落实责任，并对落实情况进行全程把控。

三、机关党建数字化的构想

紧扣基层党组织党建工作的新时代特点和党员思想行为新特征，积极探索数字化条件下开展党建工作的新载体新路径，建设运行数字党建平台，形成"1个系统、3个终端、N个场景"的"1+3+N"党建数字化建设模式，有效破解党建工作中的难点痛点，显著提升党建工作的质量。

1个系统，即机关数字党建系统，是数字党建的主平台和党建大数据中心。该系统包含党建宣传、党员教育、组织管理、党建服务、数据资源、移动党务App等功能，全天候不间断运行。系统通过大数据技术，实时采集汇聚机关基层党组织的党建工作数据资源，如党组织和党员信息、党务台账、党建课程、党建知识、党建政策资讯等。同时，利用党务管理、学习教育管理、考核管理等模块，进一步加强对机关基层各级党组织和党员干部的教育、管理和考核，为党建工作提供实时、精准、有效的数据支撑和信息技术保障，实现机关党建工作的数字化、标准化、流程化，达到可评价、可推广、可管理的目标。

3个终端，即办公OA终端、手机移动终端、机关公共多媒体终端。数字党建系统通过办公OA终端，实现党建工作数据接入办公内网，将党建管理与在线办公高效协同，党组织建设、党员教育管理的信息均在内网OA终端上运行，并通过保密测评，确保各类数据信息安全。同时，依托手机移动终端，开发网上党校、党建宣传、手机缴费、活动签到等功能，实现机关基层党组织党员干部全覆盖，并与办公OA终端进行数据同步，构建党组织和党员积分体系。此外，在机关各办公区楼宇、大厅设置多媒体终端，打造"党建屏"，实现宣传教育内容和服务信息轮播推送，营造"党建大课堂"的良好氛围。

N个场景，即通过"数字党建+"，发挥数字党建系统基础性平台的作用。"数字党建+党建空间"，通过建设网上党校、学习书院等多功能党建学习场所，实现线上定制课程、线下签到学习、系统积分考核的学习闭环，将学习教育和党建宣传融入碎片化空间，丰富党建空间的内容效果。"数字党建+专题"，开设各类专题活动，组织各类专题在线知识测试，增强党员的党性意识，更好地提升党员教育的成效。"数字党建+管理"，通过数字党建系统积累党建数据和党员信息，开展对党员精准画像，为选人用人、考核激励等研判决策提供支撑，更好地做到"知事识人"。

四、机关党建数字化的几点思考

1. 机关党建数字化要突出数据思维，注重党建的精准性。数字时代，数字技术上升到生产力的中心位置，大数据变成了新的生产要素。机关党建工作应通过数字技术获取党建大数据，通过大数据的运用精准把握基层党组织和党员的状况，实现定量分析、精准定位、施策有据。

2. 机关党建数字化要突出平台思维，注重信息的连接性。数字化时代改变了工业时代的点性思维和线性思维，形成了一个互联互通互动的网状社会，可以把过去未发生关系的党建信息全部打通，实现无线连接、实时在线，把中心化的组织优势与自组织的扁平结构特点结合起来。

3. 机关党建数字化要突出用户思维，注重党员的主体性。党员是基层党组织的细胞，是党建工作的主体。数字时代要求做到根据不同群体、年龄、文化程度的党员需求和习惯来开展党建工作，突出党员个性化选择和定制化需求，解决好过去"上下一般粗、老少一个腔、长久一个样"的问题。

4. 机关党建数字化要突出赋能思维，注重组织方式的重构性。工业化时代，组织中层级关系明显，组织的功能在于自上而下的管控。数字时代，一切都在快速变化，不确定性增加，组织无法进行细致和严密的督导，应从过去的组织管控转到组织赋能，为党员赋予能量、赋予能力、赋予机会。坚持内容为王，对党建工作来说，内容创新、形式创新、手段创新都重要，但内容创新是根本的。只有为用户持续提供优质内容，才能不断增强用户黏性，最大限度激发各级党组织的效能，提高党建工作的科学化、信息化、智能化水平。

5. 机关党建数字化要突出创新思维，注重问题的导向性。要顺应互联网发展大势，勇于创新、勇于变革，利用互联网特点和优势，推进理念、内容、手段、体制机制等全方位创新，努力实现机关党建工作创新发展。互联网党建的巨大优势，是打破了时间空间的限制，降低了人力物力的损耗，为解决传统机关党建的重点难点热点问题提供了可能。

鲍盛基

提升城市基层党组织组织力的路径探索

党的十九大报告指出：要以提升组织力为重点，突出政治功能，把企业、农村、机关、学校、科研院所、街道社区、社会组织等基层党组织建设成为宣传党的主张、贯彻党的决定、领导基层治理、团结动员群众、推动改革发展的坚强战斗堡垒。面对提升基层党组织组织力这一重大课题，面对城市基层党建面临的新形势、新情况、新变化，多地的实践探索证明，区域化党建是有效路径之一。本研究以宁波鄞州区首南街道为案例，提炼剖析基层在开展区域化党建中的常见做法以及有待破解的突出难题，并结合各地实践经验，尝试给出区域化党建提升优化的思路要点。

一、基层党组织组织力的相关内涵

目前中央文件尚没有关于基层党组织组织力的详尽解释，但已有不少党建专家从多个维度进行了理论探讨，一般认为党组织的组织力主要分为政治领导力、组织覆盖力、群众凝聚力、发展推动力、自我革新力五个方面。

政治领导力，是指基层党组织能正确把握并准确实践党的政治路线、政治方针、政治方向，带动辖区内的非公企业、社会组织以及其他党外力量处于党的政治领导之下。

组织覆盖力，是指党的组织体系和管理架构能覆盖到基层社会各领域各层级的党员，并能对其形成有效管理、有效动员、有效教育。

群众凝聚力，是指基层党组织能通过自身的组织、宣传、服务，将群众团结凝聚在党组织周围，引导群众听党话、跟党走。

发展推动力，是指基层党组织能紧紧围绕发展这个第一要务，调动各方主体、各方资源，共同推动区域经济建设、社会建设、文化建设、生态文明建设等各项事业向前发展。

自我革新力，是指基层党组织能正视自我存在的突出问题，并以改革的精神、创新的手段实现自我净化、自我完善、自我提高。

落实到具体工作中，基层党组织组织力提升的目标，就是对辖区党组织的政治领导有效巩固，对辖区内在册党员的组织管理全面覆盖，对基层群众吸引力、号召力显著增强，辖区内各项工作稳步推进，党组织及其成员的自我完善、自我发展能力不断进步。

二、开展区域化党建是提升城市基层党组织组织力的重要路径

当前，城市工作日益成为党和国家各项工作中的核心任务，城市基层党组织作为党在城市中开展工作的重要抓手和组织基础，提升其组织力、战斗力意义重大。但随着城镇化的快速推进，城市基层情况日益复杂，在内外多重因素的叠加影响下，基层党组织组织力的提升面临各种障碍。因此，在历经多地的探索实践之后，开展区域化党建、推进辖区党组织共建共治成为一个可行选项，同时也是一条有效路径。

一是形势有需要。一方面，需要解决"两新"组织党员"离散化"现象。随着市场经济改革的逐步推向深入，城市中新经济组织、新社会组织不断兴起，吸纳了大量就业群体，也有部分青年党员处于自由职业、半就业状态，受党员意识不强、缺乏党组织管理等主客观因素影响，不少党员"离散"于组织之外，成为不亮明身份、不缴纳党费、不参加组织生活的"三不"党员。另一方面，需要打破驻地单位"孤立化"状态。城市基层街道、社区范围存在众多行政机关、事业单位、国有企业，在计划经济时代可以独门独户、自我管理，"躲进小楼成一统"，但在当今时代，基层社区有交通管理、环境卫生、基础设施建设、拆迁安置等种种事务要与相关单位协调沟通，由于驻地单位与所在社区的行政级别往往相差甚远，如何进行沟通协调成为一大难题，而逐事逐项都报请上级部门则费时费力，因此，基层社区与驻地单位亟待建立完善可行的协调机制。

二是基层有实践。由于基层党组织行政级别低、专职党工少，一方面，在管理城市社区的在册党员时，往往面临组织资源有限、活动形式陈旧等问题，亟待外部有生力量的注入；另一方面，面对人数众多的"离散"党员、"位高权重"的驻地单位更是势单力薄，难以依靠自身力量实现有效的政治领导和组织协调，要求变革的呼声强烈。

因此，部分地区开展了区域化党建的尝试，北京西城区试点"街乡吹哨、

部门报到",上海推出黄浦江两岸"滨江党建",广州打造国际金融中心党委"西塔模式",力图破除行政壁垒、地域壁垒、身份壁垒,将传统的条条分离、条块分割的党建管理方式,逐步转变为区街统合、条块结合,由街道、社区等基层党组织牵头,带领辖区内的"两新"组织完善党组织系统,以党建共建形式与行政机关、国有企业、大专院校等驻地单位建立长期协作关系,各方合力共同参与区域治理。宁波也是较早启动城市区域化党建探索的城市,2008年海曙区成立天一商圈综合党委,管理商圈内的"两新"组织党员;2009年北仑区在大港工业城设立工业社区,开启产业园区的区域化党建探索,在政治领导、组织覆盖、凝聚群众、推进发展等方面均取得较好成效。

三是上级有部署。鉴于多地积极探索区域化党建取得良好成效,中央相关部门也要求各地结合自身实际,对相关经验做法予以推广。2017年7月召开的全国城市基层党建工作经验交流座谈会、2019年中办下发的《关于加强和改进城市基层党的建设工作的意见》均明确提出,要增强城市基层党建整体效应。宁波市委、市政府于2018年出台《关于全面加强新时代城市基层党建工作的意见》,要求"以提升组织力为重点","推动区域党建整体融合","加强区域、单位、行业党建互联互动",为宁波走在高质量发展前列提供坚强的组织保证。

三、宁波鄞州区首南街道开展区域化党建的实践与探索

首南街道位于鄞州中心城区南部,面积23平方千米,管理常住人口约为16万,其中高教园区师生与社区居民(户籍人口与外来人口)各半,是鄞州区快速推进城市化的主要区域。由于特殊的地理区位和发展历程,首南街道呈现"高、大、全"三个特点:驻地单位级别高,有高校、驻军单位及区级机关;社区层次跨度大,居民需求比较多元;产业形态覆盖全,第一、第二、第三产业均有。正因为首南街道呈现的这三个特点,一方面让其区域化党建的经验模式具有相当高的可推广性、可借鉴性,另一方面又使其面临的问题困难具有很强的典型性、代表性,有助于我们"解剖麻雀"、以小见大。

(一)首南街道开展区域化党建的模式及成效

近年来,首南街道根据上级要求和自身区域特点,扎实推进新时代城市基层党建工作,着力构建以街道党工委为核心、社区党组织为基础、辖区单位党组织共同参与的区域化党建新格局,针对辖区内高教园区、商务楼宇、大型商

圈，形成三个党建联盟。

一是针对高校组建"高校党建联盟"。在组织体系方面，由街道党工委牵头，南高教园区浙大宁波理工学院、宁波诺丁汉大学、浙江万里学院等高校党组织联合成立"高校党建联盟"，完善联盟章程和议事规则。在政治教育方面，开设"首南红色党校—初心党课"，由高校教师和基层社区党组织书记给基层党员和高校学生互上党课。在服务社区方面，由各高校根据自身特点，组建银巢养老、健康家园等志愿者组织，为居民提供助老、健康咨询等服务；组建专业设计团队，聘任浙大宁波理工学院设计学院资深教授担任12个社区的"共享顾问"，并将此项工作纳入大学生教程规划。在服务学生方面，由社区牵头打造创业互助点，发动创业园区的海归创业者给高校学生开展职业生涯规划以及海外留学方面的相关辅导。

二是针对商务楼宇组建"楼宇党建联盟"。在组织体系方面，由日丽社区党支部牵头，联合鄞州商会大厦、广博国贸大厦等商务楼宇"两新"党组织，以及驻地区级机关党支部，建立区域党群联盟理事会，并明确各支部工作职责；在党员管理方面，联合编制《红清单工作手册》，建立党员日常行为积分考核制度，"两新"组织党员参照社区支部党员进行管理；在服务企业方面，以提升互联网企业党建工作为着力点和突破口，在微电子产业园建设楼宇党建服务平台，对重点互联网企业探索党建特色提供指导；在服务企业员工方面，导入多个公益团队，打造"白领之家"特色公益服务平台，为楼宇白领提供讲座培训、相亲交友、文体活动等服务，满足其个人发展、人际交往、休闲娱乐等多种需求；在服务社区方面，由楼宇党支部带领自愿参加的白领组建公益团队，利用午间半小时为社区居民提供多种公益志愿服务。

三是针对银泰城商圈组建"商圈党建联盟"。在组织体系方面，由街道党工委出面，将商圈所在锦悦湾社区与环球银泰城、罗蒙乐园、希尔顿酒店等大型商业实体及其商户整合为"社区+商圈+物业+商户"的"商圈党建联盟"，并建立联席会议制度、走访制度等；在推进发展方面，每季度召开党建联席会议，商讨商圈发展的重点难点问题，如文明城市创建、安全生产检查、环境卫生整治等，引导商圈形成文明经商的良好氛围；在服务社区方面，组建志愿者联盟，由商家根据自身特色每周为社区居民提供2小时志愿服务。

除构建三大党建联盟之外，首南街道还积极推进街道党群服务中心等平台阵地建设，有机联结沿线各种类型的党组织，共建学士路"红色党建示范带"，聘任数位市区机关干部代表作为基层"党建工作指导员",充分发挥街道干部、社区党员、物业公司、业委会等多元主体作用,不断完善基层党建整体格局。

通过一系列的区域化党建行动,首南街道基层党组织的组织力得到显著提升。政治领导力方面,街道党工委对辖区内非公组织的政治领导能力得到强化,在区域党建中的核心地位获得认可。组织覆盖力方面,相关驻区单位的领导或中层加入街道党工委、社区党组织成为兼职委员,"两新"组织的在册党员、流动党员基本被纳入属地管理范畴,实现组织管理的横向到边、纵向到底。群众凝聚力方面,通过组织不同主体间开展优势互补、资源互通、情感互动的党建、群建以及志愿服务活动,企业员工、社区居民、高校师生均不同程度地从中受益,增强了党组织的认可度、向心力。发展推动力方面,安全生产、市容环境整治、垃圾分类、弱势群体帮扶、社区公共空间治理等基层管理中的一些难点热点问题得到显著改善。自我革新力方面,基层社区党组织书记的政治领导、组织协调、群众工作等各项能力均得到锻炼,基层党务工作者业务知识不断巩固、经验阅历极大丰富,基层党组织的各项规章制度和运行机制得到优化完善。

(二)首南街道开展区域化党建的三条经验

在首南街道开展区域化党建的过程中,可以总结提炼出三条主要经验。

一是注重各方资源的整合。积极发挥区域化党建的优势,打破高校、企业、社区等不同主体间的壁垒,构建各方资源充分流动、充分共享的渠道,在能力与需求之间实现优化匹配。例如,发挥高校设计学院师生的设计能力,助力社区打造"共享空间";发挥商圈美发店的职业技能,义务为社区老人理发;聘任社区优秀创业代表为高校学生提供职业指导等,让各类资源流起来、活起来、动起来。

二是注重各类方法的综合。基层党建工作的对象,类型多样、层次不一,要根据对象不同采用不同的工作方法。针对辖区高校级别高、协调难的特点,街道以项目制的形式,通过开展具体项目的形式联系带动相关二级学院师生参与;针对楼宇企业多、党员基数大的特点,社区推动清单制、积分制,加强楼宇党员考核管理;针对商圈商铺的经营特点,举办职工技能争霸赛,既扩大商圈影响,又提升员工技能。

三是注重各项工作的融合。开展区域化党建不能仅仅就党建论党建,这是一项整体工程、系统工程,需要以党建为抓手,撬动其他经济社会工作的协同推进。首南街道在制定"三大党建联盟"工作计划中,全面融入楼宇管理、社区治理、青年群体服务、文明城市创建等街社各项重点工作，破除传统党建、业务"两张皮"的弊端。

（三）首南街道推进区域化党建面临的主要困难

调研发现，首南街道在开展区域化党建过程中，也面临一些亟待克服的困难。

从工作对象角度来讲，主要存在两个"不足"。一是驻地行政单位参与度不足。首南街道是鄞州区委、区政府所在地，行政资源丰富，但目前相关行政单位参与度不高，仅有个别部门以职能部门而非驻地单位的名义参与助企活动，尚未像驻地高校与街道社区那样，建立常态化、制度性的党建协调机制，其根源在于一系列关于城市基层党建工作的文件精神和政策要求尚未落实到位，对机关单位参与区域化党建未形成制度硬约束。二是企业出资人（负责人）积极性不足。目前街道社区组织开展的活动以面向企业员工为主，侧重"有意思""有意义"，而企业业主、商铺经营者等更看重"有利益"，他们关心的是参与党建活动能否促进企业发展、增加经济效益。

从基层自身角度来讲，主要是两个"有限"。一是政策资源有限。街道、社区的职责以开展社会治理、服务社区居民为主，各项惠企帮扶政策主要出自市级、区级机关，街道和社区相关工作人员一方面对相关专业领域的各项政策熟悉度不如对口职能部门，另一方面也缺乏直接途径向企业落实政策。二是组织资源有限。目前在街道层面负责党建条线的仅有副书记、组织委员、组织干事3人，协调街道内外各个主体、推进党建联盟各项工作人手紧张，在社区层面仅有社区党组织书记及6~8名社工，其中专职党务工作者1名；且由于待遇问题，社工流动性较大，难以建立起一支心态稳、业务能力强的基层党建队伍。

（四）进一步推进首南街道区域化党建的对策建议

针对首南街道区域化党建过程中存在的行政单位参与度不足、企业出资人积极性不足、政策资源有限、组织资源有限等问题，需采取针对性举措予以解决。

一是以制度约束提升驻地行政单位的参与度。上级党组织要进一步明确街道党工委在区域党建工作中的核心领导地位，健全街道"大工委"运行机制，确保落实街道与驻区单位双向考核激励、双向评价干部的政策要求。探索区级领导担任街道党建联席会议召集人。

二是以方式创新提升企业出资人的积极性。找准党建工作与企业发展、员工成长和社会效益的结合点，如协调职能部门为楼宇企业提供政策帮扶，依托商圈场地资源开展区域化、规模化的党建群建活动，借势推升商圈知名度、扩大客流量，在立足"有意义""有意思"的同时让企业更多感受到"有利益"。

三是以部门职能下沉强化基层政策资源。借鉴北仑区在大港、灵峰等工业社区组建锋领企服联盟、锋领企服队的经验做法，将职能部门资源直接下沉至街道、社区，协助基层解决企业实际困难。

四是以组织体系建设强化基层党建队伍。在街道层面，尽快组建党建办公室，配齐人员队伍。在社区层面，进一步提高书记及社工收入水平，完善级别及薪酬晋升机制，加强技能培训，提升社工一专多能的本领。借用外部力量，以党建项目孵化、培育、壮大更多的社会组织和志愿者队伍。

四、进一步做好区域化党建的思考

结合首南街道的案例经验，以及市内外先行地区的有益探索，可总结出做好城市基层区域化党建有以下三个关键。

上下同心是前提。区域化党建关系到地区工作的方方面面，单凭基层党组织难以实质推动，必须上级发令、基层用命、上下同心，才能攻坚克难、以一驭万，以党建为支点开创地区发展的大场面。因此，上级党组织要当好"总政治部""总后勤部"，一方面要加强政治领导、完善制度设计、强化执行力度，给基层党组织"站台撑腰"，另一方面要做好后勤服务，推动资源向基层倾斜，充分保障基层开展工作所需的政治资源、组织资源、要素资源；街道党工委要当好"前线指挥部"，积极发挥主观能动性，全面认识自身在区域党建中的领导核心地位，统筹调配好各方资源，科学规划好方向路径；社区党组织要发挥战斗堡垒作用，贯彻好上级意图、组织好基层党员、团结好社区群众、联结好辖区单位，不畏艰难、冲锋在前，成为战斗在一线的"尖刀连队"、模范支部。

共建共享是动力。区域化党建牵涉机关事业单位、国有企业、"两新"组织、社区居民等城市的众多主体，各方体制不同、能量不同、诉求不同，对区域化党建的立场看法也不同，要想让区域党建新模式走得好、走得稳、走得远，必须充分激发各方主体自身的动力，以共建为手段，以共享为目标，着力挖掘特色优势，不断满足核心需求，让非公企业、社会组织、在职在册党员、社区群众等各方都能投身其中、贡献力量，受益于此、收获价值，实现存在感、获得感、归属感的完美统一。

与时俱进是原则。当今时代城市经济社会发展一日千里，新情况、新事物、新问题层出不穷，新主体、新组织、新业态不断涌现，各级党组织在推动区域党建时要因时因地制宜，全面客观科学分析现实形势和困难障碍，力戒经验主义、本本主义，强化模式创新、方法创新，引入信息系统、客户端、大数据等智慧化党建手段，丰富党群服务中心、党员驿站等载体平台形式，推进自我革新、自我纠错、自我完善的长期化、机制化，持之以恒提升自身组织力。

陈　浩

后 记

2021年以来，面对复杂严峻的国内外形势和诸多风险挑战，在浙江省委、省政府的坚强领导下，宁波市委、市政府忠实践行"八八战略"、奋力打造"重要窗口"，争先创优进位，干事创业担当，现代化滨海大都市、共同富裕先行市建设迈出坚实步伐，实现了"十四五"发展良好开局。

宁波市政府发展研究中心紧扣决策咨询研究和服务领导工作这条主线，紧紧围绕市委、市政府的决策部署，抓住事关宁波发展全局的重点、难点和热点问题，深入调查研究，集思广益，取得了一批可喜的研究成果。我们从中遴选了部分研究成果，分为城市战略、经济发展、企业创新、改革开放、社会民生五个篇章，结集为《争先创优进位　加快建设现代化滨海大都市：2021宁波发展研究报告》，供决策参考和研究交流。

宁波市政府发展研究中心研究一处承担了本书编撰相关的工作，其他编委会成员和相关处室承担了审稿工作。全书由市政府发展研究中心主任、党组书记林崇建同志审定。

本书在编辑过程中得到宁波市有关领导及相关部门的关心和指导，还得到中国发展出版社的支持和帮助，在此特致谢忱。囿于水平，书中不足在所难免，恳望批评指正。

编　者
2022年6月